大学英语教学与模式创新

崔菁菁 著

哈尔滨出版社

图书在版编目（CIP）数据

大学英语教学与模式创新 / 崔菁菁著. -- 哈尔滨：哈尔滨出版社, 2023.3
ISBN 978-7-5484-7122-6

Ⅰ.①大… Ⅱ.①崔… Ⅲ.①英语－教学研究－高等学校 Ⅳ.①H319.3

中国国家版本馆CIP数据核字(2023)第046469号

书　　名：大学英语教学与模式创新
DAXUE YINGYU JIAOXUE YU MOSHI CHUANGXIN

作　　者：崔菁菁　著
责任编辑：韩金华
封面设计：舒小波

出版发行：哈尔滨出版社（Harbin Publishing House）
社　　址：哈尔滨市香坊区泰山路82-9号　　邮编：150090
经　　销：全国新华书店
印　　刷：北京宝莲鸿图科技有限公司
网　　址：www.hrbcbs.com
E-mail：hrbcbs@yeah.net
编辑版权热线：（0451）87900271　87900272
销售热线：（0451）87900201　87900203

开　　本：787mm×1092mm　1/16　印张：11.25　字数：256千字
版　　次：2023年3月第1版
印　　次：2023年3月第1次印刷
书　　号：ISBN 978-7-5484-7122-6
定　　价：68.00元

凡购本社图书发现印装错误，请与本社印制部联系调换。
服务热线：（0451）87900279

前言

英语作为全球通用的语言，在世界舞台上扮演着不可替代的角色。它对促进世界各国的全面发展，对拉近各国的联系都发挥着重要作用。大学英语教学在几十年的发展过程中取得了巨大的成就，培养了大批具有专业水准的精通外语的复合型人才，为我国的改革开放和对外交流做出了重大贡献。随着我国大学英语教学改革的不断深入，大学英语教学模式呈现出新的特点和趋势，信息技术对传统教育的影响逐步加深，云计算、大数据、人工智能等的广泛应用使我国高等英语教学进入智能化、感知化、泛在化的智慧教学阶段。为了适应我国大学英语教学改革，大学英语教学模式应进行积极创新，以便适应教育发展的大趋势，培养出更多满足社会需求与国家发展需要的英语人才。

目前，我国大学英语教学还存在着许多亟需探讨和解决的问题，如教学模式与方法单一、应试教育观念根深蒂固、教师教学观念落后、学生学习自主性不强、忽视文化教育和情感教育、教学条件落后等。有鉴于此，笔者撰写了《大学英语教学与模式创新》一书。

本书阐述了英语教学的内涵与基本理论，分析了我国大学英语教学的现状；从现代信息技术、跨文化交际等维度对英语教学模式创新的理论及具体策略进行了详细研究；对大学英语教学内容的优化、教学评价模式的创新展开了研究；并对英语教学创新的重要保障——英语教师专业发展的理论与实践做了深入探究。

本书由吉林工商学院外国语学院崔菁菁创作完成。

在本书写作过程中，作者查阅了大量的国内外资料和文献，吸收了很多与之相关的最新研究成果，借鉴了许多专家学者的观点，并在此基础上形成了一家之言。但由于水平有限，定有疏漏和不足之处，敬请广大大学英语教学工作者和专家提出宝贵意见。

目录

第一章 大学英语教学概述 ·· 1
 第 1 节 大学英语教学的内涵 ································· 1
 第 2 节 大学英语教学的理论阐述 ···························· 6
 第 3 节 我国大学英语教学现状分析 ························ 13

第二章 大学英语教学模式的构建与创新 ······················ 17
 第 1 节 多维视角下的大学英语教学模式 ················· 17
 第 2 节 大学英语教学模式改革策略 ························ 28
 第 3 节 大学英语课程体系建构研究 ························ 31
 第 4 节 大学英语教学模式的创新 ··························· 39

第三章 现代信息技术与大学英语教学模式创新实践 ······ 43
 第 1 节 信息技术与课程教学的融合 ························ 43
 第 2 节 基于慕课的大学英语教学创新 ····················· 46
 第 3 节 翻转课堂视角下的英语教学创新 ·················· 51
 第 4 节 大学英语混合式教学模式 ··························· 58
 第 5 节 移动学习与大学英语教学 ··························· 68

第四章 跨文化交际背景下的大学英语教学创新 ············ 80
 第 1 节 跨文化交际与大学英语教学的结合原则 ········ 80
 第 2 节 跨文化大学英语教学实施建议与策略 ··········· 84
 第 3 节 大学跨文化交际教学法的创新 ····················· 93

第五章 大学英语教学内容的优化与创新 ······················ 102
 第 1 节 大学英语词汇教学 ····································· 102
 第 2 节 大学英语语法教学 ····································· 108
 第 3 节 大学英语听力与口语教学 ··························· 113

第4节　大学英语阅读与写作教学 ·· 122
　　第5节　大学英语翻译教学 ·· 131

第六章　大学英语教学评价模式创新 ·· 138
　　第1节　大学英语教学评价的标准 ·· 138
　　第2节　大学英语教学评价的方法 ·· 140
　　第3节　大学英语教学评价的创新与实践 ·· 145

第七章　教师专业发展与大学英语教学创新 ···································· 148
　　第1节　大学英语教学专业发展内涵解析 ·· 148
　　第2节　大学英语教师的专业角色与素质 ·· 155
　　第3节　大学英语教学专业发展的创新路径 ····································· 161

参考文献 ·· 170

第一章　大学英语教学概述

第1节　大学英语教学的内涵

大学英语教学是高等教育教学的一个重要组成部分。大学英语也是目前大学生的一门必修课程，这门课程的内容是与国家需求、社会需求及学生需求密切相关的。大学英语教学是一项综合性的语言教学活动，要想全面了解大学英语教学的基本知识，首先需要弄清大学英语教学的内涵。

一、大学英语教学的内涵

（一）大学英语教学的属性

大学英语教学既是一种语言教学，又是文化的教学。下面对这两种属性进行说明。

1. 英语教学的语言属性

英语是世界通用语言，对其的教学是一种语言教学，这是英语教学的本质属性。语言教学，顾名思义，就是为了培养和提高学习者的语言能力而进行的教学。大学英语教学是我国重要的外语教学。

进行外语教育，需要对外语基础知识进行教学，从而夯实学生语言学习的根基，这对语言应用能力的提高也大有裨益。大学英语教学作为重要的语言教育方式，其本质也应该是提高学生的英语语言综合应用能力。

需要特别说明的一点是，一部分专门进行语言知识研究的语言教学工作并不是以语言应用为目的，因此其并不属于语言教学的范畴。例如，古希腊语研究、古汉语研究、古英语研究等。这些语言在当今社会不再广泛使用，所以对英语教学的理解需要和语言的研究与学习进行区分。

2. 英语教学的文化属性

文化孕育语言，语言反映文化。语言和文化有着密切的关系。在英语教学的过程中，培养学习者的文化思维也十分重要。英语教学的文化属性启示教学者应该重视文化的影响作用，从而便于学习者跨文化交际能力的提升。

（二）大学英语教学的内涵

大学英语教学是我国外语教育的重要组成部分，因此其在整体上也有传统英语教学的共性，主要包括以下几个方面。

（1）教学规模大。

（2）教学多元化。

（3）教学规划不足，布局不够合理。

这种模式下的大学英语教学出现了费时低效、哑巴英语等问题，所培养出来的学生不足以应对跨文化交际中的语言问题。鉴于此，大学英语教学在进行教学定位过程中应该注意以下几个问题。

（1）注重教学的地域性与学科性。

（2）注重教学的需求性与前瞻性。

（3）注重教学中的师资建设。

在教学改革的背景下，大学英语教学需要提升人才的语言应用能力，注重教学与社会的联系。我国学者戴炜栋指出，大学英语教学应该建设具有中国特色的"一条龙"英语教学体系，使教学贯穿其中，在连接教学和基本社会情况的前提下，力求建立一种多元的英语教学模式。

大学英语教学是师生共同作用的教育活动，需要教师对学生进行引导，也需要学生主动地学习。检验大学英语教学的成果需要以教学目标的实现为标准。总体上说，大学英语教学是师生共同完成预定任务的双边统一活动。具体来说，大学英语教学的内涵主要包括以下几个方面。

第一，大学英语教学带有目的性。大学英语教学根据不同的教学阶段，划分出了不同的教学目标。具体的教学目标又带有层次性和领域性。

第二，大学英语教学带有系统性和计划性。它的系统性体现在教学的管理者和制定者上，主要包括行政机构、教研部门和教学管理者。大学英语教学的计划性指的是对英语基础知识进行的计划性教学。

第三，大学英语教学的实施需要采用科学的教学方法和技术。英语教学历史悠久，在实施过程中形成了大量的教学方法。随着现代科学技术的发展，大学英语教学借助的教学技术也相应增加。

鉴于此，大学英语教学可以被概括为：教师在教学目的和教学目标的指引下，在有计划的系统性的教学过程中，借助科学的教学方法和技术，对英语基础知识和英语文化进行的教学，以期促进英语学生的整体素质和语言能力的提高与发展。

二、大学英语教学的基本关系

（一）英语与汉语之间的关系

1. 语音迁移

语音迁移是语言迁移中最为明显也是最为持久的现象。英语和汉语分属不同的语系，两者在语音方面存在很大的差异。第一，汉语是一种声调语言，用四声辨别不同的意义。第二，英语和汉语的音素体系差别较大，两种语言中几乎没有发音完全一样的音素。

2. 词汇迁移

初学英语的人很容易认为英汉语的词汇存在着一一对应的关系，每个汉语词汇都可以在英语中找到相应的单词。其实，一个单词在另一种语言中的对应词可以有几种不同的意义，因为它们的语义场不相吻合，呈现重叠、交叉和空缺等形式。初学英语的人往往会把汉语的搭配习惯错误地移植到英语之中，于是出现了许多不合乎英语表达习惯的句子。除少量的科技术语、专有名词在两种语言中意义相当之外，其他词汇的含义在两种语言中都或多或少存在着差异，这些差异都有可能导致负迁移现象的发生。

3. 句法迁移

句法就是组词造句的规则，也就是传统上的语法。英汉两种语言在句法方面有一些相同之处，同时也存在着很大的差异。首先，汉语是一种分析性语言，没有严格意义上的形态变化，主要通过词序和虚词的使用来表达各种句法关系。汉语重意合，其意义和逻辑关系往往通过词语和分句的意义表达。受此影响，中国学生在使用英语时常按照汉语的习惯仅将一连串的单句罗列在一起，不用或者很少使用连词。另外，英语和汉语在静态和动态方面也呈现出一定的差异。英语名词化的特点使许多中国学生感到不适应，在写作中这一点表现得最为突出。

与汉语和英语的关系这一问题相关的还有语言的社会功能问题。一个民族的母语是其民族的特征之一，母语教学对于培养学生的爱国主义情感具有重要的意义。如在新加坡，许多有识之士指出，新加坡二十年来母语教育失败是造成社会凝聚力低的原因。

在处理汉语和英语的关系方面应该注意以下两个问题：

1. 在全社会重视英语教学的同时，绝不要忽视汉语的学习。经济的全球化和科学技术的国际化正在成为新的时代特征，英语作为国际交往中最为重要的交流与沟通的工具，其重要性已经为越来越多的人所认识。为了满足人们英语学习的需求，各种各样的教学方法，丰富多彩的学习用书、音像制品和软件也应运而生。不重视英语是错误的，但因为重视英语而忽视了对自己母语的学习也同样是不正确的。

2. 克服负向迁移，促进正向迁移。在对待汉语和英语之间的关系方面，有两种截然相反但都不可取的态度。一种是依靠汉语来教授英语，这显然是不可取的。对于中国的英语学习者来说，汉语是他们的母语，学生在学习英语时会自觉或不自觉地与汉语进行比较，如果在教学过程中过多地采用汉语，学生就会很难摆脱对汉语的依赖，养成一种以汉语作"中介"的不良习惯，在听说读写等语言活动中会不断地把听到的、读到的及要表达的英语先转换成汉语，这样就很难流利地使用英语，也不可能写出或讲出地道的英语。另外一种是完全摆脱汉语，全部用英语教学，这不仅难以做到，而且也是不可取的。对于两种语言中相似但是又不相同的内容，学生很容易受到汉语的干扰，教师在教学过程中要多加注意。

（二）外国文化与中国文化之间的关系

语言与文化密不可分，语言具有丰富的文化内涵，英语学习中有许多跨文化交际的因素，这些因素在很大程度上影响英语的学习和使用。因此，《英语课程标准（2011年版）》把"文化意识"作为综合运用能力的一个组成部分，具体规定了各个级别对文化意识的具体要求。

文化是指所学语言国家的历史地理、风土人情、传统习俗、生活方式、文学艺术、行为规范、价值观念等。它不仅包括城市、组织、学校等物质的东西，而且包括思想、习惯、家庭模式、语言等非物质的东西。语言与文化具有密切的关系，这主要表现在三个方面：第一，语言是文化的重要组成部分。第二，语言是文化的载体，因此它也是反映文化的一面镜子。第三，语言与文化相互影响、相互作用。因此，理解语言必须了解文化，理解文化必须了解语言。

语言具有丰富的文化内涵，不具备文化内涵的语言基本上是不存在的。在一种语言中，从单词到语篇都可以体现文化的内涵。首先在单词的层面上，英汉两种语言具有很大的差异。有些词只存在于英语中，在汉语中则没有相对应的词。另外在英汉两种语言中，某些词语看起来似乎指同一事物或概念，其实不然。对于某些词汇来说，英汉的基本意义大体相同，但是派生意义的区别可能很大。

英汉两种语言文化的差异也可以导致文化迁移现象的产生。文化迁移是指由于文化差异而引起的文化干扰，它表现在跨文化交际中，在语学习时，人们下意识地用自己的文化准则和价值观来指导自己的言语和思想，并以此为标准来判断他人的言行和思想。文化的内涵分为三个层次：第一个层次是物质文化，它是经过人的主观意志加工改造过的；第二个层次是制度文化，主要包括政治及经济制度、法律、文艺作品、人际关系、习惯行为等；第三个层次是心理层次，或称观念文化，包括人的价值观念、思维方式、审美情趣、道德情操、宗教感情和民族心理等。深层文化迁移是指第三层次中的文化要素的迁移，由于它属于心理层次，涉及人们的观念和思想，所以在跨文化交际中不容易被注意到。

与语言迁移类似，文化迁移也有正负迁移之区别。首先，教授和发现影响传递信息的各种文化因素必须以英语学习者的母语文化即汉语文化为比较对象，只有通过两种文化差异的比较才能找到影响交际的各种因素。其次，英语教学不仅仅是培养介绍和引进国外文化、知识、技术、科学等的人才，同时也担负着中国文化输出的任务。另外，充分掌握汉语与汉语文化也是英语学习和英语交际能力不可分割的重要组成部分。

（三）语言知识与语言技能之间的关系

语言知识包括语音、词汇、语法三个方面的内容。语言知识是综合运用能力的有机组成部分，是发展语言技能的重要基础，使学生掌握一定的英语基础知识也是英语教学的基本目标之一。在英语中，语音和语法、构词法、拼写都有关系。很好地掌握语音，不但有利于听说技能的获得，而且也有助于语法和词汇的学习。

英语中的习惯用法又称习语，具有语义的统一性和结构的固定性两个特点。习惯用法是固定的词组，在语义上是一个不可分割的统一体，其整体意义往往不能从组成该用语的各个单词的意义中推测出来。词汇是构筑语言的材料，但是拥有大的词汇量并不意味着一定会具有高的语言能力，不过，要想具备较好的语言技能则必须要掌握足够的词汇。

语言技能指运用语言的能力，包括听、说、读、写四个方面，其中说和写被称为产出性技能，而读和听被称为接受性技能。听是分辨和理解话语的能力，即听并理解口语语言的含义；说是应用口语表达思想，输出信息的能力；读是辨认和理解书面语言，即辨认文字符号并将文字符号转换为有意义的信息输入的能力；写是运用书面语表达思想，输出信息的能力。听、说、读、写是学习和运用语言必备的四项基本语言技能，是学生进行交际的重要形式，是他们形成综合语言运用能力，获取信息和处理信息的重要基础和手段。

（四）教师与学生之间的关系

学生是学习的主体，英语教学要以学生为中心。教师的主要职责是引导和帮助学生学习英语。因此，教师要善于根据学生的生理和心理发展的特点认真研究教学方法，排除学生在学习上的心理障碍，调动学生学习的主动性和积极性。教师还要面向全体学生，因材施教，发挥不同学生的特长。学习态度与动机是影响英语学习的重要情感因素，英语学习的成功在很大程度上依赖于强烈的动机和端正的态度。如果学习者对讲英语的人和英语教师产生反感，学习的动力也就自然消逝，学习的成功也无从谈起。根据动机产生的根源，动机可以分为内在动机和外在动机。内在动机来自个人对所做事情本身的兴趣；外在动机是外部因素作用的结果，如父母的赞同、奖赏、惩罚、考试的高分等。内在动机和外在动机之间存在着相互影响的关系，教师在培养学生内在动机的同时，也要注意对学生外在动机的培养。态度指个人对事物或人的一种评价性反应。

认知方式是指人们组织、分析和回忆新的信息和经验的方式。就认知方式讲，英语学习者可以分为两种：场依存和场独立。测量场依存型时，让学习者观看一个复杂的图案，并找出隐藏在图案内部的几个简单的几何图形。目的是看他们是否能够把看到的东西分解成若干部分，并能使这些部分脱离整体。这种测验也适用于语言学习者，因为他们也要从上下文中把语言项目分离出来才能理解它们。场独立型学习者在外语结构知识方面学习起来更容易些。

三、大学英语教学的目标

（一）帮助学生理解英语

学生的学习过程不是一个行为过程，而是一个心理过程，教学的中心仍然是学生。在这个过程中，学生是中心，是关键的参与者，而教师只是帮助者和使能者。但是，在此学生不是学会做事，而是要扩展他的思维活动，获得新的知识。知识纯粹是有关语言的特点和使用的知识。掌握语言知识也可以称为懂英语，它既表示学习英语意味着学会有关语言的知识，也表示学会说这种语言。这两种解释实际上代表了两种不同的教学模式。从第一种模式的角度讲，学习知识可以只让学生理解和记忆，而不必要让学生去进行实际的操练和实践，其重点是心理活动。从第二种模式的角度讲，学生不仅要理解和记忆所学的知识，还要学会实际的语言运用技能，学会把所学的知识运用到实际语言交际中去。

（二）帮助学生学会英语

教师是使能者，可以采用各种各样的手段来帮助学生学习英语。例如，可使用各种各样的技巧和现代化设备来帮助学生学习。

教师首先考虑的是学生，而他们自己只是指导和帮助学生。但现在我们没有考虑的是学生的任务是什么性质的、是什么样子的，只是想当然地认为学生应该如何学习，也就是说，对教学目标没有很好地进行限定。可以让学生自己学，由被动变主动来考虑学什么和达到什么目标的问题，这个教学过程的目标是使学生学会英语。

（三）给学生传授语言知识

教师把英语教授给学生的教学过程在此被视为一个物质交流过程。教师通常要教给学生他们自认为是"好"的英语，如"标准英语""文学英语"等。在这种交流过程中，教师处于绝对控制地位，学生则完全处于被控制的地位。教学的重点是语言，实施者是教师，学生是受益者。教学的目标是教给学生自己认为是"好的"或者是"美的"英语，使学生学会标准的、高雅的英语。教师的快乐在于知道学生懂得了自己在课堂上所教授的内容并且欣赏自己的教学内容和课堂表演。

（四）训练学生的英语技能

从教学方式上讲，教师主要给学生提供大量训练，开展许多活动，学生是这些活动的参与者和训练对象。这种教学模式既类似于传统教学法中教师主导的模式，也类似于模式训练法的教学模式，学生只是被训练的对象，自己没有主动权，所以难以发挥学生的主观能动性。这是一种结构主义和行为主义的教学模式。教师不仅仅要使学生学习语言知识，更多的是使学生获得语言技能。

（五）发展学生的意义潜势

教师能使学生成为一个能讲目标语的人。这显然既包括使学生掌握有关语言的知识，也包括使学生掌握语言表达的能力，学会用所学的语言说话。

通过对以上几种教学模式进行比较分析我们可以发现，教学过程主要被看作一个物质过程，是一种活动，主要参与者是学生和教师。在这个过程中，教师所起的作用是不同的。他可以作为控制者和行为者，学生是目标，也就是说，学生只能被动地接受教师所传授的任何老师认为重要的东西；教师也可以作为训练者，做教练，让学生做一系列活动和动作，他是指挥和指导者，学生是活动的进行者，是行为者。学生越来越成为教学活动的主角和中心。这是现代语言教学理论和方法发展的趋势。

第2节 大学英语教学的理论阐述

一、大学英语教学的目标与定位

（一）大学英语教学目标的制定

《大学英语教学大纲》是指导全国大学英语教学的纲领性文件，它体现了全国大学英语教学的培养目标、教育理念，也规定了大学英语教学的课程设置、教学要求、教学方法与手段、教学评估等，是规范全国大学英语教学的指导性文件。近三十年来，指导我国高校大学英语教学的教学大纲几经修改，反映了国家和外语界对英语教学的深度思考，也体现了我国外语政策与时俱进的特点。高等学校大学外语教学指导委员会承担着制定全国大学英语教学大纲的重任，每一次的修改、调整都经过了数次会议、调研等。

1.1999年《大学英语教学大纲》的制定过程

为了迎接21世纪的挑战，争取到2000年使大学英语教学上一个新台阶，国家教委高教司委托高等学校大学外语教学指导委员会和高等学校大学外语教学研究会于1994年7月在大庆召开了全国大学英语教学研讨会，1994年12月在桂林召开了全国大学英语教学上新台阶座谈会。1996年5月，在国家教委高教司的领导下，高等学校大学外语教学指导委员会成立了"面向21世纪的大学英语课程教学内容与课程体系改革研究与实践"项目组。项目组成立后，着手开展了多层次的社会需求调查、学生英语水平调查和词汇量调查，立足于21世纪人才的培养规格，确定大学英语的培养目标。1996年12月在新一届高等学校大学外语教学指导委员会的领导下，项目组对1985年的《大学英语教学大纲（高等学校理工科本科用）》和1986年的《大学英语教学大纲（文理科本科用）》进行了认真深入的研讨，确定了大纲修订的原则和方向，经过一年多的艰苦奋战，提出了大纲正文讨论稿，经反复修改，数易其稿，并在有关会议上征求同行专家的意见，于1998年5月在高等学校大学外语教学指导委员会英语组武汉会议上推出了《大学英语教学大纲》（征求意见稿）。第二稿也很快与同行专家见面。1999年《大学英语教学大纲》制定过程历时五年，足以说明当时高等学校大学外语教学指导委员会对大纲制定的高度重视，以及持有严谨的态度。

2.《大学英语教学指南》的制定过程

据高等学校大学外语教学指导委员会主任委员王守仁2014年4月在北京"高等学校大学英语教学改革与发展学术研讨会"上介绍，为了制定《大学英语教学指南》（以下简称《教学指南》），2013年8月，教指委主任委员、副主任委员（英语）、秘书长在浙江大学召开《教学指南》研制工作启动会，讨论项目组的组建方式和项目工作方案。项目组由王守仁教授总负责，下设教学目标和教学要求、课程设置、教学评价、教学方法和手段、教学管理和教师发展5个任务小组。英语组委员通过自愿报名、提名推荐、民主集中的方式，参加各任务小组。2014年2月在北京召开组长会议，拟于2014年4月召开项目组全体会议，项目工作方案包括研制《教学指南》的指导思想和原则、框架内容、任务分工、进度安排等。2014年7月教指委英语组全体委员在张家口召开会议，讨论《教学指南》全文初稿。2014年12月其将草稿提交教育部。高等学校大学外语教学指导委员会在制定《教学指南》的过程中坚持科学性、多样性、针对性和开放性的工作原则，确立了"以调研为依据，以研究为支撑"的理念，并调查全国58所高校的大学英语教学目标、201所高校的大学英语课程设置、21所高校的教学评估、每省3所高校的教学方法和87所高校的教学管理，在此基础上完成《大学英语教学指南》（征求意见稿）。2015年3月教指委英语组在武汉召开"高等学校大学英语教学改革与发展学术研讨会"，项目组向900多名与会代表征求意见和建议，会后根据反馈意见继续修改完善《教学指南》。5月，项目组根据教育部关于融入创新创业教育内容的指示，进一步补充修订《教学指南》。

从上述两部大纲的修订过程来看，承担该重任的高等学校大学外语教学指导委员会经过一次又一次的会议讨论，多层次、多角度的调研，才制定出了能够指导全国大学英语教学的纲领性文件。

（二）大学英语教学的定位

《大学英语课程教学要求（试行）》自执行以来，对于大学英语教学目标与定位的研究分为两个阶段，前五年研究者寥寥无几，但随后研究者对于大学英语教学目标与定位的研究进入了纷争阶段，外语界学者纷纷撰文从不同角度阐述各自的观点和看法，主要从大学英语定位原则、语言与内容、综合英语与专门用途英语、工具性与人文性、各类型高校的大学英语教学目标五个方面开展探讨和论述。

1. 大学英语定位原则

大学英语定位应遵循科学性和导向性、合理性与可操作性、适时性与实用性原则。大学英语教学的培养目标、语言教学的特殊本质和学生生源与发展的实际是制约目标定位的因素。龚晓斌从需求分析出发尝试性地提出了"专业和/或兴趣主导"的大学英语教学目标定位。他借鉴整体知识观与整体教育思想，尝试提出依据当前大学生需求多样性的现实情况，建议对大学英语教学进行分层次的目标定位。大学英语教学应以实施素质教育为主题、以提高教学质量为核心、以提高英语综合应用能力为重点、以创新大学英语教学模式为突破口、以提高教师教学能力为保障。在高等教育国际化背景下，大学英语教学的目标和定位应借鉴德国高校英语学位课程和中外合作办学高校——宁波诺丁汉大学英语教学，一是为高等教育国际化服务；二是培养实际的英语使用能力；三是为培养创新型人才服务。在全球化背景下，我们既要发展符合国家与社会需求的大学外语教育，激励高校甚至学习者个体"各奔前程"，同时又要避免散乱无序的发展带来的低效教育、无效教育或者不同程度的教育重复浪费。高校大学英语教学应以地域性与学科性为纵轴、以需求性与前瞻性为横轴、以师资建设为保障线进行科学定位与整体规划。

上述学者从不同角度探讨和论述了大学英语教学定位和目标，包括语言教学的本质、学生生源及发展、专业需求、国家发展的需求。但总的来说，符合《大学英语课程教学要求》中的规定：鉴于全国高等学校的教学资源、学生入学水平以及所面临的社会需求等不尽相同，各高等学校应参照《大学英语课程教学要求》，根据本校的实际情况，制定科学、系统、个性化的《大学英语教学大纲》，指导本校的大学英语教学。

2. 院校大学英语教学定位

顾世民提出高等师范院校大学英语教学目标定位应该是大学英语教学目标的多元化，董艳、柯应根认为应用型本科高校大学英语教学改革发展方向不仅仅是为了提高学生的人文素质和文化修养，重点是提高大学生综合应用能力，即加强培养学生运用英语语言知识进行分析和综合的能力，重点培养本科生的语言实践应用能力和口语表达能力。英语能力培养服务于学生的专业学习和专业技能培养，应将大学英语教学与专业课教学相结合，培养学生的专业英语能力，重视听说能力，提高学生在本专业领域的英语口语和文字交流能力。

大学英语教学定位与目标是大学英语教学的方向盘、指南针，受到国内外外语界的广泛关注。是通用英语，还是专门用途英语？是工具性，还是人文性？是语言，还是内容？《教学指南》为此提供了答案：

大学外语教育是我国高等教育的重要组成部分，对于促进大学生知识、能力和综合素质的协调发展具有重要意义。大学英语作为大学外语教育最主要的内容，是大多数非英语专业学生在本科教育阶段必修的公共基础课程，在人才培养方面具有不可替代的重要作用。大学英语课程应根据《普通高等学校本科专业类教学质量国家标准》，参照《教学指南》合理定位，服务于学校的办学目标、院系人才培养的目标和学生个性化发展的需求。大学英语课程是高等学校人文教育的一部分，兼有工具性和人文性双重性质。大学英语教学目标是培养学生的英语应用能力，增强跨文化交际意识和交际能力，同时发展自主学习能力，提高综合文化素养，使他们在学习、生活、社会交往和未来工作中能够有效地使用英语，满足国家、社会、学校和个人发展的需要。根据现阶段基础教育、高等教育和社会发展的条件现状，大学英语教学目标分为基础、提高、发展三个等级。大学英语教学与高中英语教学衔接，各高校可以根据实际需要，自主确定起始层次，自主选择教学目标。

外语界应该审时度势，站在国家战略、国家利益的高度，从积极角度对有关中国大学英语教学究竟应该向何处去等重大问题加强理论探讨和实验探索，适时推动大学英语回归到理性、科学的轨道上来，使大学英语教学真正为中国高等教育国际化、为中国走向世界服务。

（三）大学英语教学的课程设计

1. 课程设计目标

对于刚入学的一年级学生而言，英语学习能够为高年级学习打下基础。这个阶段的英语学习成绩将会对学生高年级英语使用能力的提升产生直接的影响。该阶段培养学生对于英语的浓厚兴趣非常有必要。教师要对该课程的学生特征及实际教学特征有足够的了解，在教学中加强对学生英语学习兴趣的培养，使得学生可以充分认识到英语学习的乐趣。教师作为教学主体要努力提升自身的专业素养，加强知识结构更新。此外，教师还要帮助学生发挥主观能动性，积极地参与英语学习活动，并且寻求自身持续发展。总而言之，教师需要从注重传统听说读写能力的培养转变为注重学生综合素养及跨文化交际能力的培养。

2. 教学内容设置

当前，各个高校所采用的教材各具优势与特征，不同教材关注的焦点和忽视的内容存在差异性。要对教学内容进行优化与健全，既要依托教材，同时也不能完全局限于教材，教学内容要满足社会对人才培养的要求，保证教学内容与时俱进。伴随着社会的快速发展，教师也要通过多种渠道获得与社会发展相匹配的教学信息及素材，比如大量的音像资料及原版阅读刊物，合理使用网络资源，将其融入英语课程教学内容中，为学生提供更加丰富和多元化的信息。学生在开展英语阅读活动的时候，不仅会遇到语法及词汇问题，同时也会遇到对文章背景了解不足的问题。教师要向学生介绍和阅读材料相关的文化知识，让学生不仅掌握到英语知识，同时也能够深刻地理解英语文化，加强学生跨文化交际的能力。

3. 教学方法选择

大学英语教学方法需要按照学生实际要求设定，并且根据教学内容随机变动，通过多元化的教学方法充分激发学生的学习积极性，加强学生英语学习的信心。在设定课堂活动的时候要力争所有学生都可以积极而又投入地参与其中。比如，让学生在参与课堂辩论、演讲、学习报告、小组讨论、角色扮演及模拟对话等多种活动中，通过各种交际活动活跃课堂氛围，同时也提升学生的语言使用能力。在教师创设的英语应用机会的进程中，学生从被动逐渐转变为主动，这有助于其自主探究能力的培养，拓宽视野。

在实践教学活动中，每个学期开始的时候，教师要确定学生的学习目标，并将其灌输给学生，明确学生的学习思维理念，便于学生更好地掌握学习节奏，调整学习步伐。此外，教师要定期为学生布置各种各样的论文任务，让学生写新闻简述、电影观后感及英文小说概要。英语教师要给予及时反馈，并有效指导学生加以改进。在活动开始之初，教师需要将一些教学素材如名著与电影以列表的形式呈现，学生从中挑选喜欢的内容。这有助于学生学习兴趣的提升。

二、大学英语教学的理论概述

（一）第二语言习得理论

20世纪60年代，第二语言习得理论得以产生，但其真正成为一门学科是在20世纪70年代。第二语言习得理论也称"二语习得理论"，对其做出巨大贡献的一个典型代表人物是美国南加州大学语言学系教授克拉申。其中，对外语教学影响最大的理论是克拉申的"监察模式"。具体来说，二语习得理论中共包括五个假设：习得和学习假设、自然顺序假设、监控假设、输入假设和情感过滤假设。下面对习得和学习假设、自然顺序假设和情感过滤假设进行简单介绍。

1. 习得和学习假设

习得和学习假设认为，外语学习能力的形成主要依靠两种途径：习得和学习。克拉申的二语习得理论的出发点和核心是对"习得"与"学习"的区分及对它们各自在外语习得者学习能力形成过程中所起的作用的认识。具体来说，习得与学习的区别如表1-1所示。

表1-1 习得和学习的区别

习得	学习
不知不觉的过程	意识到的过程
内化隐含的语言规划	获得明示的语言知识
正式学习无助于习得	正式学习有助于语言知识获得

在此假设中，克拉申对习得与学习进行了明确区分。克拉申认为，习得是学习者在无意识的状态下获得语言的过程；学习是学习者有意识地通过课堂学习等方式获得语言的过程。习得或者学习知识，是需要大脑不同部位发挥作用的。

2. 自然顺序假设

自然顺序假设具体是要说明习得语言结构知识是有一定次序的，要按照一定的、可预知的顺序学习外语的语法规则或结构。

3. 情感过滤假设

情感过滤假设主要是说明心理或情感因素对外语学习的影响。学习者的情感因素主要有焦虑程度、态度、动机、信心、兴趣等。克拉申强调，在语言输入过程中，情感发挥着过滤的作用。情感过滤得越少，越有利于语言的习得。消极的语言学习态度及焦虑的情绪对语言输入有很大的过滤作用，有着消极情感的学习者不但不会主动地输入语言，而且即便能够获得语言输入，也不会习得它们。相反，具有较强学习动机及自信心和较低的忧虑程度且对于外语学习持积极态度的学习者，其情感过滤的作用很弱，就能学好外语。

（二）语言输入、输出假设理论

1. 克拉申的输入假设

克拉申强调，在第二语言习得中，可理解的输入发挥中心作用，也就是说，只要语言学习者接收到足够的可以理解的语言输入，就能习得语言。

他还认为，假如人们的语言水平为 i，语言学习者接触到大量含有 $i+1$ 的语言水平，那么其水平就会由 i 提高到 $i+1$。可见，听、读练习及大量的语言输入是语言学习者获得流利的语言表达的依靠，而说的练习对二语习得的作用不是很大。

2. 斯温纳的输出假设

在斯温纳看来，在二语习得过程中，输出发挥着更重要的作用。对此，斯温纳根据"沉浸式"教学实验提出了输出假设，并且指出语言输入是二语习得的必要条件，但不是充分条件。也就是说，学生要达到较高的外语水平，除了有一定的可理解性输入，还应充分利用各种资源，对即将输出的语言进行构思，确保其可以被准确、恰当地表达出来，并且能被听者所理解。这样，一方面可以提高学习者表达外语的流利程度，另一方面能让学习者意识到自身在使用语言时存在的问题。因此，在英语教学中，教师应该为学生提供充足的使用语言的时间和机会，从而提高学生语言表达的流利性和准确性。

（三）结构主义语言学理论

1. 美国结构主义语言学

美国语言学家在对没有文字形式的美洲印第安人的口头语言进行研究的过程中创立了美国结构主义语言学。最初，美国语言学家试图用语言符号（如国际音标）将美洲印第安人口述的内容如实地记录下来，然后对所收集到的口语样本进行分析并且研究它们的结构和特征。随后，美国结构主义语言学家用"描写"方法对英语及其他印欧语系的语言展开了一系列研究。

美国结构主义语言学家认为，语言是将一个意义编成语码的系统。语言的系统由与结构相关的音位、词素、单词、结构和句型等组成。语言系统主要涉及音位系统、词素系统和句法系统。

（1）音位系统，其主要描述音位、音位变体、音位组合的规则，并且描述连贯话语中的语音现象，如同化、省音、音的弱化、音的连续、重音和语调等。

（2）词素系统，其主要描述词素、词素变体、自由词素和黏着词素等成分和结构。

（3）句法系统，其主要描述词的分类、短语、直接成分和句型。

在分析和研究语言的过程中，美国结构主义语言学家还发现语言有着独特的结构，不同的语言具有不同的音位系统、词素系统和句法系统。不同的语言在音位系统、词素系统和句法系统中的成分、结构均不相同。因此，在学习语言的过程中应注意语言的差异性。基于语言的差异性，美国结构主义语言学家强调，在学习外语时，母语会干扰和影响外语学习。当外语结构与母语结构不同时，就会出现学习困难和错误，而学习外语就是要克服这种困难。如果母语与外语具有相同的结构，学习就不容易出现困难。因此，在英语教学中，教师应该努力解决两种语言结构上的差异问题。

2. 英国结构主义语言学

对语言结构尤其是句型结构研究获得较大成果的要属英国语言学家。帕尔默、霍恩比等都是英国结构主义语言学的代表，他们从20世纪20年代开始共同分析、总结主要的英语语法结构，将英语语法结构归纳成一定的句型。

英国结构主义语言学家的研究更强调语言结构和结构使用情景之间的关系，这与美国结构主义语言学家研究的内容完全不同。20世纪40年代，英国出现了结构主义伦敦学派，其代表有马林诺夫斯基、弗斯。马林诺夫斯基认为，将"语境"看成语言活动的自然环境。在马林诺夫斯基研究成果的基础上，弗斯指出，必须在不同的语境下对语言各个层面进行研究，他还指出,"语境"有三个特点:参与者的特点、相关目的和语言行为的效果。

(四)建构主义学习理论

瑞士学者皮亚杰和苏联心理学家维果茨基共同提出了建构主义学习理论。对于建构主义学习理论,他们的主要观点如下:

(1)认识事物的关键在于明确内外因。皮亚杰和维果茨基借助内外因的观点对人们认识事物的客观规律展开了研究。

(2)"情境"实际上是教师为学生创造的较为真实的语言交际活动场景和相应的交流活动,利于学生在相对真实的语言环境中完成意义的建构。

(3)学习者的记忆或者背诵能力不完全取决于学习者获得知识的能力,还与学习者自身的经验及与他人的协作有关。

可见,建构主义理论强调,学习者应该在教师的指导下、以自己为中心进行学习。在学生学习英语的过程中,教师应该为其提供合作和互动的条件,并让学生成为信息加工的主体、意义的主动建构者。教师是语言学习的意义建构的帮助者和促进者,而不是知识的传授者和灌输者。到20世纪90年代,多媒体和网络技术迅猛发展,这为建构主义理论下的学习环境提供了技术支持,使得建构主义学习理论指导下的教学设计思想得到了广泛应用。

(五)乔姆斯基的语言学理论

"乔姆斯基理论"是语言学界不可忽视的理论学说,其突出了研究内部语言的重要作用。这里主要对乔姆斯基的语言学理论与认知法和乔姆斯基语言学的关系进行介绍。

1. 乔姆斯基的语言学理论

乔姆斯基的理论被称为"转换生成语法"。乔姆斯基指出,语言是一种行为,这种行为像人类的其他行为一样,受规则的支配。人们利用语言规则,可以用有限的语言单位构造无限数量的、复杂的句子。学习者习得语言并不是学会某个特定的句子,而是运用规则创造和理解新的句子。规则性和创造性是语言的两个重要特征。乔姆斯基指出,语言生成的过程是从深层结构到表层结构的转换过程,转换是按照转换规则来完成的。

不同语言的差别在一定程度上可以归结为参数的设置差异。儿童说英语还是汉语,主要取决于他所处的语言环境和语言输入,因为某一特定语言的输入能使习得者设置某一语言的使用参数。

乔姆斯基的语言学理论不但影响着语言学研究,而且影响着二语习得研究的进展和教学方法。

2. 认知法和乔姆斯基语言学

乔姆斯基的语言学理论对外语教学也有着较大影响,它不但影响了课堂教学方法的应用、教材的编写,而且影响了语言测试的设计。在20世纪六七十年代,语言教学法在乔姆斯基的语言学理论的影响下有了新的发展,这一发展被视为认知法的诞生。认知法又称"认知符号法"或"认知—习惯形成法"。认知法以乔姆斯基的语言学理论为语言观,以认知心理学作为其语言学习理论的依据。

（六）韩礼德的语言功能理论

韩礼德是功能语言学理论的代表人物。从 20 世纪 60 年代开始，韩礼德就开始研究语言的社会功能，指出语言学是关于言语行为或话语的描述，只有通过对语言使用的研究，语言的全部功能和构成意义的所有组成部分才能集中在一起。在《语言功能探索》一书中，韩礼德讨论了语言功能的双重地位，即微观功能和宏观功能。其中，微观功能有如下六种，一般出现在儿童学习母语的初级阶段。

（1）启发功能，即使用语言来学习和发现问题。

（2）规章功能，即使用语言来控制他人的行为。

（3）想象功能，即使用语言来创造一个幻想的世界。

（4）工具功能，即用语言来取物。

（5）个人功能，即使用语言来表达自己的感情。

（6）相互关系功能，即使用语言与他人交往。

当儿童语言逐渐接近成人语言时，这些微观功能也开始逐渐让位于宏观功能。语言的宏观功能有下面三种：

（1）思维功能，即语言可以用来组织语言使用者对真实世界或幻想世界的经验。

（2）人际功能，即语言可以用来表明、建立和维持社会中人与人之间的关系。

（3）篇章功能，即语言可用于创造连贯的话语或文章，这些话语和文章对语境来说是确切和恰当的。

（七）海姆斯的交际能力理论

海姆斯是交际能力理论的代表。他认为，儿童习得母语的最佳环境是经历一个社会化的过程，这样他们不但可以熟悉本族语的习惯并说出符合语法的句子，而且可以在不同场合恰当地使用语言。海姆斯的交际能力主要体现在四个方面：能在交际中得体地使用语言；能够判断语言形式的可行性；能识辨和组织合乎语法的句子；知道某些话语是否可以在实际生活中说出来。他还强调，交际能力即运用语言进行社会交往的能力，既包括言语行为的语法正确性，又包括言语行为的社交得体性；既包括语言能力，又包括影响语言使用的社会文化意识。

第 3 节　我国大学英语教学现状分析

大学英语这门课程的重要性不仅表现在其是学生在大学阶段的必修课方面，且还表现为其对于大学生的人生未来发展而言，同样有着重大影响。经历了数十年摸索与实践的大学英语教学虽然已经取得了相当程度的发展，但仍存在诸多问题亟待解决。

下面对英语教学的现状进行分析，从而更加科学地指导大学英语教学工作的展开。

一、教学模式单一

我国很多地方的英语教学，存在着教学模式单一的问题。在教学过程中，教师是教学的中心，他们通过黑板、粉笔、课本进行固定的教学活动。虽然随着多媒体技术的发展，英语教学活动变得相对多样，但是教师的教学仍然采取的是单向的知识灌输方式，忽视了学生在学习中的主体地位和中心作用。这种现象最主要的原因是教师没有从根本上摆脱传统教学思想观念的束缚。在这样单调乏味的教学模式中，教师基本采取"满堂灌"的教学方法，课堂教学不能互动起来，学生的交际能力也无法得到有效的培养与提高。对于教师而言，教学过程变成了简单的重复，缺乏创新。而处于被动地位的学生由于接受知识的过程枯燥无趣，其课堂学习效率十分低下。

二、教材选用不当

教材是英语教学的纲领性材料，对教学质量和学生语言能力的提高有着重要的影响。但是，纵观我国使用的英语教材，其中的一些问题影响着教学质量的提高，教材的编写受到教学大纲的限制，其所附录的词汇在很大程度上与大学之前的词汇重复。有关调查显示，在《大学英语教学大纲》规定的要求掌握的4200个单词中，有1800个是重复中学词汇。随着学生学习阶段的不断推进，英语词汇表中的词汇也应该是全新的，或者在释义上至少要在中学词汇表的基础上有所延伸和拓展。

另外，当代英语教材在内容选择上多以文学、政论为主，而忽视了实用性内容，这不利于培养学生的英语应用能力。教材的更新速度非常缓慢，有的教材可以连续使用十几年。此外，由于传统英语教学对口语要求很低，所以教材中很少有实用性很高的口语练习。虽然现在越来越多的重视实用性的新教材不断出现，但是有些教材太过简单，不利于学生提高英语水平；有些教材一味地增加口语练习，导致与上一阶段的学习脱节，这些都不能达到理想的教学和学习效果。

三、能力培养失衡

众所周知，语言具有两套系统：表达形式和表达功能。但是，目前我国的英语教学过程过分重视语言表达形式的教学，而忽视了对学生语言表达能力的培养。虽然《大学英语教学大纲》对大学英语的教学目标提出了明确的要求，但是，有相当大一部分学生实际运用英语的能力并不强，听、说方面的能力很差，这造成学生在实际应用中出现"听不懂，说不出"的尴尬局面。

此外，"费时低效"的现象在英语教学中特别明显。大学英语作为一门大学公共课，一般在大学一、二年级开设，时间跨度为两年。据有关学者分析，很多大学生几乎把前两年大学生活一半的时间和精力花在了英语学习上，但效果却并不理想。造成"费时低效"局面的原因是多方面的，主要原因如下。

1.学生出现哑巴英语的现象与大学英语四、六级考试这种纯分析性的考试密切相关。

2.与教学中一直以来强调的记忆式学习有关，教学中只注重英语知识的积累，却忽视了让学生运用这些知识去交流。

3.与我们所处的社会环境有关，学生在课堂上学习到的英语知识没有机会在实际生活中运用。

总的来说，英语教学严重忽视了对学生语言表达能力的培养，导致学生语言能力发展失衡。当前的社会是一个信息型社会，英语作为获取外语信息的主要语言工具之一，其主要的功能必须引起我们的重视。

四、师资力量匮乏

目前，我国高等教育扩招，这必然会造成英语教师师资不足。英语教师的教学任务十分繁重，大部分英语教师都是超负荷工作。一位普通的大学英语教师一周至少是12课时，同时还要进行备课、设计教学、批改作业、课后答疑解惑及科研等，过重的教学工作和任务使教师失去了很多自修的时间，很少有机会进行专业进修和休息调整。这些对英语教师提高工作效率和改善身心健康都极为不利。

同时，这样的状况也导致英语教师的入门门槛越来越低。有些高校只能招聘英语本科毕业生做教师，这就使英语教师的教学水平参差不齐。

五、文化意识淡薄

语言知识是不断结合的过程，也是语言能力从理论知识转换为自动应用的过程，而这种结合与转换都只有通过学生的自身活动才能实现。

六、忽视兴趣培养

英语教学还普遍存在忽视对学生学习语言的兴趣培养的问题。乏味的填鸭式教学，成千上万个单词，繁杂的语法规则无不让学生对学习望而生畏，更谈不上学习兴趣了。同时，现在的学生还要面临各种各样的考试压力，他们疲于应付，长期埋首于题海中无法脱身。在这样的学习环境下，学生只会把学习语言当作任务和沉重的负担，而不是需要和享受，学生提到英语学习就会产生紧张、害怕的情绪。这样，是很难学好语言的。

七、偏离教学目标

虽然英语教学与大学英语四、六级考试之间并无必然联系，考试只是院校自主选择参加的，用于评定英语教学质量的方式之一。但是，由于大学英语四、六级考试是国家组织的全国性考试，同时是用人单位评聘人才的重要依据之一，所以考试的通过率成为很多高校英语教学的主要目标。一些学校片面利用大学英语四、六级考试结果来评价英语教学工作，这些观念在一定程度上左右着英语教师的教学工作，对贯彻执行《大学英语教学大纲》所规定的教学目标和要求造成障碍，同时也增加了教师的心理负担。

为了应付考试，教师花大部分时间在讲授语法和词汇上，而学生则把时间花在做大量的模拟试题上面，大搞题海战术。在这个学习过程中，学生只是追求标准的答案，过分依赖教师的讲解，忽视课堂讨论等交际活动，结果导致学生应试技能较强，而交际能力却不能得到提高。虽然学生在考试中游刃有余，但是在真正需要和英语国家人士交流时，他们却显得手足无措。

总之，当代英语教学的现状不容乐观，存在很多问题。过分注重表达形式而忽视表达功能，造成了"以教师为中心"的教学模式；教学中对学生主体作用的忽视，必然造成学生学习的被动性和依赖性;"满堂灌"的教学方法不仅不利于培养学生的学习兴趣,学生的语言表达能力也无法得到提高。这些问题是造成当代大学生学习英语时出现"费时低效""哑巴英语"的主要因素。现阶段的英语教学现状和效果远远不能适应新时代的要求,迫切需要对英语教学模式进行改革与创新。

第二章　大学英语教学模式的构建与创新

第1节　多维视角下的大学英语教学模式

一、任务型教学模式

任务型教学不仅是新课程标准极力倡导的一种新颖的教学模式，而且也是为适应教学改革而提倡的一种教学理念。该教学理念有效克服了传统英语教学中语法教学同实际运用背离、语言形式同语言运用割裂的不足。为了对任务型教学模式有更加系统、清晰的认识，下面就结合任务型语言教学模式的产生背景、基本模式及优势与局限等进行具体分析。

（一）任务型教学模式的产生背景

任务型教学模式的产生在很大程度上依赖于近些年来在语言习得方面对英语教学影响比较大并具有代表性观点的交际法。提及交际法，通常还会涉及"交际能力"这一概念，该概念最早是由著名的社会语言学家海姆斯提出来的，交际能力包括语言能力、语言运用这两大方面的内容。继此之后，交际法的教学目的就体现为交际能力。

交际法从19世纪70年代起就非常盛行。根据交际法的观点，人们通常所说的语言包括语法、词汇和语言功能这几大方面的内容，如表达建议、请求原谅等。交际法要求学生在说和写的过程中，务必要意识到正确使用语言的必要性，并且还应注意符合说话人、对话人的身份及场合等。交际法还认为应制造一种与现实生活相贴近的课堂环境。如果学生能够充分地接触他们所要学习的语言，就有机会使用它。学生在真实、与生活相贴近的环境中学习语言，其学习热情也能被充分激发出来。如此一来，在具体的实际运用中，学生也能够自如、广泛地使用该语言交际法，交际法具有很大的优势，其优势主要表现在能让学生兼顾语法规则（即语法的学习）和语言交际这两大方面。除此之外，交际法并不苛求过分纠正语言错误，该教学法还认为对外语的掌握是从不完善的中介语逐步地过渡到不出错地完善语言这一过程的。诸如此类的新思想、新观点都得到了很多教育家的支持和赞赏。但是，也有一部分教学法理论家质疑这种教学模式，他们主要针对以下两点内容提出了质疑：（1）交际法在具体运用过程中仅重视语言意义却忽视了讲解语言形式；（2）学生在使用语言进行交际时仅注重语言的流利度而忽视语言的准确性，交际法对如何更好地规避这些错误和避免放任自由的现象，处理得有失妥当。

到了19世纪80年代，普拉布进行了一场有关交际法的实验，该实验名称为班加罗尔实验，实验的对象为印度南部地区 8~12 岁的小学生，实验历时 5 年之久。在这一实验中，他提出了很多实验的类型，同时还将学习的内容设计为各种各样的交际任务，旨在让学生通过任务的完成开展相关的语言学习。普拉布的这项实验引起了语言学界的广泛关注，并被认为是将"任务"作为课堂设计的第一次尝试。该次尝试也成为了任务型语言教学的开篇。随后，越来越多的国外语言学家陆续投入到有关任务型语言教学的研究热潮中。纽南、简·威利斯等人都将任务看成探讨的关键，并从不同角度对交际任务进行理论层面的探索和实证的研究。很多学者逐渐意识到，语言的输入并不能保证语言的习得，语言习得的关键因素为交互活动、意义协商、语言输出等，只有任务得以实现并完成，学习者才能更有效地进行交互活动、意义协商、语言输出。只有进行持续不断的深入探讨，任务型语言的体系才能升华为理论模型，进而被人们广为接受。

（二）任务型教学模式的基本原则与教学过程

任务型教学模式是指"将任务置于教学法焦点的中心，它视学习过程为一系列直接与课程目标联系并为课程目标服务的任务，其目的超越了为语言而练习语言"，即一种将任务作为核心来计划、组织语言教学的途径。任务型教学过程分任务前阶段、任务阶段和语言焦点阶段。任务前阶段包括介绍话题和任务。在这一阶段，教师和学生一起探讨话题，教师着重介绍有用的词汇和短语，帮助学生理解任务指令和准备任务。这个阶段主要为学习者提供有意义的输入，帮助他们熟悉话题，认识新词和短语，其目的在于突出任务主题，激活相关背景知识，减少认知负担。任务阶段包括任务、计划和报告。学生以结对子或者小组活动的形式完成任务，教师不进行直接指导。学生以口语或者书面的形式在全班汇报他们是怎样完成任务的，他们决定了或发现了什么，最后通过小组向全班汇报或者以小组之间交换书面报告的形式来比较任务的结果。这个阶段为学习者提供了充分的语言表达机会，强调语言的流利性，交谈中语言的使用应该是自然发生的，不要求语言的准确性。语言焦点阶段包括分析和操练。在这一阶段，着重分析任务中出现的语言特点和难点。在分析中或者分析后，教师引导学生练习新的词汇、语法并指出语法系统是极其有价值的。这个阶段的目的在于帮助学生探索语言系统知识、观察语言特征并将它们系统化，从而清晰、明了地掌握这些语言规则。任务型教学的倡导者认为，掌握语言的最佳途径是让学生做事情，即完成各种任务。当学习者积极参与目的语的练习时，语言也就被掌握了。学生注意力集中在语言所表达的意义上，努力用自己掌握的语言结构和词汇来表达自己的思想，交换信息。任务型教学追求的是给学生提供大量的、尽可能丰富的内容，让学生明确自己的学习目标，并在交际过程中合理分配注意力，从而使语言运用能力得到持续、平稳的发展。

（三）任务型教学模式的局限

上面分析了任务型教学模式的一些优势，尽管该教学模式是语言教学中一种行之有效的教学模式，并且被认为与语言习得的规律相符，但是这一模式久经尝试，在具体运用中其局限也在不同层面上呈现了出来。

从教师层面来看，这一教学模式对英语教师提出的要求相对比较高，要求教师应有扎实的专业基本功，同时应对任务型教学模式有充分的理解和掌握，并能够在深谙该教学理论的基础上具备比较强的任务设计的能力、比较好的掌控课堂和随机应变的能力、组织多种多样的课堂活动的能力、教学反思能力、善于运用现代教育技术的能力及与之相关的对任务进行评价的能力等。

但是，这一教学模式引入我国的时间比较短，并且英语在我国是长期作为一门外语进行学习的，二语教学与外语教学是两种完全不同的语言教学模式。对于一些已经习惯于传统英语教学的教师来说，要想很有效地开展任务型教学模式还是存在着诸多困难的。此外，就国内来看，与任务型外语教学相关的培训也比较少，这些客观上的不利因素使一些教师要想对任务型教学模式有更系统的认识难上加难。如果一些传统的英语教师对这一教学模式不甚理解，很可能会在教学中流于形式，旧瓶装新酒。

从学生层面来看，很多早已习惯于传统英语教学模式的学生通常会对教师的依赖性比较强，并且更加倾向于被动接受学习的模式。如果教师在运用这一教学模式的过程中没能很好地了解学生的接受状况，很可能会出现学生不配合的情况，学生如果不愿意主动地加入小组合作和学习中，在任务完成的过程中就很难形成师生间、生生间互动的状态，这样就很容易产生教学和学习效果费时、低效的情况。

从考试和评价制度层面来看，目前的主导思想依然是将学习重心放在题目操练和应付各类考试上，这就无形中使学生没有形成相应的主动培养自身英语交际和综合运用能力的意识。但是，任务型教学模式的理念却与之相反，该教学模式需要学生在活动中完成每项任务，学生的精力和心思如果不在这一方面，很容易产生积极性差和参与意识不强的局面。

二、内容型教学模式在教学中的应用

（一）内容型教学模式的基本原则

1. 教学决策建立在内容上

语言课程的设计者和教材的编写者在设计阶段面临的两个问题就是内容（包括哪些项目）的选择和排序。在传统的教学方法中，不少方法如语法翻译法、听说法，它们通常按照语法的难易程度编写。例如，一般现在时比其他时态更容易学习，在教材的编写和教学中自然处于优先学习的地位，根据此原则编写的教材和教学内容，把容易学习的内容放在初学阶段。然而，内容型教学模式颠覆了传统方法中内容的选择和排序原则，彻底放弃了以语言标准作为教学的出发点，而是把内容作为统率语言选择和排序的基础。

2. 整合听说读写技能

以往的教学法常常以分离的、具体的技能课如语法课、写作课、听说课的形式进行教学。内容型教学模式则在整合听说读写四项基本技能的同时，将语法和词汇教学包含于一个统一的教学过程之中，由于语言交流的真实情景，以及语言的交互活动涉及多种技能的协同合作，由此派生出这项教学原则。同样，内容型语言教学反对在课堂上按照先听说、后写作的教学顺序开展。它没有固定的、一成不变的技能教学顺序，它可从任何一种技能出发。可以看出，这一原则是第一个原则的引申，是内容决定、影响教学项目的选择和顺序原则的具体表现。

3. 教学的每一个阶段都要求学生积极地、主动地参与

自交际法产生以来，课堂的中心从教师转向学生，"做中学"成为交际语言教学的基本原

则之一。任务型教学模式是交际法发展的分支,它强调学生应在完成任务的过程中进行探索性、发现性的学习。同样,内容型教学模式也是交际法的分支,它重视学生在参与学习的过程中积极主动地学习。主张内容型教学模式的学者们认为,语言学习应产生于将学生暴露于教师的语言输入中;同时,学习者还可以在与同伴、同学的交往中获得大量的语言信息。因此,在课堂的交互学习、意义协商和信息收集及意义建构过程中,学生承担着积极的社会角色。

4. 学习内容的选择与学生的兴趣、生活和学习目标相关

内容型教学模式的内容选择最终决定于学生和教学环境。教学内容通常与具体的教学和教育环境中的教学科目平行进行。因此,在中学阶段,英语教学内容可以来自学生在其他科目如科学、历史、社会科学中学习的内容。同样,在高等教育中,学生可以选修"毗邻"语言课。"毗邻课"是两个教师从两个角度教学同一内容,从而达到不同的教学目标的课型。在其他教学环境中,教学内容可以根据学生的未来发展需要和一般的兴趣特点进行选择。事实上,由于对于哪些内容是学生普遍感兴趣或者与其直接相关的很难确定,教材的编写者、使用者都很难把握这一原则。但是,由于每个内容单元的教学时间长,教师有大量的时间和机会把课程内容与学生的兴趣及他们已经具备的知识结合起来。因此,让学生对所选内容感兴趣是内容型教学理论实现的重要基石。

5. 选择"真实的"教学内容和任务

内容型教学的核心是真实性。它既要求课文内容的真实,又要求任务内容的真实。一首歌谣、一个故事、一段卡通都可以作为真实的教学内容。把这些真实的内容放置于英语教学课堂中,将改变它们原本的目的,从而服务于语言学习。同样,任务的真实性也是内容型教学的目标,反映真实世界的实际状况。

(二)内容型教学的教学模式

1. 主题模式

主题模式是通过主题形式来组织教学。主题教学模式强调学习语言所表达的意义,但并不忽视对于语言形式的学习。学生通过主题的建构,学习有关社会生活的知识,通过细节环节,学习词、短语、句型和语法知识,从而把意义与形式有机结合起来。要实现教师引导与学生自主学习的统一。教师的职责在于为学生创造学习的语境,并给予正确的引导与示范。教师把以主题为主的认知结构的建构、拓展和深化的任务交给学生,这样,就从真正意义上培养了学生的自主性。

2. 附加模式

附加模式是指语言教师和学科内容教师同步教授相同的内容,但是他们的教学重点和教学目的不同。语言教师的教学重点在于语言知识,完成语言教学目标;而负责学科内容的教师重点在于对学科内容的理解上。例如,一个英语教师和一个心理学教师都以心理学为内容进行教学。其中,英语教师将心理学材料作为英语语言课程的内容,其教学目的是提高学生的英语使用能力;而心理学教师的教学目标是完成心理学学科内容的教学。因此,在英语教师的课上,学生的主要任务是通过对富有挑战性的内容的理解和吸收,从而较快地理解难度较大的内容,并在语言教师的指导下,快速学会语言。

三、情感教学模式

语言学习本身是一个复杂的习得过程，涉及各种各样的因素。这些因素所起到的作用无形中会对学生学习外语的热情和动力产生直接的影响。但是，在现实的教育中存在着重知轻情这一在"知"与"情"方面教学不平衡的状况。为了使这一现象得以扭转，我国国家级教学名师卢家楣教授提出了旨在提升学生素质且行之有效的教学模式，即情感教学模式。

（一）情感教学的内涵

国内很多专家、学者结合自身的理解对情感教学进行了界定。下面就对几种比较有代表性的观点进行分析：华中师范大学教授鲁子问认为，情感教学具体指的是教师在教学过程中对认知因素予以充分考虑的同时，借助一定的教学手段，通过激发、调动和满足学生的情感需要来完善教学目标，增强教学效果的教学模式；吴金娥认为，情感教学具体是指教师以教学活动为基础，运用一定的教学手段来调动、激发和满足学生的情感需求，从而努力实现认知因素和情感因素完美统一的过程，以期达到提高教学效果及促进学生全面、和谐发展的目标。

（二）情感教学模式的理论基础

1. 人本主义学习观

兴起于20世纪五六十年代的人本主义心理学以马斯洛和罗杰斯为主要代表人物，这一理论的兴起在美国产生了一股心理学的思潮，其中的人本主义教育理论就是该学习观点下的重要内容之一。根据人本主义教育理论的观点，应充分重视学习者的认知结构和学习者的情感教学，同时还应充分重视学习者个性和创造性的发展。在教学中应围绕学生这一中心，给学生以自我选择和发现自我的机会。罗杰斯还指出，在教学中应注重发展学生的个性，并使学生的内在学习动机得以充分调动，同时要求创设和谐、融洽的人际关系。根据罗杰斯的人本主义学习观，有意义的学习与经验学习都是最为重要的学习。教师作为学习的促进者，应鼓励学生借助多元化的学习方式如讨论、探究、体验、实践等，来发展他们的听、说、读、写等综合语言技能。同时，还应对学生的情感给予充分的关注，应努力营造民主、宽松、和谐的教学氛围。对每个学生个体都给予充分的尊重。此外，对大学生而言，还应将就业作为导向，将英语教学同情感教育进行有机结合，创设各种各样的合作学习活动，使学生之间形成互帮互助、相互学习、共享集体荣誉感和成就感的局面，同时应尽可能地建立民主、融洽的师生间有效交流的渠道。

2. 认知主义学习理论

认知主义学习理论也是情感教学模式的理论基础之一。根据认知心理学的观点，假如输入到大脑中的信息富于实用性和趣味性，那么当这些信息到达大脑这一中心加工器时，就会产生兴奋的情感，同时会使活跃的思想、行为等快速输出。那么，如何确保所输入的信息兼具实用、趣味的特点呢？其中最为关键的一点就是要摒弃单纯地传授语言知识这一理念，而应使语言知识的传授和真实的生活有机结合起来，这样一来，更加便于学生产生兴奋点，同时也对激发学生积极参与、培养学生运用英语的能力及用英语做事的能力非常有帮助。要想更好地培养学生在真实生活中运用英语的能力，应对所要教授的教学内容进行充分分析，同时对教学条件及教师和学生的实际情况给以充分考虑，设计出能在课堂上展开，并能在真实生活中运用的任务，将情感教学融入英语教学中，摒弃传统的以传授语言知识为主的教学模式，使课堂语言教学活动更加接近自然的语言习得过程。根据认知理论的观点，英语学习的过程是新旧语言知识持续结合的过程，同时还是语言能力由理论知识转化为自动应用能力的过程。通常，这种转化与结合往往需要通过学生自身的活动才能实现。那么，在学习新内容时就应充分调动学生的情感并激发学生的兴趣和思维，以此来最大限度地优化学习和教学效果。

（三）大学英语情感教学的现状

在英语课堂教学中，积极、健康和愉悦的情感有助于学生理解和掌握英语，对提高学生综合运用语言能力具有重要的影响。那么我国的大学英语教学中情感因素到底受到了多大的重视？我们在教学中又该如何实施情感教学呢？虽然教师和学生都知道情感教学在大学英语教学中的重要性，但在英语课堂上它还没被具体落实。

1. 教师方面

我国目前的大学英语教学，由于扩招、多媒体课堂教学等客观因素导致现在大多采用大班授课，英语课程课时相对较少、任务较重，教师往往过分强调语言学习的认知因素，如语言点的讲授及课程进度的完成情况，而忽视了情感因素对语言学习的影响，缺乏良好的、互动的课堂教学气氛，难以激发学生学习兴趣，不利于增强学生自信心与情感体验等。课堂中师生情感没有交流，教学陷入一种沉闷、无生气的状态。久而久之，学生对课堂英语学习缺乏兴趣，出现心不在焉、低头看其他书甚至逃课等现象，学生也因达不到要求而产生焦虑、害怕、紧张、怀疑、厌恶等情感问题，最终影响大学英语教学质量。

2. 学生方面

（1）现在很多大学生学习英语都缺乏正确的学习目的和态度。相当一部分学生认为学习英语的唯一目的就是应付考试，通过四、六级，以求顺利毕业。虽然有不少大学生是抱着提高自身素质，为将来的事业打下良好基础的目的来学习英语的，但由于学生受到传统的"以教师为中心"的教学模式的影响，往往是被动地听老师讲、记笔记，导致课堂气氛不活跃，课堂活动参与度不高。此外，学生课堂参与意识不强还有两个方面的原因：一方面很多学生在面对教师和全体学生说英语时感到紧张和焦虑，总是担心自己说错，很难主动参与课堂活动；另一方面很多学生的语音语调不标准，词汇量小，语感也较差，缺少自信，不敢开口，担心老师和其他学生嘲笑，尤其是偏远地区的学生更是如此，这也导致学生上课不敢参与课堂活动。

（2）有的学生虽然具备英语应用技能，但当他们走向社会时，沟通能力、综合素养偏弱的学生往往缺乏发展的后劲，难以应对多变的环境。而且，我们看到，在信息国际化的今天，学生在认识自我价值、处理人际关系、承受生活的压力或应对一些突发事件时，他们往往会不知所措，无法疏解心结，甚至会采取极端的方式。所以，除了认知能力的培养，我们还要关注影响一个人未来的情感因素的培养。

（四）情感教学模式的建构

1. 充分调动和激发学生动机

动机是对语言学习产生影响的最基本的因素之一。因此，英语教育工作者应高度重视对学生学习动机的调动和激发。要想更好地调动和激发学生的学习动机，最关键的就是借助学生本身所固有的好奇心来激发他们的求知欲。在当前的外语教学中,最流行的激励方式就是创设问题情境。具体而言,创设问题情境就是在内容的讲授和学生的求知心理间制造一种"不协调",引导学生进入一种同问题相关的情景中。但是,在创设问题情境时,教师应确保问题小而具体、难度适当、富有启发性和趣味性,并善于将需要解决的课题蕴含到学生的实际掌握的基础知识中,在心理层面给学生营造悬念。需要尤加注意的是,所创设的问题应以不挫伤和不降低学生的学习自尊为基本前提。根据马斯洛的需求层次理论,每一个个体都以实现自我价值和追求成功为其高级需求,但是这些需求的实现还必须以爱、自尊等比较低级的需求的满足为前提。假如学生的自尊受到了一些不良因素的影响,将会产生不堪设想的后果。

2. 进行正确的归因训练和归因指导

建构情感教学模式还应进行正确的归因训练和归因指导,借此来提升学生的自信心、效能感等。事实上,归因理论是一种相对比较系统的认知动机理论。维纳的相关研究表明,成功或失败的因果归因会引起期望的改变与情感反应,并进而对后继的行为产生很好的促进作用。由此可见,归因是有动机机能的,具体如图2-1所示。

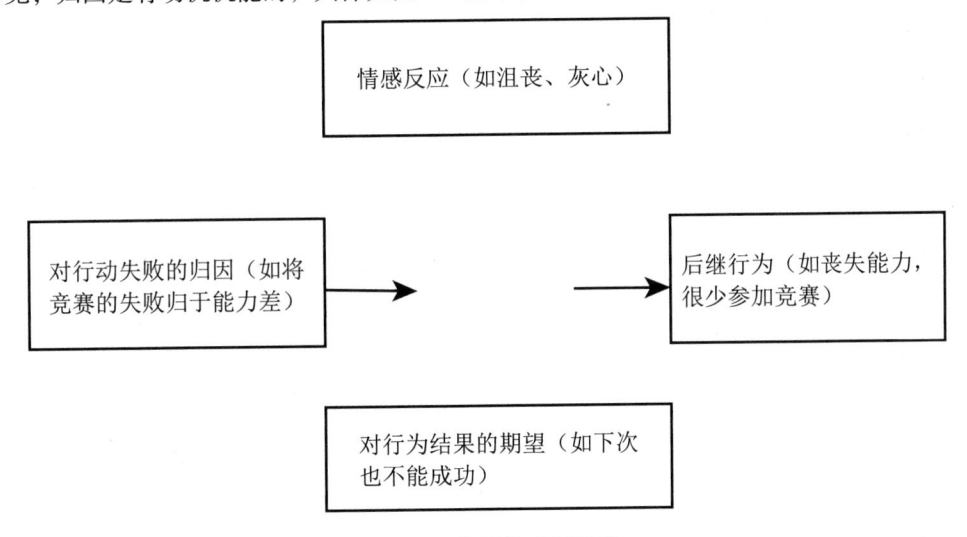

图 2-1 归因的动机机能

通过对该图进行分析我们不难看出,在对学生的归因进行改变时,是否正确会在很大程度上对学生的学习情绪产生影响。福斯特林也基于这一观点进行了很长时间的研究,并得出如下结论:只要给普通的英语教师提供一些训练和自学的机会,这些教师便能够改变自己学生的归因模式与成就动机。教师的言行通常都会对学生归因模式的发展变化产生影响。与此同时,这也相应地给教师提出了更高层次的要求,即教师应相应地转变教学观念,在教学中逐渐增强情感教育的意识,从理论层面强化对情感教育意义的把握和理解,以此来提升自身的情感修养。

3. 借助学习动机的迁移丰富材料呈现方式

建构情感教学模式还应借助学生学习动机的迁移来不断地丰富和完善材料的呈现方式。当前科学技术的发展使多媒体技术的运用日益普遍化。事实上,多媒体技术的普及和应用极大地丰富了教学呈现的方式。例如,教师在讲课的过程中运用图示、实验演示、录像、幻灯等多种方法来培养学生对学习材料的浓厚兴趣。当然,教师也可以通过学生参与到具体的学习过程来实现激发学生学习兴趣的目的。只有学生真正地体验到了学习的乐趣，才能更加有利于其创造性和潜能的有效发挥。

4. 创设轻松、愉悦的学习环境

学习环境也是对学生情感产生重要影响的外部因素。学习环境不仅有利于陶冶学生的情感，同时还能有效激发学生的学习动力和热情，无形中对学生的身心发展起着潜移默化的作用。通常，在愉快、轻松的学习环境中，学生的思维更加活跃，记忆力相对更强一些，学生通常能够处于最佳的学习状态。作为大学英语教师首先应该明白，要想为学生创设轻松愉悦的学习环境，最基本的就是给学生最大限度的自由，让学生能够在毫无拘束的环境下全身心地投入学习中。当然，不仅如此，教师还应为学生创设民主的氛围，在此过程中，教师可充当学生的学习向导和学习伙伴的角色。学生处于这种民主、自由的学习环境中，才会有一种安全感，也才能取得最佳的学习效果。

四、ESP视角下的大学英语教学模式

（一）ESP的内涵

ESP是"English for Specific Purposes"的缩写，即"专门用途英语"或"特殊用途英语"，如旅游英语、外贸英语、财经英语、商务英语、工程英语等。ESP教学理论是由英美等国的应用语言学者在20世纪60年代提出的。在当时，世界各国已逐步从第二次世界大战的创伤中恢复过来，全球经济迅猛发展，科学技术日新月异，国际贸易、金融保险、邮电通信、国际旅游、科技交流等全球范围内的交往日益频繁，英语作为国际语言的地位也日益得到加强，成为了一种世界性的语言。但因为学习者具有不同的学习目的，这就要求采用不同的教学内容和不同的教学方法，改革传统的概念，确立新的概念，即把英语当作交际工具来教，培养学生在不同的实际环境中运用英语的能力。随着语言学领域的革命及教育心理学的发展，人们开始强调学习者个人的需求和兴趣，认为学习态度和学习动机对于学习效果有着重要的影响，因而教学的重心应由传统的"教师中心"转向"学生中心"，并最终转向"学习中心"，这些领域的研究成果都为ESP的形成奠定了理论基础。为了满足各类人员学习英语的需要，ESP便应运而生了，而学英语热的持续升温又导致了ESP的迅速发展。

（二）大学英语教学运用ESP理论的可行性

英语教学的最终目标是使学生实现从学习语言到使用语言的转换，培养学生在特定职业范围内运用这门语言的能力。英语课程不仅应打好语言基础，更要注重培养实际使用语言的技能，特别是使用英语处理日常和涉外业务活动的能力。因此，大学英语的教学必须考虑学生的英语学习需求和用人单位的人才需求，满足不同专业对它的不同要求，为学生提供真正实用的服务。ESP教学使语言学习服务于专业学习，帮助学生在实际工作中以最快速度直接了解各专业领域的最新发展动态，使学习与实践相互促进。引入ESP教学，与相关专业英语教学有机结合起来，这样才能培养出既精通专业，又有较强的外语能力的复合型人才。ESP教学是社会语言学给语言教育制定的高标准，也是社会实践的基本要求，运用专门用途英语理论指导大学英语教学是可行的。

（三）基于专门用途英语理论的大学英语教学模式改革实践

当前，社会经济发展在不断推动着高校办学模式的发展，大学英语教学也必须紧跟时代发展的步伐，不断发现和解决英语教学中存在的种种问题，并在实际英语教学活动中逐步加以解决，以求达到高校英语教学的最优化。大学英语教学要为企业和岗位服务，培养学生在今后职业岗位的涉外场合使用英语进行基本的语言交际或实际操作，能够通过外语技能更好地发挥专业技能，真正体现学有所用、学以致用的宗旨。专门用途英语教学方法实际上就是一个专业与英语结合的方法体系，可以用它来指导我国新的大学英语教学体系的构建，改进大学英语教学。根据学生的专业方向、职业类别及岗位中英语的使用情况，在英语听、说、读、写、译诸项能力中，有针对性地进行侧重培养。从实用出发，摒弃复杂的语言理论知识，结合专业培养学生的外语交际能力，根据培养目标和业务范围，使知识、能力和素质协调发展，实现共同提高。

1. 以"需求分析"为基础确定大学英语教学目标

根据 ESP 的以学习为中心的需求分析理论，大学英语课程的开设和教学实施，首先必须对目标需求和学习需求进行分析，确定大学英语教学目标、内容重点，为学生在目标情境中进行职业交流做准备。目标情境需求的分析本质上就是针对目标情境问题，挖掘出学习过程中不同学习者对目标情境的态度。主要从以下三个方面入手：

第一，目标情境中必须的知识与技能。它是学生将来用英语进行活动的目标情景的客观需求，也就是说学生要想成功地在目标情境中运用语言，所必须获得的知识和技能。以商务英语专业为例，要能有效地在商务领域工作，学生要掌握英语语言基础知识和运用英语进行商务洽谈、书写商务函电与合同等所需的词汇及在这种情境中常用的语体、语篇结构等，具有电子制单、因特网上交易的能力，能进行国际商务谈判，从事涉外商务管理与服务、对外贸易、市场营销等。

第二，学习者在目标情境中应用语言工作存在的差距。学习者当前的语言知识和技能与目标情境中所需的语言知识与技能相比，学习者还缺乏哪些知识与技能，这些缺乏的知识就是学生要学习的主要内容。根据学生的原有水平和课程对学生的要求来设计课程，有利于把握学习材料的难易程度，开发出适合学生的教材。

第三，学习者自身的需要。学习者对自身需求的看法也不容忽视，学习者的学习目的、学习经历、对英语的态度和文化信息等主观因素是课程设计中一个重要的部分。学习者自身的学习需要有时会与目标情境的需要有冲突，也有可能目标情境的需要并不足以满足学生的需要。教师在设计课程时始终要以学生为中心，重视学习者自身的需要，提高学习者的动机。大学英语的教学必须考虑学生的需要，摸清学生的语言基础和知识水平，熟悉学生的兴趣爱好和愿望，同时还要了解市场需要，学习者将来在目标岗位必然遇到的交际情景、岗位环境和应具备的知识与技能。大学英语的教学目标可以定位为：贯彻实用为主、够用为度的原则。重视学生基础薄弱的现状，教学中贯穿必要的语言基础知识，将培养目标具体化。以岗位所需英语为基本目标，培养学生在涉外相关工作中的英语听、说、读、写、译综合技能，借助英语完成目标岗位工作的能力。

2. 针对学生专业选择和编写大学英语教材

教材与教育思想、教学原则、教学方法、学习理论和实践有着直接的关联，是各种教学理论、方法和手段的体现。它也是教与学的重要资源和依托，决定了教与学的基本方法，是教学的关键。随着现代科技的飞速发展，学生对学习材料的需求呈现多样性，职业教育教材的形式也变得丰富多彩起来。为了满足学生的多元需求，进一步激发学生的学习热情，职业教育的教材应当根据岗位对学生英语能力水平提出的要求，强化听力和口语教学训练，增强其作为交流工具的实用性。同时，应协调好基础英语教材和专业英语教材之间在内容上的对应关系，强调英语"听说读写译"五大技能和专业英语能力的培养，增强英语的实用性，还可以根据实际情况自主开发教材。

英语与专业相结合是指把英语语言知识，如词汇、语法、听说训练和学生所学的专业结合起来，运用英语这一语言工具来为专业服务。大学英语教材应该以实用为原则，把真正反映岗位需求的英语知识传授给学生，为学生进入工作岗位做准备。

第一，按学生专业选择英语教材。教材作为学习输入的主要信息源，对 ESP 教学的成功起着决定性的作用。以"需求分析"为基础来选择教材可以减少 ESP 教材选用中存在的随意性和盲目性。对符合需求的教材，我们还应进一步分析其"真实性"的含量，确定其是否在目标方面迎合真实的交际需求，在选材方面具有真实的交际内容，在练习方面提供真实的交际环境和真实的交际任务。根据需求分析理论和真实性的原则，大学英语必须服从各个专业不同的教学培养目标和教学要求，围绕大学生在未来实际工作中面临的英语涉外业务和活动进行教学，教材应当结合学生专业进行选择，考虑不同专业的特色和岗位的特点，侧重从各自的职业岗位中选取教学内容。例如，旅游专业毕业生将会经常用到的日常交际用语、景区介绍等，模具、电气专业常见的产品说明书、技术指导、维修指南等。杜威提倡：把学习的对象和课题与推动一个有目的的活动联系起来，乃是教育上真正的兴趣理论的最重要定论。根据专业选择大学英语教材，能避免教学资源的浪费，提高教学效率，保障坚持"实用为主"的教学原则的实施。同时，按专业选择教材充分体现了大学公共英语教学对个性的重视和关怀，让学生感到了英语学习与岗位就业的相关性，激发了学生学习英语的兴趣。

第二，依据职业岗位能力的要求，设立课程模块选择教材。大学生英语应用能力是专业导向要求的重点。大学英语教师要认识到大学人才培养上的职业性，根据社会对所教专业学生的英语运用能力的实际需求，有选择地使用英语教材，强化学生的英语职业技能。如文秘专业的学生在将来的职业岗位中，主要是与客户在电话、网络、商务会谈中用口语进行直接交流，因此，要侧重英语听、说能力的训练；而模具专业的学生，更多的是接触有关产品说明书、技术指导、维修指南等书面文字，因此要着重培养学生业务资料阅读和翻译能力。

课程内容的更新整合与新课程的开发，需要紧密结合社会经济技术的发展，必须对应不同教育对象的教学目标进行。课程结构就是课程的组织与流程，反映教学的框架与进程。例如，旅游英语教学工作，根据培养目标与基本要求设置课程，力求从旅游英语方面来提高学生的英语水平，并根据旅游专业实践性强的特点，将旅游英语课程设计为两个模块：基础英语模块和旅游英语模块。基础英语模块以必需和够用为度，突出内容的针对性和应用性，注重探索以能力为基础构成的知识体系。国内外旅游英语教材都存在一定的局限性，在教材选择上采取以一本权威教材为主，几本有特色的教材为辅，同时充分利用专业网站资源。CCTV9 播出的"Travelogue""Around China""Chinese civilization"，网络上很多视听材料如普特英语学习网等都是很好的教学资料，同时，教师在授课过程中插入中国传统文化的介绍。旅游本身就是最重要的跨文化交流活动，应该充分重视通过多种教学手段锻炼学生用英语向国外游客介绍中国古老的历史文化和美丽的自然风光，拓宽学生的知识面，培养学生的应用能力、实践能力和创新能力，突出人才培养的实用性、即时性和时代性，适应日益与国际接轨的中国经济发展的要求。

3. 校内校外实训结合，提高学生的英语实践运用能力

语言学的研究表明，人的语言能力如果停留在认知的水平上是很容易被遗忘的，因为语言能力必须通过语言行为才能得到不断的强化和保持。学习者要能使用他学过的语言，并拓展到新的语境中，还要作为一名语言使用者，根据他的需要创造出新的话语。这是英语实践运用能力的重要表现，也是大学英语教学的最终目的。大学教育在突出"应用"教学特色的过程中，强调专业教学要进行实践训练，组织学生经常练技能，到现场实施教学，提高学生的动手能力，实现大学毕业生的高就业率。大学英语作为职业技能和素质培养课程，在教学改革过程中也应当改变"重理论，轻实践"的倾向，要将校内实训教学与校外实训结合起来。

4. 建立科学合理的评价与考核体系

改善大学英语教学效果，提高学生在就业中的适应性，不仅体现在考试分数的高低上，更重要的是体现在学生对实际操作技能的掌握和社会对大学毕业生应用能力的认可程度上。因此，大学英语考核方式应该要特别突出学生对英语知识和技能的应用能力，对大学生学习成绩考核要从单一的卷面测试逐步转向英语应用能力的全面评价上来。采用多元化英语就业能力考评办法，打破传统的以笔试定成绩的局面，强调笔头功夫和嘴上功夫"齐抓共管"，听、说、读、写、译综合考评，使学生更注重语言应用能力的培养，摆脱应试学习模式。英语课程可以借鉴其他课程的考核形式，如设计形式、实训形式、技能考核等多种考核方式，全面考核学生的综合素质，这样可以真实地反映出每一名学生掌握技能的能力和学习效果，对提高教学质量起到推动作用。

5. 联合学校与企业加强师资力量的建设

大学教育要紧贴社会的需求，因此，大学教师需要不断地学习来适应社会的迅猛发展。大学应每学年抽出一定的时间，建立个性化、终身化的培养体系，对教师进行英语教学改革、教学内容、教学方式、专业英语等方面的培训，针对各个专业，以满足个性化的培训需求，促进每位教师的专业成长，从根本上提高教师的教学水平和教学质量。只有教师的教学理念、教学方法等发生转变，才能够提高课堂的教学质量。大学英语教师既要讲授英语的基础知识、关键点、难点，还要学习专业知识，以适应英语课程改革的需要。只有一专多能的教师，才能培养出通专多能的学生，才能保证教学目的的顺利实现和教学质量的不断提高。

6. 大力培养双师型教师

目前，大学英语教师首先必须把自身"工学结合"起来，掌握专业知识，积累专业从业经验，才能使该专业实现工学结合，让学生领略到工学结合的魅力和重要性。这就要求原来的英语教师要深入生产第一线，熟悉某一专业（如国际贸易、旅游、数控、机械等专业）的生产现场和作业流，最大限度地提高自身的实践技能，以适应大学应用型技术人才培养目标对教师的

要求。外语专业要充分依靠自己的力量,利用他方的资源,建立适合本专业的复合型人才培养要求的师资队伍。就地取材,创造条件对现有的教师进行培训,选拔一批语言基本功扎实、工作认真负责的英语教师或派出进修学习,或到各个专业跟班听课,鼓励教师考取职业资格证书等,提高专业英语教师的"双师"素质,培养一批具有一定专业知识的英语教师。多层次的培训,对教师提高学历、更新知识、提高专业理论水平和业务能力起到重要作用。如经贸专业的英语教师,他们承担着外经贸英语函电、外经贸应用文写作、外经贸业务洽谈等课程,并利用网络资源,将有关学科的最新信息下载、编辑、制成讲义,丰富课程内容,呈现出教学共相长、师生同进步的态势,还可以校企联姻,创建实践、实习基地,挂靠企业落实实践环节教学,让教师有机会到企业参观、实践,参与企业的经营管理等。同时,还可组织有关教师下厂参观考查,到企业见习、顶岗锻炼。学校应积极鼓励教师去企业挂职锻炼,承担科研项目,参与技术革新与改造,同时积极鼓励教师参加教学改革和教材编写等工作,以多种形式和手段促使教师提高业务和教学水平。教师在带队实习和参与企业的科研攻关等活动中可以及时发现学校教育中的偏差,从而调整课程设置和教学安排以适应用人单位的需要。比如我们组织教师参观公司或企业,使教师能和企业管理人员交流,相互学习,了解企业实际情况,有利于进行实践教学。

　　7. 积极引进企业优秀人才

　　在招聘富有实践经验的专职英语教师的同时,从企业、涉外行业聘用兼职英语教师也是一个改善大学英语教师队伍构成的重要举措。积极引进,聘请专家、学者和具有丰富经验的企业家当兼职教师或到企业中聘请高级商务人员和管理人员担当学校的客座讲师、教授,以解决大学教育教师师资紧缺的问题。可以聘请知名企业高层管理人员来学院讲课,此外,因为行业竞争的加剧,许多具有良好英语应用才能的企业界人士面临着重新择业的局面,高等院校对于他们来说具有很大的吸引力。大学可以从行业引进英语水平高、有工作经验的人才加入到大学英语教师队伍,以改变目前教师的知识结构、学历结构,彻底纠正重理论轻实践的错误倾向。

第 2 节　大学英语教学模式改革策略

一、传统教学模式存在的问题

　　传统模式的大学英语教学束缚了学生学习潜能的发挥,这种模式的特征主要表现在以下几个方面:

　　1. 教学环境和学习环境单调、呆板,教学过程程式化、填鸭式教学现象严重;

　　2. 以教师为中心;

　　3. 学习成绩与四、六级考试挂钩,侧重阅读,忽视口语;

　　4. 将语言拆分成零散的语法、词汇、惯用语等语言点进行分析、对比;

　　5. 忽视课外学习内容和活动的安排;

6. 教师与学生交流沟通少。

由以上的分析我们不难看出，大学英语教学的各种模式已滞后于现代社会发展的需要，改革势在必行。大学英语教学界对教学模式转轨达成了以下五个方面的共识：

1. 转变教学指导思想，从知识型教学转向技能型教学，由以知识为本转向以技能为本；
2. 确立新型英语教学目标，改革教学效果的评价体系，真正做到以考察交际能力为目的进行教学；
3. 改革教学方法，从重"教"转向重"学"，培养学生良好的学习策略；
4. 教学手段多样化，由"书本+黑板"教学转向现代信息技术教学；
5. 扩大教学视野，由"语言技能"提升至"跨文化交际"。

二、大学英语教学模式的改革策略

（一）坚持用英语组织教学的模式

大学英语是一门实践性很强的课程，它的特殊性在于英语既是教学的对象，又是教学的手段，它有利于将教师的教直接转化为学生的练。外语教学的目的不是向学生介绍有关外语的知识，而是要培养学生实际运用和驾驭语言的能力。迈克尔·韦斯特指出：语言教师最有害的缺点和最流行的通病是讲得太多。他试图以教代学，结果是学生什么也学不到。叶斯柏森说：教好外语的首要条件看来是更多地让学生接触外语和使用外语。的确，坚持用英语组织教学是精讲多练、学以致用的最佳途径，经常性地输入有利于学生将来的输出。从心理学的角度来看，经常性的复现，是克服遗忘现象最有效的办法。同时，用英语组织教学是英语学习良好的精神风貌和成就感的体现。再者，语言是思维的工具，人类的思维方式、思维过程、思维结果都必然要在语言中反映出来。

（二）以学生为中心的教学模式

传统教学模式以教为中心，重视教法，忽视学法，而以学生为中心的教学模式与传统的教学模式则截然相反，它主张挖掘学生自身已掌握的知识和学习经验，使教学内容更加切合实际，也更容易被学生深切地感知，学生的需要成为一切教学活动的源泉。教师如何引导学生有效地掌握学习策略，充分吸收语言输入，是以学生为中心的教学模式的关键。以学生为中心，学生要担当起输入信息的主要任务，从而保证所学内容的关联性。以学生为中心的大学英语教学模式并不否认教师的主导作用，而是要求他们改变以讲授为主的"满堂灌"的教学模式，从原来的传授者变为身兼多重角色：教师是学生语言实践活动的鼓励者和合作者，教师应积极、真诚地投入到课堂活动中，提出自己的想法和意见，或者根据自己的经历和体会给出一些良好的建议；教师是学习策略的培训者，为学生找到适合个人特点的学习方法；教师给予学生及时的帮助，使教学活动更加有效；教师是整个教学活动成果的检测者，为学生的进步提供必要的反馈，尤其是在语法、测试等活动中，教师的这种作用显得尤为突出和必要。教师的这种主导作用体现在教师的合理引导，而不是保姆式的全程服务。以学生为中心的教学模式的优点是一目了然的，学生的潜力可以得到充分的发挥。教师和学生能够不断地进行需求分析，课程资源可以得到有效的开发，学生在有效的实践中逐步提高英语的交际能力，学生之间互教互学、交流学习经验成为可能。由此可见,良好的师生关系、良好的学风、良好的精神风貌将英语学习导入良性循环。

(三)任务型教学模式

教育部制定的全日制义务教育普通高级中学《英语课程标准(2001年版)》明确指出,教师应该避免单纯传授语言知识,要尽量采用"任务型"教学法。任务型语言教学模式所追求的是语言习得所需要的理想状态,即大量的语言输入与输出、语言的真实使用、学习者的内在动机。任务型语言教学可以最大限度地激发学生的学习动机。任务型教学模式一般分为三个阶段:任务前、任务中、任务后。任务前,教师介绍本课的主题。教师可以帮助他们回忆在进行主要活动时所需要的单词和短语,也可以学习一些对进行该任务很重要的新单词和短语。任务中,学习者分小组进行活动(通常是阅读或听力练习或是解决问题的练习),然后向全班汇报他们是如何完成任务的,他们的结论是什么,最后,他们以口头或书面形式把发现介绍给全班同学。任务后,把重点放在语言上。成功的任务设计应达到:使学生学会用所学的语言进行交流;能使学生在课堂内演练生活真实交际时所需要的语言技能;能激活学生心理和心理语言学的学习过程,使学生的心理压力降到最低限度;最大限度地发挥他们的学习积极性,让学生对自己的错误持积极的态度,明白犯错误是正常语言学习过程中必然经历的阶段。在语言的使用方面,采用各种各样的任务,可以使学生有机地综合运用他们所学的语言,在交流中学会运用。这种交流使学生把注意力集中在语言表达的意义上,以运用语言和完成任务为最终目标,从而减少他们的心理压力。这个阶段的语言活动通常可以在小组或结对练习中完成。应体现以下特点:贴近生活的语言使用环境。交际的双方之间有信息差,解决实际问题,发挥学生的自主性或创造性。任务型教学法是一种值得推崇的、有利于发挥大学教师和学生创造能力的新型教学法,其在大学英语教学中的实施可帮助学生培养在真实环境中综合应用英语的能力,"用看得见的方式体会自己的进步"。学生在完成任务时是为了交际而运用语言,不是为了学习语言用法而运用语言,学生的注意力在语言意义而不是语言形式上。

(四)文化导入的教学模式

我国的外语教学在很长一段时间内把主要精力集中在语言知识的传授上,而对社会文化因素却视而不见。由于忽视了语言使用与文化因素的相互作用,大部分学生尽管语法知识掌握得很好,词汇量也很大,但严重缺乏有效地运用语言进行交际的能力,学生往往把本民族的文化内容盲目地套用到外语交际中去,这种语用失误的例子可以说是俯拾皆是。拜伦提出:语言学习者不可能一下子摆脱自己固有的文化而轻而易举地获得另一种文化。语言既是信息的载体,又是文化的载体。语言与文化是密不可分的,语言背景、情景、内容都离不开文化,语言交际能力不仅包括语言能力,还包括对社会文化方方面面的了解。教师在传授语言知识的同时,也传递了各方面的文化知识。因而,外语教学是在文化中教语言。文化导入的教学模式旨在通过课堂教学提高、培养学生的语用意识和跨文化意识。在文化导入的教学模式下,语言教学和文化背景知识教学同时并举、相得益彰,教师结合教材内容,有计划、有步骤地向学生介绍英语国家的文化背景知识,这些背景知识涉及政治、经济、历史、地理、教育、文艺、社会制度、生活方式、风土人情、社会传统、民族习俗等方方面面。对于存在文化差异之处,教师有意选择语用难点进行讨论，让学生有机会比较两种文化的共性和差异，逐渐培养学生对其差异的敏感性。

（五）现代化的教学模式

传统的大学英语教学模式局限于教师的口头讲授，教学手段单一，一本书、一支粉笔的教学使得学生在被动接受教师灌输的过程中兴趣索然。现代化的教学模式能够利用网络、计算机信息技术和多媒体课件创造良好的学习环境、真实的教学情景，在这种模式下，教师得以将历史事件、人物、地点生动形象地呈现给学生，图文并茂，画面感强，易于给学生留下深刻的印象，学习内容易记难忘，不容易产生乏味感。听、说、读、写、译等各种技能的训练有机协调于同一时间段，真实的材料、真实或接近真实的场景与可反复使用、资源共享等特点保证了多媒体的教学效果和效率。现代化的教学模式方便了学生课内课外的语言输入，有利于强化语言学习过程。课堂教学以学生为中心，围绕学生展开活动，营造有利于交际的语言环境，激发学生的想象力和创新精神。

大学英语教学各种模式之间是有机协调统一的，为了取得理想的改革效果，我们需要对教师、教材、教学理念、教学手段等加以整体考虑，在具体的实施中对参与教学的各种因素进行整合。这其中大学英语教师素质的提高无疑是改革的重中之重。改革绝非是一个蓝图，而是一段旅程。因此，大学英语教学模式的改革依然任重而道远。

第3节 大学英语课程体系建构研究

一、大学英语教学课程设计

从英语教育的角度看，"教学课程设计"应包括：提出英语教学的基本理念；实施系统的专业设计程序；了解学生的实际需求；研究切合实际的教学策略；确定具有操作性的教学目标；规定和发展改善学生学习行为的教学过程；组织必要的教学资源；构成有利于过程监控的教学评价。

教学设计程序的第一大要素就是设计程序的系统化。系统化教学设计要有序、严谨、务实。教学设计需要考虑以下八个方面的问题：

（一）分析学生需求

教师首先要根据学生的实际需求来确定教学内容，比如说，我们通过对学生需求的具体分析来针对性地确定新授的内容、强化训练的内容、巩固的内容和拓展的内容的次序和比重。同时也要分析学生和环境，比如学生的个体差异、当前的情绪、主要学习动机及教学班的环境和条件等。

（二）确定语言学习目标

语言学习目标包括语言知识、语言技能和语言应用三个方面。教师要做的事情是：依据各学段的要求，把知识、技能、应用这几个方面融合在一起，根据学生的实际状况和需求，设计服务于课堂教学的具体目标。

（三）设置真实行动目标

行动目标也可以称为任务目标。设置真实行动目标首先要确定话题，在确定话题之后就要考虑它所使用的语言，同时考虑设置什么样的情景，要达到什么目的，其中还要涉及人际关系和情景互动，采用什么样的行动，最后达到什么样的效果。

（四）组织教学资源

教学资源是为实施教学目标服务的，包括主体资源和辅助资源，主体资源又包括规定资源（主选教材）和自选资源（教师自主开发）。教师应当从教学系统设计的整体构想上完成教学资源的整合，超越所谓"教科书"的传统框架，能动地品评、选择、重组教学资源，自主地利用其他可用的资源。

（五）设计教学过程

设计教学过程是教师比较熟悉的课题。但是，教学过程设计有经验型设计和系统型设计的区别。前者只停留在课堂教学步骤的排列上，后者则有宏观设计和微观设计之分。宏观设计是对一个学习阶段和更长的教学时间跨度进行过程设计；微观设计则主要涉及课堂教学过程设计。另外，经验型设计的教学步骤，只是一个线性程序，即 A+B+C+D+……

（六）选择学习活动类型

活动在课堂教学中起着重要的作用。不同学段的学生要选择不同的、适合他们学习的活动。比如在一堂课的教学活动中，教师要结合学生的实际，选择哪些是真实的活动，哪些是游戏性活动，哪些是操练性活动；同时，要考虑到学生活动的形式是个人的还是结对的，是小组的还是全班的。所以，在选择活动的类型及学生活动的形式上，教师要注意高效、务实、多样。

（七）设计教学评价方案

在整体的教学过程中，过程评价和总结评价是交替实施的。在课堂教学过程中，则主要涉及过程评价。在教学过程中，教学和评价应融为一体，我们可以通俗地解释"一体化"概念。教师在实施课堂教学时，应当系统考虑下述问题：如何确定学生的表现性评价目标？如何观察和收集有关学生表现的重要信息？如何运用评价手段诊断学生学习行动？在设计评价方案时，教师应注意发挥学生主体评价的效能。评价设计应当包括学生评价活动的设计，学生采取自己活动的有关信息的方法设计，学生应当实施小组评价设计。

（八）合理地利用媒体的力量

我们这里说的媒体是个广义的概念，它包括常规媒体和现代技术媒体。随着信息技术（IT）的迅速发展，现代技术型媒体已被广大英语教师运用到实际教学当中，其中不乏精彩的媒体作品设计。这里，我们有必要强调一下对常规媒体的有效设计问题。事实上，教学系统化设计（其中包括过程评价设计）也应当系统地处理常规媒体（板书、简笔画、挂图、卡片等）的系统利用问题。教师应努力将常规的媒体与现代的媒体有机地结合起来，高效地用于课堂教学中。

二、大学英语教材建设

（一）大学英语校本教材开发

1. 校本教材是大学英语课程建设的需要

《大学英语课程教学要求》在谈到课程设置时指出：各高等学校应根据实际情况，按照《大学英语课程教学要求》和本校的大学英语教学目标设计出各自的大学英语课程体系，将综合英语类、语言技能类、语言应用类、语言文化类和专业英语类等必修课程和选修课程有机结合，确保不同层次的学生在英语应用能力方面得到充分的训练和提高。在谈到课程内容时指出，无论是主要基于计算机的课程，还是主要基于课堂教学的课程，其设置都要充分体现个性化，考虑不同起点的学生，既要照顾起点较低的学生，又要为基础较好的学生创造发展的空间；既能帮助学生打下扎实的语言基础，又要培养他们较强的实际应用能力尤其是听说能力；既要保证学生在整个大学期间的英语语言水平稳步提高，又要有利于学生个性化的学习，以满足他们各自不同的专业发展需要。

不容忽视的是，在选修课教材建设中必须考虑教材的使用对象，必须立足本校学生的实际情况，开展校本教材研究，开发适合于本校学生的大学英语选修课程教材。只有这样，才能给本校学生提供必要的语言环境和合适的英语教科书，激发他们的学习兴趣，激活他们的学习动机，帮助他们树立语言学习的自信心。

2. 大学英语校本教材开发的层次

（1）大学英语必修课教材开发

一般院校的大学英语只设置一门课程，把听、说、读、写等所有内容放在一起，按照一定的课时分配授课，期末再按照听力、口语、读写的比例折合成一个分数。这样的课程设置不利于提高学生的听说能力，因为听和说所占的比例较少，一般不会超过30%，读写能力强的学生，听说差一些也能过关。所以，要提高非英语专业学生的语言应用能力，特别是口头交际能力。

（2）大学英语选修课教材开发

大学英语选修课教材开发的市场潜力很大。学校的办学特色、专业差异、学生差异等决定了校与校之间的选修课设置既具有普遍性，也具有独特性。即每个学校除了开设《英文电影赏析》《中级口译》《实用英语写作》这种所有学校都可能开设的选修课外，还可以开设一些适合于本校学生专业特色、其他学校不会开设的选修课。规划教材建设时，如果没有充足的教师资源和教材建设资源，应首先考虑开发特色课程的教材，为学校的特色人才培养创造条件。

（3）专业英语和双语课程教材开发

目前，一般学校把专业英语或双语课程放在二级学院，学校对它们的课程教学大纲、学分和学时、授课方式、考核方式不进行统一的规定，由年级学院自己安排。从长远建设来看，应该改变这种状况，把所有的专业英语和双语课程归为学校统一管理，纳入大学课程体系中。目前，大学英语教师多半只能以参与者的身份参加这些专业英语或双语课程的教材建设。随着经济全球化的不断深入，世界各地区间的经济联系日益加强，社会对各类人才的英语要求也越来越高，各学院在逐步加大专业英语和双语课程建设。

（4）大学英语辅助性教材开发

非英语专业学生面广，人数众多，来自不同的地方，英语水平差异很大。大学英语必修课的教材不可能满足所有学生的学习需求。同时，由于大学英语各类证书考试、资格考试、水平考试的客观存在和社会对毕业生持证的要求，学生不得不一次次地报名参加考试。为了照顾学生的个性化学习，尽可能地给学生创造自主学习的机会，使他们既能掌握语言知识，又可以增强应试能力，每个学校都应努力开发这类大学英语辅助性教材。各校在开发此类教材时，要编出自己的特色，要往形成规模效应和品牌效应方向发展。

（二）大学英语教材的编写原则

1. 人本性

作为教材编写指导原则之一的人本性，它有别于拟定编写大纲、划定选材范围、确定练习形式这些具体编写流程。它的着眼点在教材的服务对象：学生和教师。在编写过程中，要随时确保使用这套教材的学生和教师利益的最大化。比如，教材的定价多少？定价是否合理？装帧是否既美观又耐用等。

2. 时代性

由复旦大学董亚芬教授担任总主编、作为第三代大学英语教材典范的《大学英语》系列教材经过数年酝酿和编写，于1986年问世。该教材体系包括精读、泛读、听力、语法、练习等，体系较为完整，先后被千余所院校采用，受到了广大师生和英语学习者的青睐，成为我国大学英语教学的首选教材，并荣获第二届全国高等学校优秀教材特等奖和国家教委高等学校第二届优秀教材一等奖。对照2006年6月该教材推出的第三版我们可以发现，《大学英语精读》第一册的10个单元中，有4个单元已经被换下。因此，教材的编写要不断更新，与时俱进。

3. 务实性

教材编写时，本着词汇控制法原则与结构控制法原则，对课文的原文材料进行处理，即先对原材料进行删减，使其长度和难度适合教材；再对原文进行修改，如把难句改写得简单一点，把难词用较简单的同义词或近义词来表达，使之不要超纲。我们应当看到这样一个事实，现在有许多读完了大学英语教程的学生，在阅读英语报刊、书籍、文件时仍存在相当大的困难。他们反映所读的文章生词量大，结构难，毕业后读到的语言和以前书本上学到的语言出入太大。原因就是他们从课文中学习的语言很多是经过调整或修改的，难句已改写，长句已缩短，这种语言和外部世界真实的交际语言当然存在明显的区别。

4. 多样性

第一，文章题材多样化，社会生活的方方面面都要涉及。当今世界，科学技术发展迅猛，全球经济一体化趋势更为显著，综合国力竞争日趋激烈。置身于这个迅速发展的社会，学生也有获取各种信息、接触各类题材的愿望，因为接触对外政策、法律、宗教、文化、教育、文艺、体育、科技、能源、交通、环境保护、城市建设、市场经济、金融外贸、旅游、医疗卫生、民族政策、家庭婚姻等题材的信息本身也是提高学生认知能力和词汇量的有效手段。

第二，体裁多样化。以说明文为主，叙述文、描述文、议论文都要有一定的体现。

第三，语域多样化。学术文体、新闻报道、典雅美文、戏剧小说都应该有一些，尤其是口语体的文章，历来为我国大学英语教材所忽视，应该引起重视。

三、大学英语课程资源建设

（一）大学英语课程资源建设的意义

1. 有利于促进教师教育观念的更新

广义的课程资源概念带来了全新的课程理念，教材不再是整个教学活动的中心，教师对学生的评价也不再以学生是否掌握了教材内容为依据。全新的教学模式和评价标准不管对教师还是学生而言，都是一种挑战。对教师而言，整个教学设计过程和实施都围绕教学活动是否有助于课程目标的完成，除了关注是否完成了教材上的教学内容，更要思考如何高效开发大学英语课程资源，培养学生的自主学习能力，引导学生完成课程目标。

2. 有利于教师专业成长

受到新课程资源观熏陶的大学英语教师，不会再日复一日地重复使用相同的教材、教案和教学课件，他们会紧跟时代发展的要求，更新自己的知识结构，不断地对教学内容、教学活动设计、课堂组织模式、课堂评价方式等进行反思，以改进自己的教学。同时，大学英语课程教学资源的不断丰富，使得学生的自主学习成为可能，兴趣和爱好不仅驱动着他们对教材进行深度加工，而且不断拓展自己的知识面，将课堂上所学到的知识应用于实践之中，使得自己的英语语言应用能力得到迅速提高。

3. 有利于提高学生的综合素质

传统的大学英语教材旨在帮助学生加强英语基本功建设，不管是文章的体裁、选材的主题、选材的长度，还是课文的难度，都是面向大众化学生，没有关注学校与学校间学生的英语水平差异、同一学校间学生的专业差异、学生个体的学习需求等因素。丰富的、个性化的课程资源的开发和利用不但是对原有教材内容的补充，也构成了第二课堂，与第一课堂开展联动，形成了良好的学习氛围，拓宽了学生的视野，激发了学生的学习兴趣，最终促进学生思想、品德、行为、知识、能力、人格等的全面发展。

4. 有利于大学英语课程开发

大学英语课程资源种类繁多，形式多样，在开发和利用过程中必须进行有序化管理。同时，系统的大学英语课程资源建设工作量大，不是一两天就能完成的，短则几个星期，长则一两年。教师们的付出不但能提高教学质量，随着时间的推移，还会使他们产生浓厚的兴趣，不断地去深化这项工作，最终积累的资料越来越多，到了一定的程度，这些课程资源经过整理、加工、补充和完善，就形成一门新的公共选修课程的雏形。

5. 有利于培养学生自主学习能力

大学英语课程资源的开发与利用，主要以课程目标的达成为根本出发点，以学生身心的完整、和谐发展为终极目的。传统的教学将学生局限在课堂这一特定的场所，课程资源以教材为主，没有充分激发学生的学习积极性、主动性和创造性。在新课程资源观下的大学英语学习模式中，学生学习的时空范围得以扩展，可随意选择丰富多彩、形声兼备、图文并茂的课程资源。学生成了学习的主体，他们自己决定英语学习的内容、时间、场所、进度、节奏及学习质量的监控。

6.有利于形成性评估的规范

检查课程建设是否达到预期目标需要依靠评估。因此，对课程进行全面、客观、科学和准确的评估对实现课程目标至关重要。它既是教师获取教学反馈信息、改进教学管理、保证教学质量的重要依据，又是学生调整学习策略、改进学习方法、提高学习效率的有效手段。长期以来，大学英语课程教学评估主要依靠终结性评估，注重结果；而较少关注形成性评估，忽视学习过程。《大学英语课程教学要求》明确提出要求，要加重形成性评估在大学英语课程评估中的分量。新的大学英语课程资源观不但改变了学生的学习模式，还更新了大学英语教师和相关管理部门的教育观念，通过课堂活动和课外活动记录、网上自学记录、学习档案记录、访谈和座谈等形式对学生学习过程进行观察、评估和监督，为形成性评估的实施打下了坚实的基础。

（二）大学英语课程资源建设的策略

1.教材取向的课程资源建设策略

目前，出版大学英语通用教材的一般都是国内知名出版社，像高等教育出版社、外语教学与研究出版社、上海外语教育出版社、清华大学出版社、复旦大学出版社。这些出版社具有多年的大学英语通用教材出版经验，拥有强大的教材编写队伍，除了推出纸质版学生教材外，还推出了配套的教师用书、学生练习册及答案、教师教学光盘，可以说对教师教学帮助极大。由于这些通用教材面向全国学生发行，不可能适合于所有学校的所有学生，因此，尽管这些知名出版社推出的教材本身已是经过筛选的课程资源，但是教师在实施教学前还要充分调研本校学生的英语水平、学习动机、学习策略、学习方式、学习目标、学习计划，在此基础上对教材进行二次加工，透彻把握教材的重点、难点，将教材内容变成有利于学生发展的教学内容，寻找书本知识与现实生活和学生水平之间的联系，使教材的价值在教师的创造性使用过程中得到体现。

2.学生取向的课程资源建设策略

（1）关注学生的"知识类资源"

教学实践证明要基于学生的实际水平开展教学，强调学生的现有水平在知识摄取中的作用。教师设计的教学目标、选择的教学内容、安排的教学活动、实施的教学方法、采取的教学评估手段都要以学生的真实水平为基础，采用适当拔高的原则，确保学生努力就会实现学习目标，而不是一次次令学生遭受失去学习英语兴趣的挫折。为了辅助这样的教学，教师就得开发出相应的课程教学资源，帮助学生构建和完善自己的知识体系。

（2）关注学生的"情绪类资源"

学生的情绪类资源是学生学习的动力系统，主要包括学生学习的兴趣爱好、动机、态度、信心、情感、焦虑、个性、习惯等。这些非智力因素虽然不直接参与知识的认知和建构，但它们对学习活动有着启动、导向、维持和强化的作用，极大地影响着学习活动的效果。课程资源建设的目标之一是让学生在学习过程中体验到成功，增强学生学好英语的信心，激发他们继续学习的积极性。

（3）关注学生的"问题类资源"

教学以学生获取知识和技能为目的，在实现这一目的的过程中，师生不断重复着"引发问题——提出问题——解决问题——引发新问题——提出新问题——解决新问题"这一循环，那些好奇心大、求知欲强的学生不但加快了自己积累知识、强化技能的步伐，还通过提问扩大了教师的教学内容，使其去重新组织教学活动。这些问题是课程资源开发的源泉，解决对策是教学经验的积累和创新思维的结晶。问题与解决对策强化了师生互动，加深了师生对文本的理解。

（4）关注学生的"差异类资源"

不管是提倡人们要和谐相处，还是主张学习英语的氛围要融洽，突出的都是一个字：同。但是，也不排斥"异"。因为"同"是发展的基础，"异"是发展的动力。学校学生众多，他们的生源地、家庭背景、社会阅历、英语学习的时长等都有较大的差异。为了消除这些差异，学生们相互讨论。在这样的思想交锋过程中，学生丰富和发展了自我认知，使自己越来越成熟，考虑问题的角度越来越全面，也学会了换位思考，增进了与人相处的技能。

3. 教学过程取向的课程资源建设策略

教学活动是教师根据一定的社会要求和学生身心发展的特点，借助一定的教学条件，指导学生通过认识教学内容从而认识客观世界，并在此基础之上发展自身的过程。教学过程是一种特殊的认识过程，也是一个促进学生身心发展的过程。在教学过程中，教师有目的、有计划地引导学生能动地进行认识活动，学生培养自己的志趣和情感，循序渐进地掌握文化科学知识和基本技能，以促进自身智力、体力、品德、审美情趣等方面的综合发展。具体的教学过程包括课前、课中和课后。

课前，教师备课时，要充分研究教材，根据教材确定每个课时的教学目标和准备采用的教学模式、评价方式等。在准备过程中，教师不能全凭经验，必须查阅大量的材料，寻找大量的辅助材料，对教材进行扩展，以帮助学生深度理解课文内容。同时，要充分挖掘学生潜力，发挥学生自主学习能力，教师还必须增加与主题相关的、难度适中、阅读性强的扩展材料，供学生在课后学习，以开阔他们的视野。教师精心准备的教学内容是否会被学生接受、接受多少，以及在教师营造的教学环境里，师生互动、生生互动、学生与教学材料互动的情况如何，这些都是课堂教学生成的动态性课程资源。课后，学生要进行大量的语言实践练习，以巩固课堂教学内容。

四、精品课程建设的探索与实践

（一）制订大学英语精品课程建设计划

大学英语精品课程建设是根据大学教育的培养目标及大学英语教学内容，培养学生掌握必需的、实用的英语语言知识与语言技能，具有阅读和翻译与本专业有关的英文资料的初步能力，并为进一步提高英语的应用能力打下一定的基础。大学英语教学内容要以应用为目的，以够用为度，在英语教学过程中要突出语言的实际应用，加强语言技能培养。为了实现大学教育目标，提高学生英语应用能力，并响应教育部"高等学校教学质量和教学改革工程"，我国成立了大学英语精品课改革课题组，开始对课程进行了一系列的改革。此项精品课程建设不仅对课程进行了改革和调整，而且使教师队伍、教学管理、教学理念、教学内容等各个方面都得到了建设。课程组本着基础课原则，在课程建设中注重英语基础理论、基本知识与基本技能的学习与训练，为学生今后掌握专业知识、学习科学技术、发展相关能力打下了坚实的英语基础，努力把大学英语基础课程建设成为独具特色的精品课。

（二）英语精品课程教师队伍建设

教师是教学改革的保证。首先，根据精品课程建设的内容要求，我们组建了一支结构合理、整体素质较高的大学英语精品课程梯队。课程主要负责人与主讲教师是具有丰富教学经验的高级职称教师，并亲自主持、设计和指导实践教学；同时以担任大学课程的教师为项目组成员，形成了一支职称、学历、年龄结构合理、人员稳定、教学水平高、教学效果好的教学梯队。英语教师的综合素质是英语教学活动的一个重要决定性因素，课程组教师首先要转变观念，认清形势，即英语教学应转变为以应用为目的，以学生为中心。在课程建设中，从大纲及教材的编写、电子教案的制作、多媒体课件的开发与应用、试题库的建设到课程的改革都十分注重调动教师的积极性，使他们参与到以上各项研究和改革中。其次，从能力目标和知识结构来考虑，课程建设有意识、有目的、有方案、有步骤地根据教师各自的特长选出项目负责人，逐项进行课题建设。教师是实施课程建设的主体，是推行课程改革的关键，精品课程建设需要新型的教师。在学习和建设精品课程过程中，教师队伍的整体素质有了很大提高，教育教学能力和综合素质也得到了普遍提升。

（三）教学内容和课程体系建设

大学英语精品课定位为公共基础课，应该方向准确，基础扎实，难度适中，课内外互动，实用性强，内容精练。我们认识到建设大学英语精品课程是体现大学英语教育特色和一流教学水平的示范课程，其课程内涵为：第一，精品课程建设体现出现代教育思想，符合科学性、先进性、创新性、系统性、实用性和教育教学的普遍规律；第二，理论教学体现出以应用为目的，以"必需、够用"为度；实践教学内容与英语教学相配套，形成完整的体系，重视培养学生的实践能力和创新能力；第三，理论教学和实践教学大纲系统完整，充分体现了教学改革和教学研究的成果，指导思想把握准确。

在教学条件上，我们已具有符合大学教育要求的系列大学英语教材，充分地体现出大学英语教学特色的大纲、课程简介、教辅材料及实训条件。在教学方法上，不断改进并有效处理以充分调动学生积极性和参与性为目的的传统教学手段和现代教育技术协调应用的关系；恰当地处理传授知识和培养能力的关系，注重培养学生的应用能力。在教学效果上，我们在考核方式上做到有所创新和突破，考核方式、方法尽量做到科学、灵活、多样；考核的重点，除了"三基"内容外，更注重考核学生分析问题、解决问题的能力，以此来真实反映大学生应用能力的培养水平。定期组织课程组教师对在建设中的大学英语课程进行观摩教学，不断总结经验，改进教学方法，通过课程建设加强管理，建立起一套完整的教学管理体系。任课教师每人拥有一套科学的教学计划、实施表、教学小结及平时成绩管理等文件夹，使大学英语教学工作走上科学管理的轨道，实现了大学英语教学管理的制度化。进行课题项目分工，课题组成员分担不同的研究工作，组织集体备课、观摩教学，制作出了每学期使用的标准化电子教案及精品课教学演示课件，建立起一套较完整的科学考核和评估能与国家大学英语应用能力测试相衔接的大学英语分级测试试题库，统一了教学目标及测试标准；为开展新型计算机多媒体辅助教学课程模式，我们从硬件设备上建立起一个供学生自主学习、人机互动的多媒体教学实验中心，为实施现代化教学奠定了基础。

（四）大学英语精品教材建设

在教学过程中，教材是联系教师和学生的中介。教材与教育思想、教学原则、教学方法、学习理论和实践有着直接的关系，是各种教学理论、方法和手段的综合体现。精品教材应着重培养学生的综合运用能力和大学英语实用能力，遵循英语教学的基本规律，吸收国内外先进教学理念，充分体现大学特色，力求提高学生英语素质，突出实际交际能力，强化听、说、读、写综合技能。在编写教材时，我们本着以学生为本、师生互动、自主学习的指导思想，将教材建设成一体化设计、多媒体有机结合的立体化教材。

第4节 大学英语教学模式的创新

一、大学英语教学模式的现代化转型

（一）教学观的转变

现代教学观是主张以教师为主导、以学生为主体、以就业为导向，实现培养目标和培养规格，并以现代新技术为支撑的教学观点。现代教学采用以网络技术为依托的实验手段，运用计算机、多媒体和远程通信技术，对教学内容、教学组织形式进行彻底变革。利用网络教学、双向教学、远程教学拥有的软件资源，开发学生智力，培养其自我学习与探索新知识的能力。

教学、科研和应用有机结合。以现代信息技术为依托，以科研促进教学与应用，开拓新知识，增强科研意识，提高师生的实践创新能力。以研究带动应用。现代型教学具有时代的开放性，以现代信息技术为依托，将教学、科研和应用有机结合，以教研促科研，以科研带教研和应用，与传统型教学相比具有如下特点。

1. 教学观念的创新性

在教学思想方面，现代型教学比较注重知识的专题性、前沿性、开拓性，以现代信息技术为依托，重点放在实践教学上，以社会需求和培养应用型人才为目标，以创新为目的。

2. 教学内容的互补性和实用性

现代型教学在高校中是将系统教学与专题研究、理论教学与实验教学、研究与应用紧密结合，教学内容的选取是以社会需求为目标、以技术应用能力的培养为主线，突出实用性，重在培养学生独立发现问题、解决问题的思维和实际操作能力。

3. 教学方法的直观性和科学性

现代型教学不仅利用传统的挂图、模型、幻灯、投影仪等教具，还有效利用现代科学技术手段，充分利用网络、多媒体，综合了计算机、图形、图像处理、电子技术、影视艺术、音乐美术、教育学、心理学、教学法等诸多学科与技术，集文字、图形、图像、声音、视频、影像、动画等各种信息于一体，使得抽象、深奥的信息知识简单化、直观化，缩短了客观事物与学生之间的距离，并能充分调动视觉、听觉能力，集中学生的注意力，提高其掌握知识的能力。

4. 教学模式的职业定向

无论是德国的双元制还是我国的教学模式，或是能力本位的教学模式，现代型教学都以社会需求为目标，以某一岗位群为目标来组织教学，培养学生的职业能力，因此，具有明确的职业定向性。

5. 教学能力的知识性

现代型教学将基础教学与应用教学、传授知识和研究新课题结合起来，并立足于学科的前沿，以培养适应时代的创新人才。现代型教学要求教师不断更新知识，力求在教学中做到"新、博、独、深、精"。"新"即用新观念、新思想、新方法，讲授新内容，使学生有耳目一新之感；"博"即知识渊博，讲授内容广博，信息量大，使学生广学博收；"独"即用独特的方法，讲授独到的见解，培养学生独立思考、独立研究的能力；"深"即深入讲授、深入探索、深入研究，有意识地培养学生探索和研究问题的意识及信息调研的能力；"精"即精心准备、精心实施、精讲多练，使学生易学、易记、易用。

总之，我们每位从事高等教育的教师，都必须以提高学生的实际应用能力为目标，认清从传统型教学向现代型教学发展的必然性，从教学观念、教学内容、教学方法、教学模式和教师知识结构等方面深入探究现代型教学及其特点。

（二）现代课程观

教学内容和课程体系的改革应遵循以下基本原则：必须反映当今社会的生产力水平及科技新成果，有利于促进生产力发展；要反映人才培养目标和规格需要；要体现近代文化、科技创新；要精选教学内容，因材施教，以利于学生能力的培养与可持续发展。

课程的设置与内容的选取：以社会需求为目标，以应用能力的培养为主线，设计相应的培养方案、课程与教学内容，基础理论课程以应用为目的，实践教学应占有较大的比例，着重培养学生的应用能力。

（三）教学方法的转变

第一，由传统方式向互动式转变。传统教学把重点放在"什么是什么"的事实类知识的传授上，学生处于被动的地位，并过分依赖于教师的讲授，缺乏对知识结构的深入探讨。互动式教学是以动态问题为主，启发学生主动思考、积极参与，教师的主导作用主要体现在知识的引导与教学的组织上，并将教师的主导思想转化为学生自主学习的行动，从而获得良好的教学效果。

第二，由封闭式向开放式转变。现代型教学以现代高科技信息技术为依托，将以学校为主的传统封闭式教学转变为开放式教学，通过校园内外的网络开通多媒体教学、空中课堂、网上教学，及时获得新的知识。信息高速公路的实现必将成为最理想的开放式教学手段。

第三，由理论教学向实践教学转变。传统教学着重于理论教学，并强调理论的系统性和完整性；现代型教学则着重于实践教学，学生拥有充分的时间进行实训以掌握技术要领，尽快地提高学生的实践能力。现代型教学的优点在于采用因材施教的分层次、个性化教学手段。由于各大专院校大量扩招,导致在校学生人数众多,大班教学目前还普遍存在。在此情况下,协同学习成为一种很好的弥补方式。通过课堂讨论学习的方式,学生之间学会交流、合作、竞争,在此基础上积极创新环境,发现学生个性,分层次、分阶段地实施教学,逐步完成因材施教的个别化教学。

(四)现代型教学的实践模式

在高等教育领域,国际上比较成功的现代型教学实践模式有:德国的双元制教学模式,即企业与学校合作进行职业教育的模式。受训者既是企业的学徒,又是学校的学生,一身二属,故称"双元制"。另一种是北美较为流行的能力本位的教学模式,是将一般知识、技能、素质与具体职位相结合,以整合能力管理为理论基础,以模块为课程结构的基本特征。它以"学"为中心,学习以自主学习的方式来进行。首先对原有的学习能力进行自我认可,确定能力的学习目标,继而进行自学活动,随即在现场进行尝试性能力操作。

(五)更新教师知识

现代型教学比传统型教学更先进、更多样,其中包括以应用为主的多种形式。要奠定坚实的现代型教学的基础,教师知识的更新是关键。教师要树立继续学习、终身学习的思想。教师不能只满足于现有的知识水平,而应不断学习,更新知识结构,使自己始终处于学科的前沿。教师还必须承担一些具有创新性的研究课题,通过对课题的研究和探索,加深自己的专业知识,力争成为本学科的学术骨干。教师也应当深入生产实践,走产、学、研相结合的道路,在生产实践中获得丰富的经验,力争成为"双师型"教师。

二、大学英语教学模式发展的新趋势

(一)从单一教学模式向多样化教学模式发展

自从近代教育科学的创始人德国教育学家赫尔巴特提出"四段论"教学模式以来,经过其学生的实践和发展,逐渐形成了以教师为中心的传统教学模式,这一模式成为20世纪教学模式的主导。之后,杜威打着反传统的旗号,提出了实用主义教学模式。20世纪50年代,有关教学模式的研究一直在"传统"与"反传统"之间来回摆动。50年代以后,由于新的教学思想层出不穷,再加上新的科学技术革命使教学产生了很大的变化,于是,教学模式出现了"百花齐放、百家争鸣"的繁荣局面。

(二)由归纳型向演绎型教学模式发展

归纳型教学模式重视从经验中进行总结和归纳。它的起点是经验,形成思维的过程是归纳。演绎型教学模式指的是从一种科学理论假设出发,推演出一种教学模式,然后用严密的实验来验证其效用。它的起点是理论假设,形成思维的过程是演绎。归纳型教学模式是来自教学实践的,不免有些不确定性,有些地方还不能自圆其说;而演绎型教学模式有一定的理论基础,形成了较为完备的体系,它更加强调教学模式的科学理论基础。这为我们自觉地以科学理论为指导,主动设计和建构特定的教学模式,以达到预期的教学目的提供了可能。目前,演绎法成为教学模式生成的重要途径。

（三）由以"教"为主向重"学"为主的教学模式发展

传统教学模式都是从教师如何去教这个角度来进行阐述的，忽视了学生如何学这个问题。杜威的"反传统"教学模式，使人们认识到学生应当是学习的主体，由此开始了对以"学"为主的教学模式的研究。随着建构主义等以学生为中心的教学理论的发展，师生在教学过程中的地位和作用发生了巨大的变化。现代教学模式的发展趋势是重视教学活动中学生的主体性，重视学生对教学的参与，教师要根据教学的需要，合理设计"教"与"学"的活动，鼓励和帮助学生实现自主性的、探索性的、创造性的学习。

（四）教学模式的技术手段日益现代化

在当代教学模式的研究中，研究者越来越重视引进现代科学技术的新理论和新成果。新的教学模式非常注重将计算机、多媒体、网络等信息技术运用到教学中，教学条件的科技含量越来越高，相关人员充分利用现有的教学条件对教学模式进行了全新的设计。

第三章 现代信息技术与大学英语教学模式创新实践

第1节 信息技术与课程教学的融合

一、信息技术与课程融合的内涵与本质

（一）信息技术与课程融合的内涵

信息技术与课程融合是信息技术在大学英语教学中的典型应用。所谓课程，是指为了实现一定的教育目的而设计的学习者的学习计划或学习方案。这个定义是从学习者的角度把课程作为一种计划或方案来理解的，在学习方案中对学习者的学习目标、学习内容和学习方式作了设计和规定。

信息技术与课程融合应该从课程的各个方面入手，其中任何一个方面出现问题，融合的效果都会受到影响。有些观点认为信息技术与课程融合只应局限在教师与学生的具体活动之中，这种看法显然过于狭隘，说明这种融合没有真正从课程的视角去思考，因此，并不是真正意义上的课程融合。信息技术与课程融合应该考虑总体课程目标、课程体系、课程规划、课程内容、课程方案等，并根据这些因素来安排具体的学习活动，从而实现信息技术与课程的融合。同时，还应该指出的是，在信息技术与课程融合的过程中，应该注意融合的广泛性和全面性。

信息技术与学科课程的融合，顾名思义就是将信息技术融入具体的学科课程中，实现信息技术在学科课程中的有效应用。信息技术与学科融合能够为学生创造开放的、自由的学习环境，有利于充分发挥教师的指导作用，也有利于突出学生的主体地位，调动学生学习的积极性和主动性。同时，信息技术与学科融合是一种新的方式，它是对传统教学模式的改革和创新，这一过程也有利于提高学生的创新精神。

（二）信息技术与课程融合的本质

信息技术与课程融合是信息技术迅速发展的产物，也是教育改革的必然结果。信息技术与课程融合是对传统教学模式的改革，它有利于激发学生的学习兴趣，有利于创新人才培养模式。课程在教育教学中起着重要的作用，信息技术对课程的影响也是十分巨大的。在信息技术的影响下，信息技术与课程实现了有效融合，主要体现在课程目标、课程结构、课程内容、课

程规划、课程实施等多个方面。另外，需要强调的是，信息技术与课程融合的关键就是充分发挥信息技术的优势，实现更为灵活、更为高效的课堂教学，改变传统教学的"满堂灌"模式，进而实现课程的改革和创新，实现课程的规划目标，使学生在信息化的环境中了解这一课程，学习这一课程，实践这一课程，并在了解、学习和实践中提高自身的创新精神、思考能力和实践能力。

在教育教学改革中，教学内容、教学方法、教学手段等方面的改革固然重要，但真正能够触及教育理念、教育思想、教学和学习理论等深层次变革的依然是教学结构改革。学生、教师、教学媒体和教学内容是教学系统的四个要素。众所周知，在传统教学模式中，教师是教学的权威者、传授者、实施者，是教学过程的主导者，居于教学的中心地位。作为学习主体的学生只是知识的被动接受者。信息技术等教学媒体是辅助教师教学的工具。教材是学生获取知识的唯一来源。教学过程是课程的执行、传递和接受过程，教师和学生外在于课程。

虽然传统教学模式以教师为中心存在着诸多的优势，最为突出的是有利于实现教学目标，有利于教师主导作用的发挥，但这种教学结构也有其不可忽视的缺点，特别是它忽视了学生的主体地位，束缚和限制了学生发散性思维和主观能动性的发挥，不利于激发学生学习的兴趣，也不利于发挥学生的特长和培养学生的创新能力。众所周知，在信息化日益发展的今天，社会对创新性人才提出了更高的要求。为了满足社会的需要，教育教学必须改革和创新。更为重要的是，教学应该改变传统的以教师为中心的教学模式，确立学生的主体地位，发挥教师的主导作用，从而创建一种新的教学模式——主导—主体相结合的教学模式。在这种新的教学模式中，教师的地位发生了很大的变化，由原来的权威者、传授者变成了现在的组织者、引导者、设计者。同时，教师也改变了"一言堂"的教学方式，贯彻"以学生为中心"的原则，并积极引导学生、鼓励学生自主探究和学习。教师和学生不再外在于课程，而是课程的有机组成部分，积极互动、共同发展。另外，学生不再被动地接受信息，而是主动地学习和建构知识。教学也发生了根本性变化，它更加注重课程的创新和开发。

因此，信息技术等教学媒体既要辅助教师的教学，又要促进学生的自主学习，成为师生合作交流与情感激励的工具，成为学生自主探究学习科学知识的认知工具，不但为学生的学习和发展提供丰富多彩的教育环境，更为学生营造良好的学习环境，从而提高学生学习的热情，使学生积极、主动地参与到课程的学习中去。同时，引导学生掌握学习的知识，并鼓励学生积极运用已学的知识，从而提高学生的实践能力，使学生得到全面发展。这有赖于信息技术与课程融合所营造的信息化教学环境及由此形成的新的教与学的方式，鼓励并引导学生学习知识、掌握知识和运用知识，并在此基础上积极主动地探索新知识，有利于教师采用多种教学手段来展现教学内容，充分发挥教师的创造能力，更有利于教师和学生的多元互动。以上这些目标的实现，正是信息技术与课程融合的根本意义和关键所在。因此，从本质上而言，信息技术与课程融合是一种新的教学模式，它改变了传统的教学模式，确立了教师的主导作用和学生的主体地位。

二、信息技术与课程融合的重要作用

（一）激发学生的学习兴趣

随着互联网的迅速发展，计算机的作用日益明显，尤其是人机交互的特点，这是其他媒体所无法比拟的。同时，计算机还具有图文并茂的特点。这些特点使得计算机在教育教学中得到广泛的应用。多媒体计算机应用于教育教学中，还有利于激发学生的学习兴趣，提高学生学习的热情，从而使学生能够积极主动学习。

除此之外，这种交互性改变了传统的教学模式，有利于学生主体性的发挥。众所周知，在传统的教学模式中，教师是权威者和主宰者，教师不仅主宰着教学计划、教学内容、教学方法、教学程序，还主宰着学生的一切学习和练习，而学生只能被动地接受教师传授的知识，并没有自主学习和独立思考的机会。当信息技术融到课程教学中，教师可以为学生营造交互式的学习环境。在这一环境中，教师不再是权威者和主宰者，而是引导者和设计者。学生也不再被动地接受知识和信息，而是能够根据学生的学习情况、兴趣、特长和爱好等来选择学习内容和练习，这样有利于充分发挥学生的主体地位，使学生积极主动地参与到学习中。同时，教师也可以根据教学目标，结合学生学习的实际情况来选择教学方法和策略，从而使教学方法和策略更加多元化和多样性。

（二）丰富学生的学习资源

信息技术作用于教育的方式往往是从拓展"物化"的学习资源开始，学习资源的拓展对教学过程、教学方式和教学组织及教学中的人产生深远的影响，从而使教育改革成为必需和可能。在信息技术与课程融合的这一阶段，教学观念、教学设计、教师与学生的角色都将发生变化，信息技术为教学提供了丰富的学习资源，在这种资源环境下，各种相关的资源极大扩充了学习的知识量。在信息技术与课程融合中，各门学科都有大量的以计算机多媒体技术为核心的、以超文本和超媒体的非线性方式组织的学习资源，且交互性、传播性好，为各学科教学或个别化学习提供了极好的学习平台。随着课程改革的不断深入，教师研究的课题、优秀的教学案例、优秀的设计与制作等学习资源放到相应的网络上，网上的探索性资源和研究性学习资源将不断地得到积累和发展。

互联网作为最大的资源库，其信息种类繁多、资源内容丰富。同时，这些资源和信息存在着一定规律——符合人类的联想方式和思维特点。正是因为如此，这些丰富的信息资源为学生提供了新型的教学环境，使自主学习、探究学习成为可能。过去，学生学习的主要内容大都源于课本和参考资料，学习的内容受到一定的限制。目前信息技术与课程融合，有利于为学生提供丰富的信息资源，也有利于师生之间的互动，从而使学生学习的信息更加多样化，这为学生批判性思维、创造性思维的发展和创新能力的培养提供了保证。同时，由于现代信息技术环境下的学习资源内容具有开放性，在这种环境中，学生可以积极主动地学习和探索知识。在学习和探索的过程中，学生可以根据自身已有的知识对这些信息进行剖析、整理和评价。除此之外，它还有利于学生对一些存在疑问的知识进行质疑、讨论和交流。总之，学生不再被动地接受知识，而是能够根据自己的兴趣和实际学习情况来学习知识，积极参与到知识的建构中，从而使学习资源更为丰富。

（三）实现教学的有效组织与管理

第一，实现各种教学内容的融合。具体而言，在进行教学内容融合的过程中，教师应该结合教学目标，根据媒体信息的不同类型进行融合，从而实现不同教学内容的融合。例如，英语教学包括听力、口语、阅读和写作等教学内容，这些教学内容中既有文字信息，也有语音和视频信息，要实现这些不同教学内容的有机融合，就应该选择合适的融合方式。教师可以充分发挥信息技术的优势，利用超文本的方式将这些不同的教学内容进行融合，构建一个一体化的电子教材，从而实现图、文、音、像的有机融合。

第二，实现各种教学资料的融合。具体而言，在进行教学资料融合的过程中，教师应该结合教学内容及要求，根据教学特征的不同进行融合，从而实现教学资料的有机融合。众所周知，教学内容是一个复杂的系统，涉及教材内容、课后练习、实验等。与教学内容相关的教学资料也有很多，且这些教学资料有着不同的教学特征。要想对这些不同教学特征的教学资料进行融合，就应该选择合适的方式。信息技术为这一融合提供了新的方式——超文本可以将复杂的、不同特征的教学资料组成一个整体，这样有利于教师教学和学生学习。

第三，实现预备知识与扩展知识的融合。众所周知，学生在能力、水平、知识基础等方面存在着很大的差异。在传统教学模式中，要想实现全体学生的全面发展是很难的，而信息技术融到课程教学中，教师可以根据学生的实际学习情况，利用超文本方式，对预备知识和扩展知识进行设置，从而满足不同学生的需求，促进学生的全面发展。

第2节　基于慕课的大学英语教学创新

一、慕课概述

（一）慕课的概念

慕课，即大型开放式网络课程（Massive Open Online Courses，MOOC），是一种在线课程开放模式。慕课主要是由具有分享与协作精神的个人组织的，他们将课程发布在互联网上，供有兴趣的学习者学习，旨在扩大知识传播。

慕课是一种以开放访问、大规模参加作为目的的在线课程。慕课的英文字母是MOOC，这四个字母分别有其代表的含义。

M：代表参与这种开放性课程的人数多、规模大。

O：代表这一课程具有开放性，只要是想学习的人都可以参与其中。

O：代表这一课程学习的时间是非常灵活的，想学习的人可以自主选择。

C：代表课程包含的种类众多。

（二）慕课的特征

1. 开放性和大规模性

传统课堂具有地点和时间的局限性，受众群体为本专业或本班学生，而慕课打破了传统课堂中的这个局限性，学习者可以根据自己的兴趣爱好选择相应的课程进行注册和学习，在任何场所均可进行学习。并且，传统课堂时间固定，课堂不可重复，而慕课则可以在任何时间进行观看和学习，对重点部分可以反复学习。

2. 集约性

由于慕课是网上学习平台，因此可以实现资源共享。在"中国大学 MOOC"在线学习平台上有很多优秀的教学资源，很多学校会开设某些专业的慕课教学课程，也有很多老师会上传学习资料。因此，一方面各校的老师之间可以互相学习和借鉴，及时发现自己在教学过程中的不足，更新自己的教学资料，从而提高教学质量；另一方面学生也有了更加丰富的学习资料，学生可以不仅仅局限于本校本专业的学习资源，还可以获得其他学校和其他专业的学习资料，从而满足自己各方面的学习需要。

3. 精品化

慕课一般选取的是较为典型的课程和教学内容，将学科中难度大、不易理解和具有特色的内容进行精心制作和反复设计完善，使课程内容精品化。并且，慕课集结了国内知名学校的精品课教学内容，甚至包含了国外哈佛大学、麻省理工学院等世界名校的课程内容。国内的名校例如北京大学、清华大学、浙江大学等的精品课程也屡见不鲜。

4. 互动性

不同于网上其他的视频教学和远程教学，慕课是一个虚拟的网上学习课堂，能够进行师生之间的互动和学生之间的交流，从而让学生具有更加真实的上课学习体验，也能将学习中的问题及时向老师反馈，老师也能及时对自己的慕课教学进行调整。学生还能在慕课平台上进行广泛的讨论，这给来自不同学校、不同专业、不同身份、甚至是不同国家的学生提供了交流沟通的可能，这在很大程度上激发了学生的积极性，也增加了慕课学习的趣味性。同时，学生还能通过完成慕课作业来对自己的学习效果进行检验。

二、慕课对英语学习方式的转变

（一）共享教学资源

影响大学生学习方式的因素有很多，其中最为重要的因素是教学资源。如果没有教学资源的支持，大学生的学习方式也是单一的，更不利于大学生学习方式的转变。因此，多样化、高质量的教学资源不仅有利于学生的学习，还有利于学生转变学习方式。

一是全球共享教学资源。随着慕课的发展及慕课平台的建立，世界上很多的知名高校都意识到慕课及慕课平台的重要性，并纷纷借助慕课平台来分享自己的优质课程。在分享的过程中，他们可以从中获取其他名校分享的优质课程，从而实现了在分享中学习。同时，需要指出的是，慕课平台上的这些优质课程资源，种类多样，富含多元的文化及丰富的语言信息，这些都是学习者的宝贵资源。不仅如此，全世界的名师和专家也纷纷加入慕课平台，将自己的教学经验、科研经验及相关研究分享到慕课平台上，为学习者提供了十分丰富的学习资料。可以说，无论身处何地，无论何时，只要想学习，学习者都可以利用慕课平台来学习全世界优质的课程，而且这一慕课平台是免费的。可见，慕课及慕课平台的发展为学习者提供了全球性的教学资源，实现了全球教学资源的共享。

二是校际共享教学资源。校际共享教学资源，顾名思义就是学校与学校之间的教学资源共享。不同的高校有着不同的教学资源，尤其是重点高校，其优质教学资源更加丰富。要想实现高校与高校之间的资源共享，就应该转变观念，树立共享意识，同时充分发挥知名高校、重点高校、知名课程及名师的带头作用，将每个高校的资源开放，并将自身高校中的优质教学资源上传到慕课平台上，从而实现校际教学资源的共享。例如，知名高校和重点高校无论是在学科建设还是在教学资源开发上都具有自身的特色，这些高校可以在慕课平台上积极主动地分享自己学校的优质教学资源，充分发挥自身的资源优势，从而与普通高校之间形成优势互补、共同发展。又如，知名教师和优秀教师也可以将自己的经验和优质课程分享到慕课平台上，与其他教师积极互动，共同学习，取长补短，从而不断提高自己的业务能力，实现专业发展。另外，学生可以从校际共享教学资源中了解教师的教学风格，并根据自己的学习情况选择适合自己的学习内容。

三是校内共享教学资源。校内共享教学资源主要强调的是高校内部教学资源的共享。这就要求高校能够为教学资源的共享创造条件，并引导和鼓励教师在慕课平台上贡献自己的教学资源。同时，根据实际需要，提供教学设备，并为优质课程的共享开辟多种渠道，从而使在校大学生能够在慕课平台上根据自己的学习需要选择最优质的教学资源。

（二）引导学生转变学习观念

学习观念也是影响学生学习方式转变的重要因素。因此，教师在实际教学过程中，应该注重引导学生转变学习观念，从而使学生树立新的学习观念——自主学习观念和终身学习观念。

第一，引导大学生意识到网络学习资源的重要性，并引导学生积极利用这一网络学习资源。在慕课这一时代背景下，教师可以将慕课融入其中，使学生意识到慕课中拥有丰富的网络学习资源，并引导学生主动从慕课中学习这些资源。同时，教师要采用多种手段，提高学生对网络学习和网络媒介的认同感。大学生只有积极主动地利用网络学习资源，才有利于其改变传统的学习方式。

第二，引导学生明确并树立正确的学习动机。在英语教学中，教师应该运用多种手段调动学生学习的兴趣和热情，引导并鼓励学生积极地、主动地学习。面对慕课平台上丰富的学习资源和更多交流互动的机会，学生很容易失去学习的方向，教师应该引导并鼓励学生明确自己的学习动机，并结合自己的实际学习情况进行学习，从而高效地完成自己的学习任务。

第三，引导学生自主学习，成为学习的主人。慕课上丰富的信息资源有利于学生自主学习。在慕课的影响下，英语教师也应该确立学生的主体地位，使学生明确自己才是学习的主人，并科学管理自己的学习。

（三）创新教学方式

学生学习方式的转变，除了学生自身以外，还与教师的教学方式有着直接的关系。如果教师的教学方式比较陈旧，就不利于学生学习方式的转变。因此，要想实现学生学习方式的转变，教师就应该创新自己的教学方式。具体而言，可以从以下几个方面入手。

第一，转变教学观念。教师的教学观念在一定程度上影响着学生的学习方式。实践证明，创新的教学观念有利于学生学习方式的转变。因此，教师应该转变陈旧的教学观念，树立与时俱进的教学观念。在具体的英语教学中，教师在讲解知识的基础上，还要注重学生各种技能的提高，从而从多个方面提高学生的问题解决能力和知识运用能力。另外，教师还应该注重学生良好情感的培养，使学生树立正确的价值观念，最终使学生能够实现全面发展。

第二，提升教学能力。作为语言教学的重要组成部分，英语教学是一个复杂的系统，它需要教师多种能力的融入。具体而言，教学认知能力、教学设计能力、操作能力、教学组织能力、教学监控能力、教学评估能力等都是教师不可缺少的能力。教师应该在明确自己能力的基础上，采取不同的方式来提高自己的综合能力。

第三，选择恰当的教学方法。教学方法不仅影响着英语教学的效果，还影响着学生学习方式的转变。通常情况下，最为常见的教学方法有直接经验教学方法、间接经验教学方法、技能技巧教学方法。除此之外，教师还可以借助慕课平台，充分发挥慕课平台的优势，将线上教学与线下教学结合起来，从而实现线上教学与线下教学的有效融合。总之，在英语教学中，教学方法是丰富多样的，教师应该根据具体的教学目标、学生的学习情况来选择恰当的教学方法。

第四，丰富教学手段。随着信息化教学的发展，传统的教学手段已经不能适应当今英语教学的发展，教师应该在传统教学手段的基础上结合现代化的教学手段。慕课作为现代化手段的重要代表，在英语教学中发挥着不可替代的作用。因此，教师应该充分发挥慕课的优势，将慕课等多种现代化教学手段融入具体的英语教学中，从而为学生提供丰富的教学资源，促进学生的全面发展。

（四）重建师生关系

师生关系不仅影响着教学目标的实现及教学效率的提高，还影响着学生学习方式的转变。在传统教学模式中，教师与学生之间的关系并不是平等的，教师始终处于权威者的地位，学生始终处于被动的地位。这种传统的师生关系不利于学生创造性、创新性能力的培养。慕课融入英语教学中，有利于平等的师生关系的建立，也有利于大学生学习方式的转变。

第一，转变角色定位。众所周知，在传统的教学模式中，教师的角色主要是传授者、权威者和主宰者。在基于慕课的教学模式中，教师的角色也发生了一定的变化。教师是教学的设计者、组织者、策划者、引导者。在基于慕课的教学模式中，教师应该明确自己的角色，并注重学生的主体地位，鼓励学生自主学习、主动探索，从而培养学生的自主学习能力和创造性思维能力。

第二，营造民主的学习氛围。建立平等的师生关系，需要教师营造民主的学习氛围。在实际的教学中，教师要以学生为中心，时刻关注学生的学习动态，为学生营造民主的学习氛围。同时，教师还应该充分利用自己的知识结构和综合能力来影响学生，使学生能够感受到教师的人格魅力，并积极主动地投入到学习中去。

第三，转变交往方式。在传统的教学模式中，教师与学生之间的交往方式是单向的。这种交往方式不利于师生之间的互动。在基于慕课的教学模式中，教师与学生之间应该转变交往方式，采用互动的交往方式更有利于师生之间的交流与互动，只有这样，才能营造良好的学习氛围，建立良好的师生关系，使学生能够积极主动地交流和学习。

三、慕课在高校英语教学中的应用策略

（一）将传统教学与慕课教学相结合

众所周知，传统教学模式虽然存在着很多的不足，但也存在着很多的优点。将传统教学与慕课教学相结合，更有利于提高英语教学的效果。英语教学是一个复杂的工程，其改革和创新并不是朝夕之间的事情，而是一个长期的过程。慕课与传统教学模式的融合，有利于弥补传统教学模式的不足，也有利于发挥慕课教学的优势。

需要指出的是，慕课教学开展得是否顺利，还与学生的学习能力、教师的教学能力及教学设备等有着直接的关系，因此要综合好这些要素，使慕课教学真正促进英语教学的发展。除此之外，教师在英语教学实践中，还应该注重传统英语课程与慕课课程的比例问题，从而促进英语教学目标的实现。

（二）利用慕课提升学生英语文化素质

从本质上而言，英语教学不仅是语言教学，还是文化教学。因此，在英语教学中，教师不能只讲解英语语言知识，还应该注重英语文化知识的讲解；不仅注重学生语言技能的提高，更要注重学生文化素质和跨文化交际能力的培养。具体而言，高校应该结合自身情况及大学生的实际学习情况，有针对性地开设英语语言课程和文化课程。同时，高校还要充分发挥慕课平台的优势，将慕课融到具体的英语教学中，从而为学生学习英语营造良好的文化环境和交际环境，切实提升大学生的英语文化素质。只有这样，学生才能真正了解和掌握英语知识，提高英语技能，并在交际中避免交际障碍，实现英语教学的目标，促进英语教学的发展。

（三）慕课教学与教学测评体系相融合

慕课教学是一种新的教学方式，将其与教学测评体系相融合，有利于大学英语教学的改革和创新。具体而言，可以从以下方面入手：

第一，在注重慕课教学质量的基础上，重视学生慕课学习的结果，并将这一结果与期末成绩有效融合，只有通过了慕课考核才能取得相应的学分。这样不仅有利于增强学生的慕课学习意识，还利于健全教学测评体系。

第二，重视评价方式的多元化。教师可以引导并鼓励学生积极主动地参与到慕课的考核评价中，同时鼓励学生积极发表自己的测评观点，在实践中认识到慕课教学与测评教学体系的重要性，从而构建更加多元化的教学测评体系，促进教学效果的提高。

（四）完善慕课教学多元化功能

大学还应该注重完善慕课教学的多元化功能。多元化的功能既有利于学生多元化的学习，也有利于学生的个性化发展。高校通过多种方式来完善慕课教学的多元化功能，例如签到功能、提问功能、答疑功能等，从而不断丰富慕课教学的功能，构建多元化的慕课教学体系。

除此之外，大学还应该结合自身的实际情况，不断开发慕课系统，并根据教学的实际需要不断更新慕课教学系统，使慕课教学系统更加完善和多元化。总之，慕课教学功能的多元化可以为学生提供更加丰富的信息资源，更好满足学生多元化的学习需要，更加有利于促进英语教

学目标的实现。

第3节　翻转课堂视角下的英语教学创新

一、翻转课堂概述

(一)翻转课堂的定义

翻转课堂简单理解就是将知识传授置于课前，将知识内化置于课堂上，真正实现先学后教。与传统课堂教学相比，翻转课堂的教学理念、教学过程、教学结构等都具有独特的特点。

从教学理念而言，传统课堂教学强调的是集体学习，并不重视学生的特长和个性化发展。翻转课堂这一教学模式十分注重学生的特长和个性化发展，这与传统的集体教学形成了鲜明的对比。

从教学过程而言，传统教学模式与翻转课堂教学模式也存在着一定的差异。众所周知，教学过程主要分为两个过程，即知识传授的过程和知识内化的过程。在传统教学模式中，知识讲授的过程通常发生在课堂教学中，而知识内化的过程通常是在课下完成，学生通过做一些练习，来完成知识的内化。在翻转课堂教学中，知识讲授的过程通常是在课前完成，而知识内化的过程通常是在课堂上完成，具有先学后教的特点。

从教学结构而言，翻转课堂教学通过多种方式对传统教学进行了重构，从而使得不同的环节有着与之相对应的教学结构，这也是传统教学模式无法比拟的。

(二)翻转课堂的本质

1. 翻转课堂在本质上追求创新和智慧教育

从本质上而言，翻转课堂是一种创新教育，也是一种智慧教育。翻转课堂对学生掌握知识提出了基础要求。同时，翻转课堂注重学生多元化能力的培养，尤其是发现问题、解决问题的能力。翻转课堂强调学生要主动应对危机。另外，翻转课堂要求学生学会运用自己已经学习的知识来解决实际问题，例如，剖析自身与他人之间存在的关系，审视自然与社会的关系。同时，翻转课堂还要求学生能够对这些关系做出明智的判断，从而真正认识自己、他人、社会与自然。

2. "翻转"的过程是学生智慧发展的过程

翻转课堂是一种新的教学方式，它不受时间和空间的限制，学生可以选择最为恰当的时间来完成相应的教学过程。

这种"翻转"式的教学模式，有效解决了传统教学中存在的两个问题：第一，传统教学模式无法面面俱到，学生的差异性越来越大，因此，学生的差异问题是传统教学模式中最为突出的问题；第二，忽略学生的创新能力，没有足够的时间提高学生的创新能力。

实际上，翻转课堂翻转的过程就是整合的过程，即碎片知识学习与创新的整合过程。学习与整合创新的过程，也是学生智慧生成的过程。因此，翻转的过程从本质上而言也就是学生智慧生成和发展的过程。可见，翻转课堂比传统教学便于学生学习知识、理解知识和运用知识。更为重要的是，翻转课堂有利于提升学生的创新能力，也有利于学生智慧的生成和发展。

另外，翻转课堂不仅是一种教学手段，还是一种教学模式，更是一种教学价值和教学策略。单从价值方面而言，翻转课堂是智慧课堂，它重视学生智慧的发展。因此，翻转课堂是一种典型的智慧教育。需要指出的是，翻转课堂是信息技术发展的产物，在一定程度上促进了学生智慧的发展，同时也提高了教学效果和教学效率。

二、翻转课堂在英语教学中应用的必要性与可行性

（一）翻转课堂在英语教学中应用的必要性

1. 英语教学的现状不尽如人意且亟须改革

目前，我国公共英语教学的总体情况不容乐观。学生对英语的兴趣降低甚至不感兴趣，这反过来又恶化了英语学习，恶性循环，互相削弱。再者，英语教学方法单一，教学手段落后，虽然幻灯片、多媒体等现代化手段已经结束了一支粉笔一块黑板的教学时代，但是由于各种原因，课件制作的技术、与教学目标的贴合性及教师利用程度等有待提高。除此之外，即使使用了多媒体课件，教学模式采用"填鸭式"的课堂也比比皆是，现代化手段只是治标不治本，课堂仍旧沉闷枯燥。最后一点，老师铃响来铃响走，学生上课睡下课醒，师生之间沟通甚少，甚至有的学生一个学期不知道哪位老师上课，更别提沟通交流，教学效果可想而知。

2. 信息科技在教育领域里的应用潜力巨大

自从计算机在中国得到了广泛的应用之后，信息科技在各个领域如雨后春笋般地涌现出来，但是直到现在，信息科技在教育领域里的应用才刚刚被提上日程。已故的苹果手机创始人乔布斯曾说过，真不敢相信没有任何一个领域像教育领域那样信息科技应用如此滞后。因此，利用先进的信息科技改变落后的教学手段，更新原有的教育理念，丰富单一的教学方法，提高学生的学习兴趣，加强师生的沟通交流，改善教学效果等前景广阔，大有可为。

（二）翻转课堂在英语教学中应用的可行性

1. 教师

随着经济的迅速发展，社会对英语人才提出了更高的要求。大学英语教学是优秀英语人才培养的重要途径，因此高校英语教学备受关注。近年来，随着教育改革的不断深入，高校英语教学也在不断发展。英语教师作为英语教学的组织者、设计者和引导者，在高校英语教学发展中的重要性不言而喻。尤其是信息化英语教学给教师带来了很多的机遇。再加上当前英语教师学历高、知识结构丰富，同时具有很强的好奇心。因此可以说，当前绝大多数英语教师综合能力和创新能力都是比较强的。不仅如此，还有很多的英语教师具有十分丰富的教学经验，这些都可以指导学生更好地学习。除此之外，在计算机、互联网等信息技术的影响下，很多教师都对信息技术有了一定的了解，并基本能够熟练运用信息技术进行教学。这种信息技术运用能力为翻转课堂融入英语教学提供了技术保障。

还需要指出的一点是，在传统英语教学模式中，教师处于主体地位，是教学的权威者和主宰者，严重忽略了学生的主体地位，这不仅约束了学生的各种行为，还阻碍了学生的个性化发

展。同时，教师在教学中采用的是"一言堂"的教学模式，教师只顾传授知识，学生只能被动地接受知识。这种以教师为中心的传统教学模式不利于激发学生学习英语的兴趣，甚至很容易使学生对英语产生厌倦心理。而在翻转课堂教学中，教师能够意识到自身角色转变的重要性，并能够重视学生的主体地位。

总之，无论是教师的专业知识、网络意识、综合能力，还是教师角色的转变，都为翻转课堂在英语教学中的应用提供了可能。因此，从教师层面而言，翻转课堂应用于英语教学是可行的。

2.学生

随着互联网的发展，学生可以根据自身需要搜索知识。同时，学生通过互联网可以学习很多教科书中没有的知识，这不仅拓宽了学生的思维，还有利于学生增长见识。因此，在当今互联网时代，学生的思维是开放和活跃的。同时，学生的接受能力、自主学习能力、创新能力都比较强。基于此，将翻转课堂这一信息化的产物融到英语教学中，对于学生而言，他们是十分容易接受的。

翻转课堂集多媒体技术、网络技术等信息技术于一体，改变了以教师为中心的传统教学模式，能够为学生提供自主学习的平台。同时，在翻转课堂教学模式中，知识传授是在课前完成的，知识内化是在课堂上完成的。也就是说，学生需要将课前预习结果通过课堂教学反馈给教师。学生也可以通过课堂教学提出自己在预习中遇到的问题。教师在课堂上会引导学生一起思考并解决这一问题。在这一过程中，教师可以了解学生在课前的预习情况，也可以根据学生的实际情况进行个别辅导，从而实现分层教学。可见，学生自身具有的思维、知识、能力及接受事物的方式都为翻转课堂的融入提供了可能。因此，从学生层面而言，翻转课堂融入英语教学中是可行的。

3.教学环境

在传统教学模式中，大多数教师采用的是满堂灌的方式，学生始终处于被动的地位。随着信息技术的迅速发展，多媒体技术已广泛应用于英语教学中，并在英语教学中发挥着至关重要的作用。在多媒体英语教学中，教师根据英语教学的目标及学生自身的学习情况制作多媒体课件。教师通过多媒体课件来讲解知识。学生在教师的引导下，学习英语多媒体课件中的知识和内容，同时也会根据多媒体课件内容联系一些与英语有关的其他内容进行深入学习。另外，英语多媒体教学集文字、图片、音频、视频等于一体，有利于学生通过具体的情境来学习地道的英语。可见，教师习惯了用多媒体技术来教学生英语，而学生也习惯了用多媒体技术来学习英语。可以说，英语教学的多媒体环境为翻转课堂融入英语教学提供了可能。

另外，很多高校都有完善的多媒体设备，这些也为翻转课堂在英语教学中的实施提供了可能。

总之，翻转课堂是一种新的教学方式，具有很高的推广价值，将其运用到英语教学中，不仅有教师和学生支撑，也有多媒体教学环境的支持。因此，从总体而言，翻转课堂在英语教学中的应用是可行的。

三、英语翻转课堂教学模式的实施策略

（一）英语翻转课堂教学模式的教学策略

1. 英语翻转课堂教学中学生学的策略

（1）学生课前观看教学视频的策略

在传统教学中，知识的传授通常是在课堂上完成的。可以说，在传统教学中，课堂教学的过程就是知识传授的过程。而翻转课堂教学模式并不是这样。在翻转课堂教学模式中，知识的传授通常是在课前完成的。学生在课前观看教学视频的过程就是知识传授的过程。另外，学生在课前通过观看视频的方式来对英语理论知识进行初步学习，从而完成知识的传授。

学生在课前观看教学视频也要采取一定的策略——学习调控策略。翻转课堂教学中涉及的教学视频并不是很长，通常教学视频都会限制在10分钟之内。在如此短的时间内，学生要通过教学视频来完成理论知识的传授，首先必须具有很强的控制能力和自制能力，也就是说要管好自己。其次，学生要避免在喧闹环境中观看视频，应该选择一个相对安静的环境，这样有利于排除一切干扰因素，集中精力观看视频，学习英语知识。再次，学生可以根据自己对知识的掌握情况来操作教学视频，从而实现"倒带"，对教学视频进行反复观看。学生在课前观看视频的过程中，遇到一些疑问是在所难免的。然而，在观看视频的过程中，一些学生观看视频的目的就是完成学习任务，观看完一遍视频就认为已经完成了学习任务，这种对自己不负责任的态度不利于英语知识的学习和今后的发展。因此，学生在观看视频的过程中，应该结合自己的学习情况，选择观看视频的次数和内容，只有这样才能将基础打牢。最后，学生在观看视频的过程中，应该做好笔记。主要记录一些重点、难点及自己感兴趣的知识和内容。这也是学生对观看视频的一种反馈。如果学生只是为了完成任务来观看视频，在视频观看完之后，仍然云里雾里，不知道视频中所讲的知识点是什么，那么学生观看视频是无效的。另外，如果学生在观看视频的过程中，无法将教学视频中的知识与自身已有的知识结构相结合，无法实现新旧知识的串通，同时也缺乏思考问题的能力，那么学生观看视频也是无效的。总之，记笔记，将一些疑问或重点记录下来有利于培养和提高学生的问题意识。

（2）学生独立探究策略

独立探究策略是一种常见的策略，它不仅涉及学，也涉及教。独立探究策略无论是在学生学习，还是在教师教学中都发挥着至关重要的作用。实践证明，主体性是独立探究策略最为突出的特征。除此之外，独立探究策略还具有独立性、实践性等特点。在经济全球化、文化多元化、教学信息化的今天，社会对人才提出了新的要求，即具有独立探究能力。同时，独立探究能力是学生创新能力的基础和前提，只有具备了独立探究能力，才更有利于实现个体的价值。

英语翻转课堂教学模式不同于传统的英语教学模式。英语翻转课堂教学模式有利于调动学生的积极性和主动性，有利于学生根据自己的学习情况进行学习。传统教学模式只注重英语教学的效果，严重忽略了英语教学的过程。而英语翻转课堂教学在注重英语教学效果的基础上，更加注重英语教学过程和学生学习知识的过程。在这一过程中，教师的角色也发生了很大的变化，由传统的主宰者转变为现代的引导者和设计者。学生积极主动地学习，在学习过程中，学生会独立探究自己遇到的疑难问题，教师在这一过程中起着引导作用。学生通过独立探究学习

来解决遇到的问题，这样有利于增强学生的成就感，使其切实感受到独立探究带来的喜悦。这样就会形成良性循环，学生更加积极主动地投入到独立探究中。

（3）学生合作学习策略

合作学习，顾名思义就是通过与他人的合作来完成学习任务，实现学习目标。在合作学习实践中，主要有全体合作、教师与学生合作、教师与教师合作、学生与学生合作四种类型。

在英语翻转课堂教学中，学生也需要合作学习策略。合作学习的前提是要有一种合作的氛围。英语翻转课堂教学能够为学生的合作学习提供一种团结、合作的氛围。同时，英语翻转课堂教学模式有利于提高学生的合作学习能力，有利于提高学生的交际能力，有利于建立平等的师生关系。除此之外，教师在合作学习中，充分发挥着自身引导者的角色，引导学生深入了解英语知识、独立建构英语知识，并熟练运用英语知识。

2.英语翻转课堂教学中教师教的策略

（1）教师制作教学视频的策略

翻转课堂在英语教学中是否能够取得良好的效果，与教师制作的教学视频是紧密相关的。因此，要想实现翻转课堂的有效应用，教师必须掌握制作教学视频的策略。总体而言，在制作教学视频时，教师应该着重关注以下几个方面：

第一，防止教学视频时间太长，一定要将教学视频控制在10分钟之内。这样有利于集中学生学习的注意力。

第二，注重语速、语气，节奏等。流利的语言是教师制作教学视频的基础，也是教学视频制作成功的前提。同时，教师在制作教学视频的过程中，要注重语速、语气和节奏，还要富有情感，只有这样，才能激发学生学习和观看教学视频的兴趣。如果教师在制作教学视频的过程中，语速过快或过慢、语气不当、节奏感不强，很容易使学生产生厌倦，更无法提高学生观看和学习教学视频的热情。

第三，教师在具体制作教学视频的过程中，可以融入一些诙谐幽默的语言，营造轻松、愉快的学习氛围。

（2）教师教学生观看教学视频的策略

众所周知，在英语翻转课堂教学中，知识的传授主要是在课前观看视频中完成的。因此，学生课前观看视频的效果直接影响着英语翻转课堂的效果。如何教学生观看视频是英语翻转课堂实施者必须重视的问题，也是英语翻转课堂教学模式实施的首要步骤。学生只有学会了如何观看教学视频，才能从中学习到英语知识，为后期的知识内化奠定基础。所以，学生观看教学视频在英语翻转课堂教学模式实施过程中是十分重要的。教师应该研究和探讨教学生观看教学视频的策略，只有这样，才能促进学生认真观看教学视频。

下面对如何教学生观看教学视频进行简要分析：

第一，对于一切影响学生观看教学视频的东西，教师要引导学生将其消除。最为常见的是，很多学生习惯于在观看视频的过程中听音乐，这时音乐就是干扰学生观看教学视频的不利因素，教师应该引导学生将音乐关掉。因此，为了提高学生观看视频的效率，教师应该在刚开始实施翻转课堂时组织学生一起观看教学视频，并对如何观看教学视频进行训练。同时，教师要交给学生如何控制视频，在自己观看教学视频中遇到疑问时如何暂停，如何重复观看。另外，教师要将教学视频的价值讲给学生，使学生意识到教学视频的价值。最为重要的是，教师通过集中训练，使学生能够对如何观看教学视频有一个初步的了解和认识，进而促进学生掌握教学视频。

第二，在观看视频过程中，如何做笔记，也是教师教学生观看视频的重要内容。不同的学生采用的笔记记录方式也不同。教师要鼓励和引导学生找出适合自己的方式，从而将视频中的重点和难点记录下来。做笔记是观看视频不可缺少的步骤，它不仅有利于学生记录重点和难点，也有利于学生记录疑难问题，更有利于学生对视频中的知识点进行归纳和总结。

第三，教师要要求学生在观看完教学视频之后提出问题。这种提问的方式是考查学生观看教学视频效果的最好方式。只有认真观看了教学视频，才能提出有针对性的问题。同时，这还有利于提高学生的问题意识。学生提出问题后，教师与学生之间就可以针对这一问题进行交流和讨论。在这一讨论中的，教师与学生、学生与学生之间可以各抒己见，有利于师生之间的交流和互动，有利于问题分析的透彻性，这是传统英语教学模式无法比拟的。

总之，教师要想实施英语翻转课堂教学模式，就应该教学生观看教学视频，只有这样，才有利于提高英语翻转课堂教学的效果。

（3）教师课堂教学的策略

教学视频的制作是英语翻转课堂教学实施的前提，而课堂教学活动是英语翻转课堂教学实施的保障。英语翻转课堂教学模式是信息技术发展的产物，它不同于传统的英语教学模式。在英语翻转课堂教学模式中，教师组织和开展各种教学活动，鼓励学生积极主动地参与到各种不同的教学活动中，从而完成自己的学习任务，实现知识的建构。而传统教学模式忽略了学生的主体地位，只关注教师将知识传授给学生的情况，忽略学生的自主学习和个性化学习，学生只能被动地接受知识。

在英语翻转课堂教学模式中，教师要组织各种不同的教学活动，为学生的知识建构奠定基础。在具体的课堂教学中，教师可以结合英语教学的目标及学生的实际学习情况来选择恰当的课堂教学策略。教师可以开展英语对话活动、英语演讲活动、英语阅读活动、英语交际活动等课堂活动，从而激发学生学习英语的兴趣，进而为学生提供更多的英语实践活动。教师可以鼓励学生积极主动地参与到课堂活动中来。

除此之外，教师还可以通过提出问题的方式来对学生进行一定的引导。教师所提出的问题必须结合本节课的核心，具有针对性。这种提问，不仅有利于教师了解学生观看视频的情况，也能够对学生的学习起到一定的引导作用。同时，教师在课堂上要注意教学氛围的愉悦性和放松性，鼓励并引导学生结合自己观看视频的情况，阐述自己对教学视频的观点，或对一些比较难理解的知识提出自己的疑问。

综上所述，英语翻转课堂教学模式改变了传统的以教师为中心的教学模式，确立了学生的主体地位，教师也由传统的权威者转变为现在的引导者。学生是教学的主体，如何引导学生快速、高效地学习，是每个英语教师必须思考的问题。这就要求英语教师除了具备扎实的知识外，还要具备信息技术运用能力、课堂管理能力等。总之，英语翻转课堂教学模式有利于英语教学效率的提高，有利于英语教学目标的实现，有利于学生的全面发展。

3.英语翻转课堂教学中教学相辅的策略

随着经济的发展，社会对人才的要求也越来越高。自主意识、合作意识和探究意识是当今社会对人才提出的新要求。基于此，高校也应该结合时代的要求，培养学生的这三种意识。众所周知，英语翻转课堂集自主意识、合作意识和探究意识于一体，为英语人才的培养提供了保障。同时，英语翻转课堂教学模式确立了学生的主体地位，引导学生自主学习、合作学习和探究学习，从而使学生在自主和合作学习中完成对知识的探究和学习。

英语翻转课堂教学将学生的自主性学习置于首位，要求学生能够自己掌控自己的学习进度。英语翻转课堂教学主要分为两个阶段，一是课前观看视频，也就是知识传授阶段；二是课堂独立完成作业，也就是知识内化阶段。在这两个阶段中，学生自主学习占据重要的地位。在知识的传授阶段也就是观看教学视频阶段，学生在认真观看视频的过程中可以结合自身实际情况，选择视频播放的进度，以及是否需要暂停，前进或倒退。在知识内化阶段也就是独立完成作业阶段，学生应该学会独立思考，将观看教学视频时遇到的问题提出来，让教师帮忙解决。可见，英语翻转课堂教学不同于传统的英语教学模式，它为学生提供了个性化的发展平台，有利于学生的个性化发展。需要指出的是，尽管英语翻转课堂注重学生的自主性，但并不意味着放任学生，不受教师的引导。

教师在制作教学视频的过程中，也可以适当借鉴其他优秀教师制作的优质视频，但还应该以自己的思路为主，尽可能地根据学生的实际情况、教学目标来制作教学视频。因为只有这样才能更适合学生的学习，也才能更好地提高学生的学习成绩。

在英语翻转课堂教学中，教师要以学生为中心，为学生营造自主学习的环境。同时，教师要充分发挥自己的指导作用。当学生遇到问题时，教师要及时给予指导。另外，要想更好地实施英语翻转课堂教学模式，教师还应该重视教学活动的设计。科学、合理的教学活动设计能够调动学生学习英语的积极性。除此之外，教师在英语翻转课堂教学中还应该重视评价。在评价的过程中，教师应该以学生平时的学习情况为依据，对学生的学习做出公正、科学的评价，并及时将评价结果反馈给学生，使学生根据评价了解自己的学习情况。

英语翻转课堂教学提倡学生合作学习，探究学习，能够掌控自己的学习过程。但在学生学习过程中，教师的引导作用也是不可缺少的。在具体的教学中，教师应该为学生提供一个合作、探究的学习平台，鼓励学生积极探讨和交流。教师也要充分发挥自己的指导作用，从而达到共同进步的目的。

总之，无论是学生在合作学习时，还是独立探究时，都需要教师参与其中，适时进行指导，从而提高学生的合作能力及理解问题的能力。同时，在独立探究过程中，教师要意识到个别辅导的重要性，并针对不同学生遇到的不同问题进行个别辅导。因此，在英语翻转课堂教学中，虽然教师的角色发生了变化，但教师并不是可有可无的，教师的指导作用仍然十分重要。

（二）英语翻转课堂翻转的程度策略

英语翻转课堂采用适当的策略，可以调动学生的学习积极性，有效实现英语翻转课堂。

1.分步翻转策略

对于习惯了传统课堂的学生来说，英语翻转课堂必然使学生的学习负担加重，突然大面积的英语翻转课堂不一定能收到好的效果，因此要给学生一个适应过程。从翻转课程的数量来看，要采取循序渐进的策略，逐步增加课程，刚开始可以每学期进行2~3门课的翻转，学生逐步适应后，可以对全部专业核心课程进行翻转。对于一门课来说，也不要第一节课就进行翻转，各门学科自有其不同于其他学科的学习规律及与其适应的学习方法。教师在课程的前期阶段可以为学生示范学习方法，进行适当的讲解，使学生在中后期的自主学习过程中少走弯路。国家推行一些新政策时，还要先在一部分地区进行试点，取得经验后再全面展开，英语翻转课堂也是如此，这样可以避免学生的反感。

2. 局部翻转策略

为学生设计的自主学习任务轻重要适当，如果全部内容都由学生课外自学，则需要大量的课外时间。在课时没减的情况下，可以把一些非重点内容作为学生自学内容，重点特别是难点内容留待课堂教师和学生共同学习，以减轻学生的课前学习负担。

3. 教学内容翻转策略

传统课堂中教师讲授的基本概念和原理等需要记忆和领会的知识可以作为学生课前自主学习的内容，而运用、分析、综合和评价等较复杂的有一定难度的内容可以放在课堂上通过教师的帮助来完成。

4. 教学评价翻转策略

最为常见的策略有激励策略、制度策略、学习共同体策略、文化熏陶策略等。这些策略有利于促进教师和学生的深度学习场域的建构，有利于实现教学评价的目标。

第4节　大学英语混合式教学模式

一、混合式教学的内涵

（一）混合式教学的概念

混合式教学是网络技术迅速发展的产物，也是教学领域中的一种新方式。所谓混合式教学就是传统课堂教学与网络在线教学的有机融合。这种新的教学方式有利于教师合理安排教学活动，也有利于学生根据自己的学习情况科学规划自己的学习进度。可以说，混合式教学是传统教学的延伸，是网络在线教学的补充，既弥补了传统教学的不足，又发挥了网络在线教学的优势。尤其是在信息化迅速发展的今天，信息技术和网络技术在教育教学领域的应用越来越广泛，混合式教学也日益受到关注。

（二）混合式教学的内涵

第一，传统教学+网络在线教学的结合。传统教学的主要媒介是课堂。在课堂教学中，教师借助黑板、多媒体将知识传授给学生，教师与学生之间的交流是面对面的。而网络在线教学的主要媒介是移动终端设备，移动终端设备中拥有教师上传的优质教学内容，这些教学内容都是共享的，学生可以根据自己的学习情况来合理选择、科学规划学习，从而使自己更加深入地学习。

第二，在混合式教学中教师面临着新的要求。长期以来，我国的教学一直采用传统的教学模式，教师也只需要将知识讲授给学生即可，学生只能被动地接受知识。而在混合式教学中，教师不仅要给学生讲授知识，还需要考虑学生对知识的接受度。同时，教师还应该根据学生的学习情况及时调整教学内容和教学活动，从而使教学内容和教学活动能够跟上学生学习的进度。可以说，在混合式教学中，教学内容、教学活动都是动态变化的，其目的就是学生更好地学习。

第三，重视学生的个性差异和发展。混合式教学包括传统教学和线上教学。线上教学重视学生的个性化差异，鼓励学生自主学习，这样有利于学生个性化的发展。同时，学生可以根据自己的学习情况进行线上学习，这样在课堂教学中就有了充分的准备，有利于避免传统教学中的被动局面。

（三）混合式教学的特征

1. 线上 + 线下

混合式教学要包含线上教学和线下教学两种形式，既要有学生线上的自主学习，也要有师生面对面的集体学习。

2. 线上教学是必备活动

这里强调"必备"就是为了说明混合式教学中的线上教学部分不是可有可无，也不是锦上添花，而是必备的核心教学活动。如果脱离线上教学部分还能继续进行的教学，就不是我们所说的混合式教学。

3. 线下是线上的延续

这里特别强调了"延续"一词，就是为了说明混合式教学的线上和线下两部分教学不是彼此分离的，而是有机统一的。线上部分的学习是线下部分学习的基础和前提，线下部分是线上学习的延续和提升。如果线上和线下两部分的学习彼此独立，各行其是，同样不是我们所说的混合式教学。

4. 一定会重构传统课堂教学

混合式教学集传统教学与网络在线教学于一体，打破了传统教学中时间和空间的限制。有了这个技术优势，传统的课堂教学活动一定会被重新建构。

5. 没有统一的模式

我们所理解的混合式教学不是模式统一的教学，而是传统教学与网络在线教学的有机融合，也就是实现了线上和线下的融合。

6. 狭义的混合

这里强调"狭义"就是要把"混合"限制在线上 + 线下两种教学手段的组合上，而不是其他方面的混合。因为当前有人把不同教学模式、不同教学方法、不同教学手段甚至是不同教学理念的混合式都界定为混合式教学，这种界定对于指导教学实践意义不大，在这样的语境下很难找到不是"混合式教学"的教学实践。

二、混合式教学对大学英语教学的积极影响

（一）英语课程学习不受时间地点的限制

随着信息技术的发展，现代化设备在教育教学中的应用更加广泛。信息技术具有开放性、丰富性、自由性等特点，有利于提高英语教学的效率和目标。同时，网络平台上有多种类型的英语教学视频，且这些教学视频内容丰富，涉及面广泛、讲解清晰、针对性强。学生可以根据自己的学习情况和学习时间有针对地学习网络上的教学视频，从而使碎片化学习成为可能，也使学生的时间得到了最大程度上的利用。

在"线上"+"线下"这种双线性的教学方法运行中，教师可以通过在网上自主搜索先进的资源，丰富自己的英语教案内容，弥补了传统教学内容单一的弊端。混合式教学的这种线上线下教学模式打破了时间和空间的限制，使教师和学生自由安排时间体验英语教学内容，同时还拉近了教师与学生的距离。

（二）创新教学模式，提供丰富的英语资源

混合式教学模式是传统教学与网络在线教学的有机结合，是一种新型的英语教学模式。尤其是线上教学拥有丰富的英语资源，在很大程度上为学生的学习提供了支持和保障。但这些丰富多样的英语资源也给学生带来了选择上的困难。因此，教师和学生在选择网络英语资源时要结合自己的需求，然后结合网络课程的点击量，不要盲目地去选择。另外，教师也可以在网上搜寻一些点击量较高的教学视频，将这些视频内容制作成较为精良的课程内容，以切实满足学生的需求。

三、大学英语混合式教学模式构建

（一）混合式教学模式的构成要素

混合式教学模式作为一个复杂的系统是由系列要素组合而成的，构成要素包括教学目标、操作程序、实现条件、教学评价等，其运作机制就是各个要素的相互作用和组合。

1. 教学目标

教学目标是教育目的和培养目标在教学活动中的进一步具体化，教学目标的确定，必须反映教育目的的基本要求，接受教育目的的规约，继而将教育目的从观念设想转化为行动追求。混合式教学目标的制定需要遵从一定的教学目的和培养目标的指导，依据学生兴趣与教学情境而设定，在一定程度上能够体现学科的整体方向及活动开展的整体方向。在正确、适合的教学目标的指引下，教学的有效性将会提升；而在空洞、不切实际的教学目标的指导下，教学将会处于低效甚至无效的境地。同时混合式教学的目标并不是一成不变的，不同的教学模式能够体现不同的教学目标，对教学目标的具体要求也有所不同，诸如问题导向的教学模式、基于情景的教学模式、探究教学模式、合作教学模式，其设定目标的侧重点均不同。"互联网+"背景下混合式教学的目标基于时代背景的特点旨在培养学生信息素养、信息加工能力、合作能力等综合素养，满足21世纪社会对于综合性人才的需求。混合式教学要根据授课学科的课程特点、课程结构，在分析课程和学生特点的基础上，确定单元或课时的教学目标，同时通过恰当的方式使学生明晰教学目标，明晰教学活动发生之后的应然状态，教学目标的确定应具体化、清晰

化、可执行化，切勿过于模糊、抽象。

2. 操作程序

操作程序指教学活动的各个流程及不同阶段的具体做法，任何教学模式都会有相对固定的操作程序，但不是绝对固化的，具体体现为教学过程中的教学内容的组织与引导、教学手段及方法的混合应用、教学情感价值的传递与引导等。"互联网+"背景下的混合式教学的操作程序集中于三部分：线上学习、课堂学习、线下总结。线上学习（基于网络教学平台）：教师组织教学材料—分发任务—学生完成任务—提出问题。课堂学习：学生问题反馈—小组互动—教师重难点问题讲解—问题解决—布置作业。线下总结：强化盲点—知识梳理完成作业—作业（作品）展示。

3. 实现条件

条件因素是达成教学目标的保障，为教学模式的有效应用创造各方面的有利条件，任何教学模式都是在特定的条件下才能有效。教学模式的条件因素多种多样，诸如教师、学生、技术、环境、时间、空间等。首先，在互联网+教学的新型教学模式下，教师的教学方式、权威角色、师生交往方式均受到挑战，在教师角色上，从传统意义上的"建构者、决策者"转变为新型的"合作者、指引者、帮助者"，在教学活动上，教学活动场所由课堂转为线上+线下，教学方式由灌输转变为互动研究，体现学生的主体地位，教师要尽快适应教学方式的转变，同时进一步提升专业化技能。其次，混合式教学模式的实施对在线平台提出较高的要求，因为平台教育与传统意义上的课堂教学几乎不同，教学平台的人性化程度、可操作性、可互动性都极大影响教学的有效性、在线系统的人性化。再次，制定健全的网络教育组织管理办法，形成上下衔接、高效协同、有序开放的教育管理机制。

4. 教学评价

教学评价是教学活动过程中必不可少的基本要求之一，亦是教学过程中不可缺少的环节。由于混合式教学面临新的"互联网+"时代背景变革，这在一定程度上重构了教学组织形式，与传统课堂的教学结构、教学方式、手段、内容都不相同，因此，传统的评价手段放到混合式教学上难以立足，对于新型的教学模式的评价体系需要予以商定。混合式教学评价应包括线上教学评价和课堂教学评价两部分。在混合式教学过程中，因混合了多种教学资源、教学手段、教学呈现方式等，其多样化及交叉复杂性对教学评价提出更高的挑战。教学评价一部分指向最终成绩结果，另一部分指向学生通过使用互联网平台进行学习活动过程中的表现形式及所涉及的软因素指标，诸如学生自控能力、信息资源收集、处理能力、合作能力、创新能力，混合式教学的评价真正从注重"知识本位"继而转向对"学识+能力本位"的综合考量。

教学评价亦要遵循一定的发展性原则。评价的最终目的是促进学生的发展，由评价学生的知识体系、技能的掌握转向促进学习工作态度、科研创新意识、实践能力、核心素养等方面的综合发展。评价的过程就是提高发展的过程，而不能仅仅将视野局限在考试成绩、作业成绩、最后结果这种终结性评价上面。其教学评价体系应部分转向对于软指标的评定，诸如学生信息检索能力、个性化与自主化学习、核心素养形成等方面，因为这些因素并不能以分数的形式呈现到评价者面前，所以，教师尚需要在评价过程中，时刻对学生进行过程性评价，结合学生的学习表现等，全面、系统地评价学生。

教学目标、操作程序、实现条件、教学评价这几个要素是相互关联、互相依存的，要素间的联通与交互构成了统一、完整的混合式教学模式。

（二）混合式教学模型建构

混合式教学模式是一种在互联网与教育深度融合的背景下，以"互动"为核心，将在线教育、面授学习、小组协作交叉互融实现意义建构的新型教育模式，网络化学习与传统教育从二元对立转向二元融合。相融是指互联网与教育的真正相结合，这使教学过程更加智能化、舒适化。

混合式教学模式具有以下几方面的特点：其一，开放性。流水不腐，户枢不蠹，静止的教育模式只会故步自封，开放性是系统保持永动力的必要条件。整个模式运行时刻处于动态发展变化、信息互换的状态下，通过互联网不断引进新资源，补充新能量，引入负熵值，逐渐从无序走向有序状态，促进学习过程发生；其二，模式内部各类要素间的非线性作用机制。资源、学生、教师等要素打破固有的"你教我学"式线性依赖关系，打造双向互动反馈的非线性作用机制。学习过程中各要素不断以某种形式相互组合，发生作用，其相互碰撞往往产生意想不到的火花。其三，时刻远离平衡态。互动相融教学模式时刻处于非平衡的变化中，于教师而言需要打破自身传统观念的限制，提升教育教学能力，率先垂范，借助于互联网，"教之以事而喻诸德也"，"互联网+教育"无法完全付诸互联网，脱离人工教育，所谓"身教重于言传"，教师在教育中发挥的作用是无法被完全替代的；于学生而言，亦要摆脱课本知识的束缚，主动适应新型教学模式，培养自身创新、创造能力。

混合式教学模式的建构以关联主义理论、掌握学习理论、教学交互理论等为指导，打破原有教与学的单一发生关系，调和成相互关联的优化状态。混合式教学模式主要分为四大模块：准备阶段、面授阶段、总结阶段、网络互评阶段，每一阶段运行都离不开互联网平台的支持，互联网在不同阶段发挥不同的作用。准备阶段、面授阶段、总结阶段形成一个闭环生态系统，三者有条不紊地循环运行，而评价以多样化形式贯穿于每一阶段，包括形成性评价、终结性评价、师生评价、同行互评等，做到"时时评价，事事评价，处处评价"，使教师与学生时刻了解学习动态与不足。四阶段的运行从单向的"线上—线下"（简称O2O）之间的转移发展成"线上—线下—线上"（简称O2O2O）的闭环双向轨道，构建一个线上、线下共同发展的闭环生态系统。

混合式教学模型是一个各个步骤互相联结、自成一体的闭环教学模型，每一个步骤都是前后贯穿，不可独立存在的。互联网技术的介入不仅使得各个教学环节成为多向度的活动，而且激活与活化教育实施的主体与对象，具有多样性、丰富性、整体性等特点。教学环节联结成一个主体，继而教师与学生、教学要素等也连接成相互关联的体系。

四、模型各部分的功能设计

（一）课前教学活动辅助阶段

准备阶段主要分为教师备课、学生预习、课下互动活动三个部分。三部分均是围绕问题而展开一系列实践探究活动。准备阶段处于教与学的起步阶段，学习的发生始于准备阶段。教师要形成关于教学内容、方法、体系的初步认识与理解，学生初步建构内部知识网络体系，此时的内部网络是混杂的，纳入许多不必要的知识。在这一阶段，依然需要补充新知识、替换错误信息、调整知识网络框架，在知识纳入与替换中实现知识网络体系的建构，在搜索资源、内化信息、网络重组过程中逐渐完善，实现对问题的本质认识。

1. 教师备课

（1）资源整合及微视频制作

教师提供给学生的资源可分为基础性知识资源、拓展性知识资源、整合性知识资源及课外延展性知识资源，具体以课程 PPT、微视频、课程的思维导图、在线测试题目、相关内容的中英文参考文献、材料链接、拓展性视频等多样化形式呈现。其主要特点是开放性、自主性、多维性、超链接、系统性。教师开发在线资源，为学生打开知识大门，学生掌握一定的发言权，提出问题、做出假设、对话交流、分享创新思维、表达自我，对于不喜欢在课堂上表现的学生，在线平台提供了一个可以表达的场所，混合式教学环境中增加了学生的声音，通过教师与学生形成的"教"与"学"的范式扩展适宜学生的知识传播路径。

教师制作的微课视频具有明确的问题指向，是由教师自主录制的声音解说或视频演示。微视频的"微"具体指"信息量覆盖少"，往往重点详细分析 1~2 个问题，具有明确的主题，体现某些教学片段，有助于学生获得核心信息，通常微视频呈现的内容应是学生在自学的基础上进一步掌握的，能够通过学生自学完成的内容不需要制作微视频。"时间短"，依照 10 分钟注意法则理论，视频大约持续 10 分钟，这便于学生在学习过程中保持高度的注意力；"存储空间小"，教师录制的微视频所占用的内存应尽可能的小，这便于教师的上传与学生的下载观看。"内容深度浅"，微课程所呈现的问题大多为较浅的层面、较为基础的知识讲解。微视频呈现的教学内容只是教学流程的部分，而非全部。微视频的制作对于教师软件技术应用能力、口语表达能力及教学组织能力提出更高的要求，例如视频声音的清晰度、教师的抗干扰能力、视频节奏把握、视频的后期处理等都对微视频的教学效果产生极大影响。微视频的最终目的是服务于学生的学习，适当的动画、背景能够吸引学生的注意力，但是过度浮夸的背景及动画反而会分散学生的注意力、降低学习效果，因此教师应该以恰当的内容呈现方式、通俗易懂的言语表达方式促进学生对疑难内容的理解与消化，抽象的问题实体化、模糊的问题清晰化、晦涩的问题简单化。

教师借助教学平台可以随时观测学生视频学习的基本情况、在线测试的基本情况及在线测试的反馈情况，这有助于教师从整体上了解学生的基本水平，便于有针对性地施教。

（2）教学精细化设计

教学设计是最关键的一步，亦是容易被教师忽视的步骤，精良的教学设计具有合理的结构内容呈现、循序渐进的资源呈现。教学的精细化设计需要注重三层分析。其一，教学单元目标分析。这是教师进行教学设计的出发点与落脚点，只有明确相应的教学目标，才能够把握学生将要达到的知识水平及产生的行为结果。不同学科具有不同的学科特点，教师需要在把握学科特点与学生认知水平与差异的基础上编排教学知识结构，促进知识的内化、掌握、吸收。其二，教学内容分析。教学内容分析有助于更好地进行教学设计，首先，注重内容的整合与拓展，体现知识的意义建构；其次，为学生提供丰富的网络资源与拓展资源，创设具有意义的学习情景，选择最适合的形式体现学科内容。网络拓展资源可以以多种形式呈现给学生，如超链接形式、手机扫码，在启发学生联想思维的同时，为学生提供多样化的学习模式，随时随地实现课程内容的学习。其三，学生一般特征的分析。对于学生分析与教学内容的分析往往同步而行，属于并列关系，不分前后。从学生所处的大环境来看，需要基于宏观的社会背景与文化背景分析；从学生自身特点与差异来看，需要把握学生认知特点与规律、内在需求、已有的知识水平等情况，这是教学过程中存在的隐性因素，若不关注，都会对教学过程产生极大的影响。教师可以采用课前测试、调查的形式对学生的现有知识水平、学习需求、学习状态进行了解，只有对教学资源与学生有更深入的了解，才能在现实与网络环境下为学生提供适合的、高效混合式的教学模式。

通过对学生进行访谈，学生 A 提到"我觉得混合式教学模式非常具有吸引力，与以往的传统面授教学完全不同，在混合式教学的课堂上我们有更多自由发挥的时间与空间，学习自主性增强，我支持这种教学模式的变革"。学生 B 认为"我认为在混合式教学中，教师与学生的任务量大大增加，同时我觉得传统的教学模式并没有什么不好，相反教师的混合式教法往往使我不知所措"。学生 C 说"不管教师使用哪种教学模式我都可以接受，只要教师把课教好，都不是问题"。

由此得出，不同的学生对混合式教学的看法与态度迥异，将其划分为推崇型、中间型、排斥型。推崇型学生更青睐于混合式教学模式，他们认为这种新式教学模式在灵活度上更高，学习更加具有针对性，这种线上+线下的教学能够激发学习热情，推崇型的学生在平时的学习活动中经常借助于网络进行辅助学习；中间型学生表现为对混合式教学模式持中立态度，采取哪种模式都无所谓，课堂表现是能根据教师的引导进行配合；排斥型学生十分抗拒教学模式的变革，认为混合式教学模式无形中增加了学生的任务量，将课上的活动与任务转移到课下，时间相对紧张，反而限制了自主发展、个性化学习的机会。这部分学生为教师开展混合式教学活动制造了较大的阻力，前期教师的注意力主要集中在排斥型学生身上，通过对他们进行疏导与引导，转变他们的思想，使他们适应新型的教学模式。

混合式教学的教学设计相比传统面授教学的教学设计更为复杂化，因为教学领域跨越线上—线下两个空间，其中在线空间的信息传递还具有一定的不可控性。因此，混合式教学的教学设计在教学的整个流程中占有重要的地位。线上教学与面授教学看似两个过程，却是无法分割的统一整体，如果将在线教学与面授教学二者的关系分裂开来，实则没有领会到混合式教学的原有深意。教师在网络教学平台上组织的教学资源与面授课堂讲解的内容要具有关联性，同时，整个知识体系不能分散，需要具有一定的相对整合性。为了避免学生在线学习阶段学习的知识碎片化，教师可以为学生提供本课、本章乃至本门课程的知识图谱，明晰各种知识的内在关联点，避免了学生学习的知识过于支离、分散。

（3）自主学习任务单设计

自主学习任务单旨在把控学生线下学习的方向、规定及具体要求，促进学生自主学习。自主学习任务单的合理设计将会影响学生线下学习的效率、深度。它具体包含课程的基本信息、教学重难点、具体安排及学习反馈。自主学习任务单能体现出教师对于教学目标的把控程度及教学资源的理解程度等。教学任务单的设定应在学生的学习能力范围内，基于学生的现有知识水平及认知范围进行设定，如果设定的内容较难，学生望而生畏，自主学习任务单也将会流于形式；而如果内容简单，学生也无法利用课前时间理解教学资源的深层结构，无法进行深层次的思考。

根据前期的资源梳理及学生一般特征分析，教师需要搜集并加工视频、网页链接或制作多种功能PPT呈现一些重要知识点、资料梳理、课前练习等，帮助学生课前预习，将以上资料上传平台，并发放自主学习任务单，供学生预习参考使用，学生通过查阅课程清单就可以明确课下学习任务，避免无教师指导下的盲从。教师可借助云端大数据分析，跟踪每位学生的学习特点、浏览记录及学习过程。平台可以显示学生对于视频和文件的浏览次数，观看次数较多的资料或文件可能存在两种问题，其一是疑难点的地方，学生需要多看几次加深理解，这种情况需要教师在课上重点讲解，帮助学生把握课堂重难点。其二，教师上传的资料晦涩，超出学生现有的知识水平与认知能力，教师应进一步对资料进行筛选或整合。通过平台的数据统计，教师可以对学生的学习进度、学习频率一目了然，可以具体到每一位学生的网上学习时间、上网观看视频的次数及频率，并进行数据分析，用以对学生的过程性评价，并通过课前检测，了解学生的基础水平及尚未掌握的疑难点，在一定程度上实现因材施教。

2.学生预习

学生依据自主学习任务单上显示的教师布置的任务进入教学平台后，查找相应的资源，依次完成学习任务，并将疑难问题与评测结果反馈给教师。学生自主预习主要是对内部知识网络体系进行意义建构，随着搜集信息的种类、数量逐渐增多，学生头脑中的网络体系不断扩展，经由内、外在作用进行内化、重组与更新，依据具体的情境需要时刻调整内部网络结构以适应当前认知的变化。学生的预习过程能够提升信息组织能力、信息加工能力与交互能力。在学生完成自主学习任务单的基本任务之后，完成相应的在线测试，找到问题疑难点后返回平台进行查漏补缺，在此期间，学生可以基于疑难点问题进行交互、分享、讨论，预习阶段的互动方式也多种多样，大多通过平台设计的留言板、贴吧、聊天室等，也可利用平台之外的QQ、微信等工具进行互动。

3.要素互动

互动一般被理解为个体之间的行动，本文提出的"互动"概念有所扩展。从互动对象的角度，大多数研究者将互动分为学生与资源互动、学生与教师互动、学生之间的互动三部分；从互动场所角度划分，分为线上互动、线下互动。无论哪种形式的互动，都能对学生的学习产生积极的影响。互动过程分布于学习各个阶段中，互联网促进师生分离的同时又拉近彼此之间的距离，无论在线上还是线下，跨越空间边界的限制，随时根据自身的需要进行探讨。本文从人与资源互动、学生与教师互动、学生之间的互动三方面进行探讨。

人与资源互动。人与资源互动贯穿于教育过程的始终。互联网为教育提供了优质的信息资源库，学生通过网络平台可以提取一切自身所需要知识，外部信息资源以电子和文本的形式存在于外界环境中，包括一系列教学课件、电子文件、授课视频、测试题库、书籍等。学生随时可以选择外部信息资源建构自身的内部知识体系。人与资源的关系好比"你来我往"，具有双重互动属性，学生不单要"拉"（pull）知识，还要完成"推"（push）知识，这才是互动的最高要求，"拉"为吸收、纳入、整合之意；而"推"其本质寓意知识的创新、升华、转变。

学生与教师互动。基于互联网的学习对学生自主性提出了较高的要求，高自主性并不意味着自学，学生同样需要与教师进行互动活动。在学习过程中，教师帮助学生高效准确地甄别资源，促进知识的建构；课下可以通过虚拟社区、电子邮件、视频、音频等自由探讨。

学生之间互动。学生之间的交互与学生与教师之间的交互机制大体一致，均通过虚拟社区平台进行问题探讨、交流学习经验、分享学习成果等。与此同时，他们还可以进行必不可少的社会性互动，如组建学习共同体，营造良好的学习氛围，激发学习热情。

学期初，无论是网络自学还是面授教学，师生互动情况均相对较差，因为学生不熟悉新的任课教师与陌生的教学模式，交流相对被动，需要教师主动与学生交流沟通，了解学习情况，并与学生熟悉关系，在课堂讨论中，教师需要积极引导学生参与到教学过程中，发挥积极主动性。教师为学生提供自主学习任务单，同时划分小组进行课下讨论，并要求组长反馈小组内成员学习产生的问题。通过这种方式，教师可以较为系统地掌握学生课下学习的基本情况，并通过反馈的疑难点及时调整教学侧重点。第二阶段，随着教师与学生的渐次熟悉，互动也相对增多。现阶段面临的主要问题是教学平台提供的互动途径远没有QQ、微信等通讯软件来得便利，因此交互平台交互板块使用率相对低下，这是个硬性问题，如何提升网络平台的交互便利性也是亟待解决的问题。

（二）面授阶段与总结反思

面授阶段的流程为面授教学提出问题—团队互动—师生互动—总结反思—拓展延伸—在线测试信息反馈布置任务。整个过程中教师、学生均会参与信息的交互、传递与反馈，体现了以人为主体的教育理念。基于线下学习的课堂上，教师角色发生转变，教师角色由传统单一的执行者、组织者和管理者转变为课堂规划者、课程开发者、问题倾听者、知识研究者和智慧创造者，教师要学会从学生的角度实现各种角色之间的转变；在知识传递方面，从知识的单向度传递转变为促进学生知识的自主建构，精心设计教学环节；在教学方法上，以语言传递为手段，以多样化的呈现方法和教学平台为载体，借助问题中介，组织学生进行团队式的教学。混合式教学的教学方法更加偏重于共同探讨式的教学，教学进程中教学设计的每个步骤都是基于学生一定的认知发展水平、基于学生反馈的教学内容进行组织的，它建立在师生共同对话、共同探索、确定共同目标的基础之上。由于学生在课下已经初步进行了基础知识的学习，并通过一定手段将问题反馈给教师，教师在课堂上将遵循学生掌握的实际情况，着重解决学生线下遗留的问题，体现了因材施教的教学思想，教学更加具有针对性，转变了传统课堂上教学仅仅凭借教师个人经验授课的局面。此外，教师在课堂上讲授的内容要基于在线的课程与资源，不能相互脱离、间断，是课下学生学习的拓展及延伸。

如果说课下的在线学习阶段是对于基础性理论知识的了解与把握，那么，课堂教学可看成是提高性知识的探究及拓展性知识的掌握，课下学生的项目完成及活动是对于实践性知识的运用。

总结反思是学习过程中的最后一环，即对学习过程的简要归结，其本身是学习提高的过程。于学生而言，总结反思有助于增强其对原有知识节点之间关联性的认识，剔除无关节点，调整知识网络体系的内部结构。另外，总结、反思、随时监控学习过程中使用的学习策略、学习方法得当与否，以期在下一次学习中有更好的体验；于教师而言，有助于其认识到教学过程中的得与失，从而不断优化教学设计，只有不断地实践、总结、创新，在总结经验教训的基础上，才能提升自身的综合素质。

（三）课后基于项目的团队探究

教师基于本次课程或本章节的教学目标、学习内容及对学生现有知识水平的分析为学生提供相应的研究项目及课题，小组依据学习兴趣及擅长的方向选择相应的课题，在课下通过教师的指导，完成课题任务。项目的难度应适中，过于简单使学生丧失挑战性，而难度过于高的项目又使学生望难生畏，没有探究的信心。教师选择的项目应遵循一定的发展性原则，给予适当的难度，激发学生的学习热情。项目的完成需要基于一定的团队合作，教师应提前提供项目名称、具体要求、作品的具体形式、项目提交的具体时间、评价机制等一系列信息。学生通过团队成员间的互助、协作与共享探究，交出一份满意的作品。每个学生完成项目之后，教师在课堂上组织成果展示和共享，可以每节课展示一组成果，在相互讨论、互动中，展示成果的小组明晰项目尚存在的不足，其他小组也可以在交流、共享的过程中得到知识的扩展，课堂氛围应是活跃、无拘束的。这个过程既能锻炼学生的研究、探索能力，又能提高其合作、互动能力。

（四）互评阶段

网络教学的特点决定了其与传统评价模式相区别的评价功能。教学评价的实施应根据在线教学的规律与特点进行，同时遵循客观性原则、整体性原则、导向性原则、科学性原则、有效性原则、开放性原则。互评阶段贯穿于学习过程的始终，评价形式、评价内容、评价维度、评价方法要根据具体情况具体设定，不能脱离最初的课程目标。混合式教学的主要指标有：在线学习成绩、期末考试成绩、学习态度、项目完成质量、平时课堂表现成绩等，指标需要具体到学生的认知、态度与具体行为实践上来，不同指标所占比例也不同，教师应根据实际情况进行设置。

在"互联网+"的数字化时代，教师不再是唯一的评价发出者，教师与学生均是评价与被评价的主体，即能评价教学活动的发生、教师的教学水平、学生的学习质量与教学资源的质量等，了解教学活动。评价的过程是双向互通的，有利于教学活动的主体从各个方面评价教学发生过程并完善诸多因素。混合式教学模式的评价体系更加倾向于多主体、多评价指标、多评价手段等，开发评价的教育性功能、管理性功能、激励性功能与诊断性功能，弱化仅仅以评价学生学业成绩高低为指标的单一性功能。评价的主体涉及学生、教师、教学资源、技术媒体等要素，这些要素是相互关联、互为一体的。对于学生的评价是整个评价体系的核心，而对于另外三者的评价都是以促进学生有更好的学习体验为主旨的。教师的评价指标主要是教学组织过程、课程操控能力、信息资源整合能力及学生的测试结果成绩。对于技术媒体的评价包括平台使用的便利性、平台的稳定性、平台的可交互性，使技术平台在原有的水平上进一步完善。在评价形式方面，向来重视外在评价，而忽视自我评价部分；重视绝对评价，忽视相对评价，我们应该将各种评价方式统一起来。在评价指标方面，增加了其他内容，诸如学生的自我组织能力、任务完成情况、教师的教学设计能力、组织能力、使用信息设备能力、加工信息能力等信息素养指标；自我规划、自我管理、创新意识、创新思维等反映学生创新能力的创新指标；实验作品、实践成果、报告论文的实践性指标，以上指标都成为互联网评价中不可缺少的因素，也是紧紧依照现当代社会所需要的综合性人才指标而设定。在评价方法方面，根据加德纳多元智能理论主张对教育实行"情景性评估"，情景性评估是指评价基于学生的真实学习情景进行，同时融于现实生活而无处不在。虽然传统的考试测验等评价方式在一定程度上能够反映学生的学习状况，但是其评价维度仅仅限制于对书本知识的学习能力上，而对于其他能力无法进行准确的评价，而情境性评估发生在日常状态下的交往、学习、互动中，评价的内容也延展到实践活动和系列实践作品，在这些活动中能够更真实而自然地发现学生的创造力和表现力。

第5节 移动学习与大学英语教学

信息技术的迅猛发展，推动了整个社会的信息化进程，也加快了教育迈向现代化、信息化的步伐。远程教育作为现代社会的一种重要教育形式，也随着信息技术的发展而得到了快速的发展。计算机技术、多媒体技术、有线通信技术的成熟，使得远程教育的手段有了质的飞跃，促使远程教育在近些年得到了长足的发展和巨大的成功。随着移动学习终端的普及和移动通信网络的发展，移动学习逐渐成为远程教育中研究和应用的趋势和热点。

一、移动学习概述

（一）移动学习的概念

在知识经济时代的今天，全民学习、终身学习的学习型社会已经形成，"随时随地"的学习被强调，移动学习将会成为人们进行终身学习的必然选择。由远程学习和移动通信技术相结合产生的移动学习将成为继远程学习、电子学习之后的第三种学习方式。

移动学习是指学习者在非固定和非预先设定的位置下发生的任何类型的学习，或者是学习者利用移动技术提供的优势所进行的学习，其特点是基于实现"Anyone、Anytime、Anywhere、Any style（4A）"进行的更自由的学习。移动学习在学习形式上是移动的、在实现方式上是数字的、在学习内容上是互动的，它除了具有多媒体性、交互性、自主性以外，还具有学习便捷性、情境相关性、实用性及个性化等特点。移动设备和情境很好地结合，移动技术对社会关系网络的增强，移动设备的普适性，使移动技术在支持情境学习、社会性学习、非正式学习等方面更具有独特的优势。目前移动学习的实现主要是通过将资源下载到本地及通过手机软件进行在线互动学习，并通过短信、宽带网络进行补充，即"在线更新、离线学习"的方式。移动学习是数字化学习和无线通信技术两者相结合的产物，它是以手机、PDA 等移动终端为学习工具，通过无线通信技术来传递教学信息，学习者可以随时随地进行学习的一种学习方式。它具有灵活性、高效性、交互性、广泛性、个性化等特点，可以给学习者带来随时随地随身进行学习的全新感受。智能手机移动学习作为一个新兴的研究领域，我们对它的研究还非常有限。到目前为止，还没有实现具体、理想的广域或区域的移动学习系统的应用。因此，关于移动学习的研究和系统设计开发，对移动学习的发展、学习社会的建立都具有重要意义。

移动学习经过近几年的迅速发展，正发生着深刻的变化。在线教育也开始进入爆发期，移动学习作为一种在线教育的形式发展迅速。以 iPad、智能手机为代表的移动终端设备的大面积推广应用使得移动学习成为课堂学习的有力补充方式。以电信网络运营商、校园网络平台、学习资源网站为代表的多种形式的网络资源给移动学习带来了前所未有的良好条件。我们将学生利用移动设备进行的学习称为"移动学习"，也就是应用移动设备开展的学习。

（二）移动学习的特性

（1）移动性。学习者可以在步行中、行驶的汽车上、行驶的轮船上及飞行的飞机上等任何地点学习，不受传统教学固定场所和有线网络固定接入点的限制，同样不受时间的限制。教育者也可在移动中进行教学。

（2）及时性。在工作、生活或社交等非正式学习时间和地点接受新知识的学习，移动学习系统提供 Just-in-Time 的学习内容，学习者可以在要学某些知识时马上学习，因此移动学习又可称为及时学习。教师也可通过移动因特网，借助移动终端及时进行辅导。

（3）情境性。移动技术为情境学习提供了支持，利用手持移动学习设备，无论走到哪里，学习者都可以进行学习，并使得教与学真正突破时空的限制，实现了真正意义上的"活学活用"。

（4）个性化。移动学习可以根据学习者的特点和要求进行专有的、个性化的教育服务，更好地实现自助服务，得到更多有用的信息资源。移动互联的个性化技术正在改变着学习者的校外生活。移动互联的个人手持设备将能够为学习者创造"无缝学习环境"，学生能够在不同情景中学习，并且通过作为媒介的个人设备，方便快速地从一个情景进入另一个情景。

（5）虚拟性。教师可以通过网络动态地组建虚拟学校和虚拟教师队伍，学生可以动态地组建虚拟班级。教师和学生的教学关系也可以是动态虚拟的。

（三）移动学习主要模式

1. 基于短信息服务的移动学习模式。该模式采用短信息交互方式，在用户间、用户与互联网服务器之间实现短信息的传送。用户通过移动终端，将短信息发送到位于互联网中的教学服务器，教学服务器分析用户的短信息，转化成数据请求，进行数据分析、处理，然后再发送给用户终端。利用这一模式可实现用户与互联网之间的通信，并完成一定的教学活动。学习者可以定制学科知识短信息及短信息接收的密度与频度，定制学科知识的复习策略，参与学习讨论、信息查询、自测练习等；教师可以对所有学生或某一门课程的学生提供激励支持和常规的管理支持服务，进行学习资源管理，如创建和管理文本知识库、语音知识库、学习群组，管理学习者的短信息定制。

2. 基于浏览、下载服务的移动学习模式。互联网中含有海量的信息和资源。通过基于浏览、下载服务的移动学习模式，学习者可以随时、随地、随身地浏览、查询和下载 WAP 服务器和 Web 服务器中的各种课程资源，完成形式多样的学习活动，如：①浏览课程信息，包括课程简介、教学目标、内容纲要、学习要求；②浏览或下载专门制作的、适合于移动终端呈现的电子图书，实现对每一个知识点的详细讲解，供学习者深入学习使用；③浏览或下载针对某个知识点设计制作的、适合于移动终端显示的小型课件；④浏览 Web 资源。通过将 HTML 页面转换成 WML 页面的中间件，移动终端可以浏览 Web 服务器中的各种学习资源，扩大了移动学习的学习资源范围。

3. 基于多媒体邮件服务的移动学习模式。多媒体邮件业务是一种通过移动通信网络实现的、基于数据承载的非实时业务。利用该业务用户可以进行移动终端与互联网之间的多媒体邮件互发。多媒体邮件的内容包括格式化的文本、声音、图像、视频等。多媒体邮件与短信息的最大区别在于邮件的容量大，而且保密性强。借助多媒体邮件业务，学习者、教师及其他用户之间可以随时随地通过邮件建立联系，完成教学活动。

4. 基于点播的移动学习模式。基于点播的移动学习模式可以让学习者随时、随地、随身地进行移动学习内容的点播，包括音频点播、视频点播、动画点播等。其灵活性高，更适合于现代化快节奏的学习人群。

（四）移动学习模式带来的挑战

1. 教师能力的挑战

第一，移动学习要求教师具有较强的教学驾驭能力，按照教学原则，在课内外有效集成移动学习模式。第二，教师要能客观评价宏观教学环境和微观课堂教学环境，能判断在课内外使用便携式电子设备的恰适性，能决定在教学中应用移动学习的方式和范畴。第三，教师还要对移动技术有一定了解，能熟练使用手机等掌上电子设备的各种功能。第四，教师要熟悉国内外移动学习应用资源，能结合教学内容开发基于移动设备的资源平台。

2. 设备与硬件的要求

移动学习受到硬件及便携式移动设备功能的限制，学生不可能都使用同一类型的手机或小型掌上电子设备，不同设备操作系统可能不同，教师在设计教学任务或资源平台时必须要考虑系统的兼容性，或者为不同的操作系统分别设计任务包。技术支持部门必须能为不同系统提供技术支持，确保在课堂上、校园内，随时随地为学生提供稳定的无线网络接入服务。

3. 教学管理的问题

在教学中使用移动技术时要注意，上课时间上网或使用手机，会分散学生对教学内容的注意力，或者使学生分心浏览与学习任务无关的内容，而不是把时间花在完成课堂任务上。在课上有效时间内如何规范、监督和引导学生合理使用手机完成教学任务，不做与上课无关的事情，这是使用移动教学模式之后，教师和相关管理部门必须面对的教学现实问题。

4. 网络安全的问题

移动学习模式，在网络安全方面也存在隐患，用户个人资料和信息有被不当使用的可能性。学生在课上使用网络，有些网上信息内容根本不合适上课使用。学生还可能受到网络上虚假、不健康、不安全信息，以及网络广告，甚至是来自陌生人的无关网络资讯的干扰，这些都可能带来各种网络安全隐患。学校教学管理部门必须结合教学条件、移动网络和移动电子设备使用情况、学生对移动学习的态度等因素，制定相应规定，教师应根据客观实际和教学需要，考虑是否及如何将移动学习模式应用于教学，提高教学效率。

二、移动学习在英语教学中的应用

（一）移动学习在英语教学中应用的原则

1. 学习形式的多样性原则。移动学习借助于无线移动设备，通过手机、电子阅读器、小型掌上电脑等终端进行学习，因此适合移动学习模式的教学任务设计应充分结合体验式学习、讨论式学习、协作学习、自主学习、个性化学习、在线学习、离线学习等多种方式，便于学习者随时随地完成学习任务，取得最佳学习效果。

2. 知识内容的碎片化原则。移动学习受时间零碎间隔，学习环境多样，学生注意力不持久等限制，教师在每一个学习内容设计上都要做到短小、细微，各个知识点相对独立，学习者可以在碎片化时间内完成单个独立的知识点学习。

3. 知识体系的完整性原则。尽管单个任务设计遵循碎片化原则，但作为知识整体，在学习内容的各个知识点之间，教师应做到连续和完整，针对学生认知特点，由浅入深，循序渐进，使相对独立的学习任务设计前后连续，从整体上确保知识体系的连贯性和学习的灵活性。

4. 用户交互的友好性原则。移动学习任务和资源的呈现要充分结合文字、图形、图像、音频、视频和动画等不同形式，增加内容的趣味性。基于移动学习的教学任务和资源平台设计应结合体验学习理念，以游戏和情景创设等方式设计学习者参与的活动，激发兴趣，在互动交流的情景中学习。

（二）移动学习在英语教学中应用的方式

针对移动学习在英语教学中的应用，在上述原则的支配下，研究者提出了许多基于移动学习终端的应用模式和学习方式，其中应用最广泛、影响最大的移动学习模式主要有基于短消息交互的模式、基于连接浏览的模式、基于视频通话交互的学习模式等。总的来说，无论采用哪种具体模式，从内涵来说，英语教学中移动学习的应用体现在以替代、拓展、优化和创新等方式扩宽了传统英语教学的外延，深化了英语教学的内涵，具体可归纳为以下四种类型：

1. 替代型方式。移动技术作为一种工具，替代传统教学方式，如利用手机的笔记软件功能，进行听写练习。移动技术作为工具替代传统的教学方式，教学媒介从有形的纸笔转变为手机的笔记软件及基于网络的短信发送平台，但是听写练习这一原有教学方式和基本教学功能并没有改变。

2. 拓展型方式。移动技术通过拓展传统英语教学方式，拓宽学习的外延，例如：学生在课堂内外用手机笔记软件，进行短文字写作练习，创作短故事接龙，再上传到网上教学平台或移动教学资源平台，大家浏览点评。移动技术为写作教学扩展了基于手机的教学新路径，为学生在课堂内外的互动交流中建构真实的语言学习环境，激发学习兴趣。上传作品大家点评，增加学生在体验中再次学习的机会，调动积极性，提高并巩固教学效果。

3. 优化型方式。基于移动技术，还可以优化语言教学模式，设计新型教学任务，如短信阅读活动。在课外的阅读教学中，教师根据需要将长文本编辑成多个短文本，或选择简短的英语系列故事，通过短信群发平台，每天定时定量向学生发送，学生在课下进行阅读；或在课堂上发送故事，学生读后根据内容进行口语讨论或续写故事等课堂活动。优化型教学任务还包括使用移动设备进行录音练习。教师在课堂上将学生分成两人小组，使用手机录音或录像功能进行口语练习。学生用手机录音或录像后对各自的口语作品进行自评和互评，根据同伴意见重录，再上传到网上平台。教师点评推荐好的作品，大家分享学习。这种真实的互动交际式口语活动通过移动设备，以网络和手机为媒介得以实现。

4.创新型方式。创新型方式是指基于移动技术，设计只在移动环境下才能完成的教学任务，革新传统教学方式，深化英语教学内涵，在移动环境下重新界定学习的概念。

三、基于移动学习的大学英语教学模式应用实践

（一）基于移动学习的大学英语教学模式是建立在课外自主学习与课内互动学习二者交互作用基础上的一种混合教学模式，简单地说，这种模式可以分为课前预习、课内练习与课后探究三个阶段，实现以下五个维度的混合：

1.课内正式学习方式与课外非正式学习方式的混合

此模式将英语学习的一些环节延伸到课外进行，弥补英语课堂教学时间有限的缺憾，学生通过课外的非正式学习来了解与英语学习内容有关的外国文化知识，并通过课外的听力练习和口语练习提高准确性和流利性。课外非正式学习成为课内正式学习的有益补充，学生既能做到课前的充分准备，又能在课后进行更高层次的学习。

2.课内教师讲授式教学与学生自主式学习的混合

课内正式学习阶段，与听力和口语技能有关的语言知识的学习是十分必要的。在课堂教学时间的前段，由教师讲授语言知识，包括词汇、语法、语音、语调等，并结合课前学生接触到的外围文化知识，对本节课的听说学习内容进行详细讲解，而课堂教学时间的后段，学生通过小组互动的方式进行自主学习，并在互动中锻炼听力和口语技能。根据学习内容的实际需要，教师灵活安排课堂的教学与学习方式。

3.课堂教学中的教师主导性和学生主体性的混合

课堂教学阶段遵循何克抗教授提出的"主导—主体相结合"的教学结构，既要发挥教师的主导作用，又要充分体现学生的认知主体作用。无论是前段的语言知识讲授还是后段的语言技能操练，教师都是指导者和组织者的身份，通过支架式教学策略逐步引导学生从语言知识的学习过渡到语言技能的习得，并帮助学生掌握学习策略。而学生作为认知主体要充分参与到课堂学习中，摒弃传统教学模式下的被动接受知识状态，在互动中进行有意义的学习。"参与"本身就是一种学习，是学生主动建构的过程。

4.教与学过程中的传统媒体与新媒体的混合

混合式教学模式中的教学媒体具有多样化的特征，教师和学生根据实际需要来选择适当的媒体进行学习，如语音室、影音资料、多媒体计算机、计算机网络、手机、笔记本电脑、学习机等媒体类型，实现传统媒体与新媒体的混合。

5.教学内容上实现英语语言知识与英语听说技能的混合

此模式打破了传统课堂重知识轻技能的弊端，实现了语言知识和听说技能并重，充分的语言知识学习是发展听说技能的必要条件，而听说技能的提高又可以反过来促进学生对语言知识更深的理解，在听说中养成用英语思维的习惯和语感，有利于阅读和写作能力的提高。

（二）基于移动学习的大学英语教学模式的内涵

1. 将移动技术作为模式实施的支持技术

移动技术的技术特点和外语学习自身的特性两方面有着极佳的匹配性，移动技术支持的语言学习具有许多优势，在国外的实践中也取得了显著的成效。

2. 模式的类型是"课内外深层次融合模式"

目前，大学英语授课教室几乎都能实现多媒体教学，那么此模式中的课内教学主要就是传统教学与多媒体教学的混合，并且在课内学习阶段可以利用手机和英语学习机来辅助学习，而在课外学习阶段（包括课前和课后）移动技术发挥着关键作用，其能利用自身的便捷性将学生的零散时间充分利用起来，在融合后的时间里为学生提供充裕的预习和复习时间，来作为课堂教学的有益补充。

课外学习部分主要体现了移动学习等数字化学习方式的优势，学生可以利用更多的零散时间进行课外学习，这种课外学习的效果会直接影响课内的教学。而将传统教学和多媒体教学组合的课内教学阶段的效果又会影响学生对于课外深入学习的投入程度。由于课内学习与课外学习二者之间关联紧密，因此，我们将本模式界定为"课内外深层次融合模式"。

3. 模式的核心思想是利用情境连通课堂内外

外语学习是依赖情境的。本模式利用多种信息技术使情境认知与英语学习紧密结合起来。课前预习阶段是教师创设情境，引学生入境于课内学习阶段是通过互动使学生体验情境，实现学生的主动学习。课后扩展阶段，促使学生演绎情境，通过不同的学习方式对所学内容进行扩展，实现高层次的意义建构。可以说，本模式利用情境在教师与学生之间、学生与知识之间搭建了一座桥梁，使学生的学习活动得以连贯、畅通。原本时间有限的课堂教学得以延伸开来，在学生的课外零散时间内，能够有针对性地进行听力练习和口语学习。

四、基于移动学习系统的大学英语听说教学模式实践流程

（一）课前预习阶段——教师创设情境，激发学生的学习兴趣

课前学习阶段主要以移动学习的方式进行，充分利用移动学习的便捷性，使学生能频繁地接触到与课堂学习内容有关的信息从而进行预习，为课堂学习阶段的教师因材施教和学生主动学习打下基础。

每次课堂教学都有固定主题的内容，在课前，教师将与此主题有关的相关背景知识与文化知识发送给学生，提前为学生创设固定的情境。这一阶段以语音输入材料为主要的学习资源，教师将精心准备的多媒体语音内容以移动方式推送给学生，学生通过听力理解对内容进行自主学习，并以回答测试题的方式进行反馈。当学生对预习内容有问题或想要进行更深入的了解的时候，可以通过移动设备与教师进行交流或通过无线接入互联网的方式进行学习。此阶段的目的是为接下来的课堂学习打下基础，学生在这一阶段的投入程度和预习效果直接影响着学生在课堂学习阶段的学习起点和学习效果。

1. 教师需创设情境

教师在课前预习阶段的身份主要是引导者和决策者。一方面，引导学生接触到适当的学习资源，使学生为课堂学习做好充分准备；另一方面，通过学生的反馈和与学生进行交流等方式

确定学生的"最近发展区",为下一阶段的课堂教学部分进行因材施教提供依据。

(1)创设情境,激发学习兴趣

一方面,教师准备的预习内容大多数以英文新闻、原生电影的片段、英文歌曲等视音频的形式呈现,这些声情并茂、丰富多彩的多媒体内容能够激发学生的学习兴趣。

另一方面,这些多媒体内容大多数是预测任务。为了让学生对课堂学习产生兴趣,课前的预习内容以文章的标题和开头、电影的宣传片或新闻采访的人物介绍等形式构成,具有一定的预测性,事先为学生创设了学习情境,目的是提前引导学生进入情境,为课堂上充分而有效的互动交流争取更多的时间。学生可以对听力材料进行大胆的猜测,其实是提前让学生进入所听的话题的讨论中产生对接续内容的强烈的求知欲,从而更积极地投入到课堂学习中。

(2)了解学生特征,确定个体的最近发展区

学生在听完预测性听力内容的基础上,通过回答简单问题的方式进行反馈。例如在听完一段英文新闻之后,要求学生回答新闻事件发生的时间、地点、人物等基本信息,测试学生对关键信息的捕获能力,要求学生对新闻内容进行简短评论,测试学生对篇章内容的整体把握。教师通过这种方式掌握每个学生当前的发展水平,确定个体的最近发展区,从而为课堂教学的分层教学提供依据。同时,学生也可以提出自己的想法和建议,帮助教师更好地选择课堂教学内容与形式。

2.学生要感受新知识,明确学习任务

学生在教师创设的固定的情境中接触到新的知识和相关的文化背景知识,并有的放矢地进行学习内容的预习和提前练习。

(1)对学习内容进行提前预习

学生在这个阶段要在思想上和语言材料上做好充分准备,使自己能够更好地投入接下来的课堂学习。

一方面,学生通过学习教师提供的预习内容,能够获得更多的语言接触,激活已有的相关的背景知识,为学习新的知识做好准备。学生将感知的单词、短语和句子在自己的语言体系中"对号入座",然后下意识地将所获得的信息组织起来,形成初步印象,进入情境。

另一方面,学生可以利用移动设备进行随时随地的学习,对听力内容反复理解,提炼重点,思考他们要听的内容和要说的事情。课前的大量充分练习能够使学生提升自信心,经过充分准备的学生在课堂上才会有话可说,有助于在课堂产出阶段更好地使用语言。

(2)初步了解语言的文化背景

由于语言与文化的紧密结合,在培养语言运用能力的过程中教师必须重视文化知识的结合,特别是中外文化的差异使得英语的听说教学要把文化知识作为必不可少的一部分内容。在混合式听说教学模式中的课前预习阶段,教师可以利用无处不在的移动学习方式让学生提前感受文化知识与语言的结合,从而在理解文化背景的前提下掌握对语言的运用。在课前阶段进行这项工作,可以大大节约课内教学的时间,使课内时间可以被更有效地利用。

以英文新闻、原生电影的片段、英文歌曲等形式为主的课前预习内容都是与文化密切相关的,学生可以通过移动与无线通信技术在网络上获得相应的文化背景,这样再进行听力内容的理解往往是准确的、恰当的。当有了文化背景知识的支撑,学生在后续课堂上的学习就会事半

功倍。

3.实现条件

课前预习阶段的时间没有固定要求,每个学生根据自身的情况利用移动设备,充分利用一切可以利用的零散时间来进行学习。教师的教和学生的学及师生之间的互动通过以下几种手段进行:

（1）短信息和移动QQ实现实时和非实时交流

短信息这种方式是日常生活中最常用的交流方式,由于学生群体的集团号等资费上的优势它成为最受学生欢迎的一种方式。而且,教师可以利用群发软件实现一些公共信息的发送,也减轻了教师的工作量。教师传递学习提醒、资源的超链接和简短的测试题目,学生发送反馈答案或提出问题,在短信互动平台上实现教师与学生的双边互动。

移动QQ是能够促进情感交流的一种方式,师生利用手机登录移动QQ可以进行实时和非实时的交流,实现信息的及时传递,惟妙惟肖的QQ表情也能拉近师生之间的距离。

（2）利用便携式移动设备实现多媒体播放

学生将教师推荐的学习资源下载到多媒体播放器中,实现随时随地的收听,在反复收听中增加语言输入,为课堂学习阶段的语言输出做好积累。

（3）上传和下载语音录音

教师可以录制标准的口语片段,学生下载后可以反复收听,在模仿中不断地纠正自己的错误,并将自己的口语录音反馈给教师,获得评价和建议。

（4）通过有线或无线连入互联网进行资源浏览

在预习阶段对异国文化知识的积累是十分必要的,通过连入互联网的方式查询资料,为课堂的学习预备相关的背景知识。

（二）课内学习阶段——学生通过体验情境来掌握语言知识和语言技能

在课堂教学中要打破传统的单一讲授式的教学方式,通过多媒体技术和移动技术与英语听说课程的融合,改变教学内容的呈现方式、教学方式和学习互动方式,借助强大的信息技术认知工具和丰富的学习资源,促进学生在真实语境中解决复杂问题能力的发展和整体素质的提升,从而提高英语课堂的实效性。教师在恰当的时机指导学生利用英语学习机、手机和音频播放器等移动设备进行自学自练,在需要反馈的时候利用手机短信的方式掌握课堂即时教学的效率,及时调整教学,学生也可以在恰当的时候利用手机上网查询资料。在整个课堂教学阶段,教师要采取支架式教学策略,从讲授者逐渐向指导者、监控者等身份过渡,将课堂学习的主体权移交给学生,使学生在情境中体验语言,积极思维,进而有意义地学习。在这个阶段,既有传递——接受式学习方式,又有学生的自主学习,还为学生之间的合作学习提供了条件。

1.教学环节

学习是学生主动建构知识的过程。学生不是简单被动地接收信息,而是对外部信息进行主动的选择、加工和处理,从而获得知识的意义。学习的过程是自我生成的过程,这种生成是他人无法取代的,是由内向外的生成,而不是由外向内的灌输。因此,教学活动必须建立在学生的认知发展水平和已有的知识经验基础之上,体现学生学习的过程是在教师的引导下自我建构、自我生成的过程。

（1）教师讲授新知

由于口语交际要以一定的语言知识为基础，无论是听力还是口语能力的提高都离不开词汇、语法和句式基础。由于语言知识具有系统性和可教性的特点，适合在课堂上用教师讲解的方式进行，因此，教师首先讲授与主题相关的词汇和语法知识。在课前预习阶段，教师通过推送的方式已经预先提示学生将要在接下来的课堂教学中学习的内容，并配合文化背景的渗透让学生做好准备。这样，课堂上再讲解词汇和语法就会使学生更容易理解和记忆。

（2）学生通过听力理解来认知新知

教师播放与知识点相关的听力内容，学生对词汇、句式等语言知识在实际语境中的运用进行认知。学生利用手持设备反复收听听力理解内容，教师通过适当的提问引导学生对材料进行深入的思考，教师通过提问及时掌握学生学习情况，针对学生遇到的听力困难及时进行听力策略的训练。学生通过大量的听的活动，扩大语言的输入量，从而实现在大量的语言接触中逐步学会语言规则和吸收语言词汇。

（3）教师启动互动活动，学生体验情境、演练技能

在有教师控制的演练新知阶段，教师通过精心设计的互动活动，使学生在类似真实的情境中反复操练，在与他人的合作学习中加深印象，加强记忆，采用听说结合的方式，让学生在情境中练习语言形式，并通过指导学生掌握学习策略，使学生从语言知识的掌握上升为语言技能的演练，为后面的真正交际任务的完成做好铺垫。在此阶段，教师要针对学生在互动中的个人表现进行评价，为不同水平的学习者布置不同难度的任务。教师还要进行口语交际策略的训练，通过选择适当的口语练习材料，使学生在开始交际时面临一定的挑战，在排除困难的过程中使用恰当的交际策略来完成任务。

2.实现条件

（1）多媒体技术

多媒体技术是一种信息处理技术，是指把文字、图形、图像、声音、动作、视频等多种媒体信息通过计算机进行数字化采集、获取、压缩、解压缩、编辑、存储等加工处理，再以单独或合成形式表现出来的一体化技术。因此，多媒体技术的实质是一个处理和提供文、图、声、像等多种信息的计算机系统。

随着计算机和信息技术的发展，多媒体技术给大学英语听说教学带来了丰富的资源和先进的教学手段，大学英语听说课堂由于引入多媒体而进入了一个全新的发展空间。通过多媒体信息技术与英语听说课程的融合，在文字与图片的组合中，在有声读物与动画、视频资料的渲染下，教学内容的呈现方式、教学方式和学习互动方式改变了，其借助强大的信息技术认知工具和丰富的学习资源，促进了学生在真实语境中解决复杂问题能力的发展和整体素质的提升，从而提高了英语课堂的实效性。

（2）手持式英语学习机可以满足学生自主学习的需求

英语学习机作为应用终端，由于其具有体积小、价格低的优势，所以普及面较广。较之其他的移动设备，学习机的网络连接功能有限，这恰恰可以满足课堂上学生学习行为可控的要求，便于课堂的管理，因此移动设备在课堂教学阶段的应用主要以学习机为主。学生在教师的指导和监督下利用学习机进行词汇查询、课堂录音和跟读对比等活动，满足课堂学生主动学习

的需求。

（3）手机的短信功能实现课堂及时反馈

教师为了随时掌握学生的学习效果，在课堂教学的恰当时机要求学生用短信的方式进行学习反馈，根据反馈结果来调整教学步调、教学方法。为了避免阅读和编辑大量短信而造成课堂混乱，教师可以采取适当的调控手段，如仅仅要求知识理解欠佳的同学发送反馈信息，通过这种私下交流，避免了传统课堂中的学生由于"爱面子"而不敢提问的尴尬局面。

（4）利用移动设备上网查询资料

学生在课堂活动中会遇到词汇、用语、文化知识等方面的问题，可以在不影响教与学活动秩序的前提下利用移动设备上网进行查询，做到及时解惑，这样才能使互动活动顺利、高效地完成。这种在真实交流的情境中获得的问题解决往往是印象深刻的，更有利于学生在日后的真实交流中进行意义迁移。

3.互动活动的组织。

互动活动可以分为师生互动与生生互动，它使课堂上的听说教学在语言的海洋中更有效。实际上，在互动教学中，教师一直在扮演心理学家的角色。教师要在尊重学生个性差异的基础上设计和实施互动活动，给他们提供更多用英语进行双向交际的机会，对学生言语能力的点滴进步做出敏锐的反应和及时的表扬，使学生既能体会成功又能看到自己的不足，从而调整自己的学习行为。

（1）师生互动

在听说课上，学生的说与教师的讲配合，教师利用具有知识性、趣味性和文化性的学习内容来组织学生进行听力理解、朗读、讨论等活动。在活动中，教师要控制课堂活动的节奏和时间，以保证活动的顺利进行和教学任务的完成。进行一系列的教学活动，教师先讲，学生后练，教师先做示范，学生及时领会教师的提问，学生问答学生汇报，教师点评教师设计任务，引导学生进行听说练习。听说课上的教师示范作用不可小视，教师的真实示范可以让学生更有亲近感。教师在课堂上一直充当着组织者、引导者、启发者等关键角色，在学生遇到困难时，教师要给予适当的启发。这种师生互动关系消除了学生的敬畏和胆怯心理，能够活跃课堂气氛，使其学习积极性得到很大的提高。

（2）生生互动

课堂上教师主要把大量的时间留给学生，使他们有机会相互交流和沟通，从而起到一种共振作用，即"共生效应"，这种效应能使学生共同发展。通过小组讨论等方式，学生对话题内容进行深层次的思辨，小组成员不仅要为自己的学习负责，而且也要为同伴的学习负责。学生间的不同观点发生碰撞进而引发认知冲突，这能够更加激发学生的学习兴趣和求知欲。学生由于有大量机会发表自己的观点与看法，倾听他人的意见，他们体会到了自己的价值和重要性，增强了主体意识，而且通过小组合作学习能够增加学生的归属感，减轻焦虑感，就能逐渐进入学会、会学和乐学的境界。

如果在语言知识等方面遇到困难，学生可以通过移动设备进行查询，使互动可以连续进行。这种生生互动可以培养竞争合作意识和人际关系交往的技能，为提高真实环境下的交际能力打下基础。

（3）自我互动

课堂上的自我互动可以为学生提供自主练习的机会，学生可以利用移动设备反复收听教师示范的录音或听力教材原音，并进行模仿、复述、口译等练习。这种互动是学生自主建构意义的过程，也是对知识的内化过程。课堂上教师要为学生适当地提供这种自我互动的机会，给学生深入思考的空间，这样学生才能以最好的状态投入到互动活动中。

（三）课后扩展——学生演绎情境，提高语言交际能力

学生通过课堂有组织的学习，已经对本单元的语言知识有了一定程度的认知和演练，并结合文化背景对语言知识有了更透彻的理解。教师在课堂教学中还针对学生听说方面的困难进行听力策略和口语策略的训练。可以说，在课前预习和课堂学习之后，学生已经基本形成了对单元内容的认知，并在听力的准确性和口语的熟练性方面有了提高。但这不是学习内容的终点，语言学习的目的是在语言情境中的运用，因此，课后教师设计任务情境时，布置需要合作完成的交际任务，使学生在生活中运用语言，在合作中进行探究，在演绎情境中逐步提高语言交际能力。

1. 学生的协作学习

课后的扩展任务属于高层次的思维活动，需要学生之间的协作学习来完成。同时，听说能力的切实提高需要在真实的语言交际中得以体现。学生通过完成教师布置的学习任务，将课堂所学知识在真实的情境中进行演练，能更清晰地体现出自身的语言交际能力水平。在协作学习中的讨论和协商都是用英语来完成的，为了圆满完成任务，每个学生都要克服一切困难来实现彼此之间的交流无障碍。

2. 教师的监督指导

由于课后扩展阶段的任务难度较高，为了避免学生出现挫折感或应付了事的情况，教师依然要利用课前预习阶段的一些方法和手段来督促学生投入到学习中。不仅如此，教师要跟踪学生在协作学习过程中的参与度，与表现异常的学生进行单独交流，掌握情况以后有的放矢地进行个别化指导，这也为下一单元的教学提供借鉴。

3. 实现条件

与课前预习阶段相同，课后扩展阶段依然以移动技术和计算机网络技术为主要的支持技术，学生可以充分享受移动技术所带来的无缝的学习空间的便利性，在随时随地的学习中实现知识的扩展和语言交际能力的提高。

4. 活动的设计

真实的交际任务是一种真正意义上的语言运用，它为学生创设了一个交换信息、交流观点和情感沟通的自然的语言环境，有利于提高学生的学习兴趣和学习积极性，并在任务中互动，有利于交际能力的提升。交际任务可以有以下几种类型：

（1）信息差任务。

教师布置任务的时候，将有关信息进行分解，每位学生只有部分信息，而这部分信息是完成任务所必需的。如果想要完成学习任务，就需要利用交际实现与他人的有效合作，将信息补充完整，最后大家齐心协力完成任务。由于学生都急切地想知道自己不知道的信息，因此这种任务促使学生积极地投入交流中，在协商中进行信息补充。这种任务不仅能提高学生的合作

学习能力，而且能使学生练习交际策略。学生利用移动设备的录音功能对交际的关键过程进行录音，并上传至博客中，教师对内容进行评价，在形成性评价中发现问题并给予学生适当的指导。

（2）集体决策任务

需要每位学生在小组讨论中轮流发言，通过组员之间的沟通和交流，陈述可能做出的决定与决策依据，最后大家经过分析讨论达成共识，做出决策。在此过程中，大家的协商和讨论不仅能够锻炼口语表达能力，而且要想充分理解组员的想法，就得保证在听懂的前提下进行讨论，因此对大家的听力理解能力也是一个很好的锻炼。集体决策需要每位组员在意见和想法上达成一致，这种协商也能促进合作能力的提高。

（3）探究性任务

通过给定主题，设计开放性任务，需要小组进行探究性学习来完成对特定主题内容的探究。在探究过程中，教师通过定期推送提示信息来为学生搭建必要的脚手架，引导学生顺利完成任务，由于探究内容的最终结果不是唯一的，因此可以培养学生的创新精神。

第四章 跨文化交际背景下的大学英语教学创新

第1节 跨文化交际与大学英语教学的结合原则

教师是教学的主要执行者，是教学的主导，韩愈所说的"传道、授业、解惑"就是对教师的主导作用的精辟描述。但是在跨文化英语教学中，教师的主导作用得到了不同阐释，学习者的中心地位凸现出来，英语教学也因此呈现出不同的特点。这些特点集中表现于以下10条教学原则中。

（一）以学习者为中心，以引导学习者进行自主学习为主要教学模式

学习者是教学过程中的真正主体，教师的教学、教材的编写和教学方法的设计和选择都必须围绕学生的实际需要进行。在跨文化英语教学中，学习者的英语语言学习需要受到应有的重视，在整个教学过程中，他们对母语和本族文化的体验和理解、对目的文化和其他文化的态度、个人综合素质的提高，包括立体思维方式的形成和跨文化交际能力的培养，甚至对整个人生的态度等很多与学习者的过去、现在和未来密切相关的主题都是教学设计和教学活动的考虑因素。就教师而言，引导学习者进行自主学习是其主要任务，虽然知识的传授和规则的讲解仍然必不可少，但是教学的中心应该转向学习者自主学习能力的培养。这一点对于跨文化英语教学非常重要，原因之一是，当今世界信息爆炸，知识不断更新，培养终身学习的思想，掌握独立学习的方法成为教育界普遍关注的一个趋势。另一个原因是跨文化英语教学的目标和内容相对于传统的英语教学而言扩大了无数倍，而教学时间基本不变，不可能有大幅度的增加，因此学习者在校期间有很多教学内容无法接触和学习，教师只有通过授之以渔的方法，才能确保教学目标的最终实现。这也是将学校中的英语和文化学习也纳入整个教学体系的原因。以学习者为中心、以学习为中心的思想在后面几条原则中也都有体现。

（二）语言教学与文化教学有机结合

语言和文化在跨文化英语教学中互为目的和手段。英语发展成为国际通用语的动因之一是跨文化交际日益频繁，来自世界各地、各民族、各文化群体的人们需要这一通用语作为沟通和交流的媒介，因此英语学习的目的之一就是进行有效的跨文化交际。而且，由于英语语言学习

本身涉及文化的学习，所以英语语言的学习是文化学习的手段，文化学习和跨文化交际是英语学习的目的。反过来，文化学习为英语语言学习提供丰富多彩、真实鲜活的素材和环境，大量文化材料引入英语教材和课堂，不仅使英语学习生趣盎然，而且是英语交际能力培养的重要保证。总之，跨文化英语教学包含语言教学和文化教学两个相辅相成、不可分割的方面。

所以，在教学设计和课堂教学中，语言教学和文化教学必须有机结合。这种结合体现在英语教学的各个阶段、各个环节。虽然，根据学习者的认知水平和学习需要，在不同阶段和不同课程中，语言和文化各有侧重，但是在跨文化英语教学中，没有单纯的语言课或文化课，只要具有这种意识，总能找到两者的结合点。

（三）调动学习者的各种学习潜能和机制，多层次、多渠道地进行教学

这一原则有3个前提：学习者具有多种学习潜能和机制；跨文化英语教学包含态度、知识和行为多个层面；教学可以通过听、说、读、写、感觉和思维等多种渠道进行。

根据加德纳的研究，每个人都有8种智能：

个人智能：①内省智能；②社交智能；③音乐智能。

学习智能：④逻辑智能；⑤语言智能。

表达智能：⑥身体运动智能；⑦视觉空间智能。

自然发展智能：⑧自然主义智能。

通常学校教育只注重发挥学习者的学习智能机制，即他们的逻辑思维及语言理解及表达能力，忽略了其他智能机制的作用。实际上，稍加分析，我们不难发现，以上8种智能机制只要使用恰当，都可以成为有效的学习工具，尤其对于文化学习来说，个人的、情感的和自然的机制更是实现教学目标所不可缺少的。这些不同层面的机制很少单独起作用，它们往往相互补充，相互配合，优化学习过程。

学习者内在学习机制需要外部条件（包括教学手段）的配合和刺激，才能有效发挥其促进学习的作用。科学技术的飞速发展和社会文化环境的不断改变为此提供了条件。多媒体和网络技术的发展有利于视听教学材料的开发，虚拟现实成为可能。同时，丰富多彩的社会文化环境和不断发展的国际、国内旅游和文化交流，都为学习者发挥个人、学术、情感和自然等学习机制创造了条件，使他们不但能够调动多种感官去学习语言和文化，而且还能获得语言交际和文化交流的亲身体验。总之，跨文化英语教学要求各种学习机制和多重外部环境和手段同时起作用，实现内因和外因的有机结合，这样才能使语言教学和文化教学达到最佳效果。多种机制和多种手段并用之所以重要，是因为跨文化英语教学强调，学习者要在认知、情感和行为各个层面上共同进步。教师在制订课程计划和设计教学活动时，必须考虑这三方面的教学需要，帮助学习者达到跨文化交际能力和个人综合素质发展所要求的知识的积累、态度的转变和能力的提高。

（四）充分考虑学习者的认知发展水平和语言与文化学习的规律

在此原则下，让学生逐渐从具体、直观的、与学习者日常生活联系紧密的实用主题过渡到间接、抽象的意识形态领域。不同年龄层次的学习者在认知水平、情感发展和经历、经验上都有很大的差别，这些差别必然导致教学内容和教学方法的不同。

一般情况下，对于年龄较小的学习者，与他们的生活和学习息息相关的、具有可比性的、具体的、直观的教学材料较为合适。随着学习者认知水平的发展，心理承受能力的增强和人生体验的增加，语言和文化教学内容的深度和广度逐渐扩大到一些间接的、复杂的、需要进行抽象思维的意识形态领域。就文化教学而言，这种相关性和适当性的原则更至关重要。跨文化交际能力的培养是一个漫长而复杂的过程。在这个过程中，由于学习者对母语和本族文化理解和体验是学习过程中不可缺少的一部分，学习者在学习外国文化的同时，还一直处于一种自我认识、自我反省、自我批评、自我完善的状态之中，任何与他们的经历和认知能力相距甚远的教学内容和方法都将背离以"自我"与"他人"比较对照的文化学习原则。

（五）平衡教学内容和教学过程的挑战性

在向学习者提出挑战的同时，也给予他们适当的支持和帮助。任何教学活动都涉及教学内容和教学过程两个方面。为了取得最大的教学效果，内容的安排和过程（即教学活动）的设计必须考虑对学习者的挑战和支持程度。理想的教学应该是挑战和支持得到很好的协调，如果内容复杂，难度较高，那么教学活动或过程就应该相应降低难度，给学习者较多的支持；相反，如果内容简单、难度较低，教学活动就应该具有较高的挑战性。只有这样，才能保证学习者从教学中得到最大的收益。否则，复杂的教学内容如果被置于挑战性很强的教学活动中进行学习，学习者就会有很强的恐惧心理和挫折感，不利于调动他们的学习积极性；相反，如果内容简单，教学活动又缺乏挑战性，那么学习者的学习潜力不能得以发挥，他们也会觉得学习乏味，学不到东西。

处理好教学内容与过程、挑战与支持之间的辩证关系，是跨文化培训的一个重要理论和原则，它对于跨文化英语教学来说同样适用。教育者应该根据学习者的发展水平确定什么样的学习环境能够为他们提供所需的支持，哪些方面构成挑战。如果学习挑战太大，学习者就会退缩。所以，教育者有必要了解学习者的需求，尽量平衡给予他们的挑战和支持，以最大限度地促进学习。

（六）说教式的知识传授法与体验探索式的教学方法相结合

说教式和体验式作为两个相对的概念，由 Gudykunst 和 Hammer 为跨文化培训提出。说教式的方法是一种通过讲座、讨论等形式进行的知识传授的方法，它主要能促进学习者的认知和理解，有利于学习者学习和掌握语言和文化知识，分析和理解文化差异，这种方法与逻辑推理中的演绎法类似。不足之处在于：在说教式教学中，学习者在很大程度上处于一种被动接受的状态，知识的获取和对概念的分析理解是其主要形式。在这样的教学活动中，跨文化英语教学所要求的学习者在态度和行为层面上的进步和发展的目标就难以实现。正因为如此，跨文化培训研究者主张采用一种类似于归纳法的体验式教学法。这一方法以学习者为中心，创造真实或模拟的跨文化交际情景，让他们去感受、体验其过程，从而使认知、情感和行为各个层面受到刺激，弥补了说教式教学法的不足。

当然，我们不能盲目地对这两种方法作孰优孰劣的判断，因为它们各有所长，理想的做法是将两者有机结合，充分发挥各自的长处。这就要求我们的课堂教学活动要多样化，既要有注重语言和文化知识传授的讲座和讲解，又要有触动情感培养行为能力的角色扮演、模拟活动和参观访问等。值得注意的是，学习者的学习风格也是影响教学方法设计和选择的重要因素。

（七）跨文化意识和敏感性培养是文化教学的重点

文化学习方法的探索是跨文化英语教学的重要内容。跨文化英语教学中文化教学的目标和内容非常广泛，如果将这些目标和内容作为可细分的知识范畴一一进行教学，在学习者有限的学习生涯中显然不可能穷尽。如果不授之以渔，教给学习者独立学习的方法，帮助他们树立终身学习的思想，恐怕有些目标他们一辈子都无法实现。所以，跨文化英语教学特别强调跨文化意识和敏感性的培养，强调学习方法的探索。

学习者从否认文化差异的存在、逃避或抵制文化差异、弱化文化差异，逐渐发展到认可文化差异的存在、调整适应文化差异、灵活应对文化差异，自由徜徉在不同文化之间，从而完成从民族中心主义阶段到民族相对主义阶段的转变，这就是跨文化意识和敏感性培养的全过程。跨文化英语教学自始至终都应该对照这个发展模式，对学习者目前所处的跨文化意识发展阶段做到心中有数，并以此为依据，设计和实施教学活动。

文化教学的另一重点是加强对文化学习方法的培养。虽然英语教学中的文化教学不同于文化人类学和社会学等学科中关于文化的教学，文化学习的目的不是使学习者成为人类学家和社会学家，但是掌握一定的文化研究和学习的方法非常必要。教师在教学过程中，必须有意识地引导学习者自己对文化现象进行分析、解释，对不熟悉的文化内容进行探索，并不断地对自己的学习过程进行反思，及时总结经验，这就是所谓的元认知学习过程。

文化学习的方法很多，其中文化人类学所采用的参与观察法，以其体验式、探索式的优点而成为一种广泛推崇的方法。

（八）教学内容和过程应该情景化和个人化

跨文化英语教学的特点之一是将语言学习和文化学习与学习者的个人体验和发展需要紧密结合起来，与其说它是形形色色的课程教育中的一员，间接地影响学习者综合素质的发展，不如说它是紧紧伴随学习者个人成长的一根拐杖，通过不断地促使他们对自己的态度、行为、价值观和人生观进行反思，直接影响他们的综合素质。跨文化英语教学对个人综合素质培养所起的作用通过教学内容情景化和个人化来实现，因为只有置于具体的情景之中，文化内容才会焕发出活力，才能显现文化对社会和个人的调节和指导功能，才能使学习者身临其境地感受文化的作用，才能刺激学习者的多种学习机制；只有将教学内容和过程与学习者的个人经历结合起来，才能激发他们对目的文化和其他文化学习的兴趣，才能为他们将本族文化和其他文化进行对比创造机会，才能促使他们反思自己的态度、行为和价值观念。此外，情景化和个人化也是语言教学的需要，它有利于保持学习者的学习积极性，情景英语教学还将语言教学内容置于真实的社会文化环境之中，使学习者不仅学到了语言知识，更重要的是掌握这些语言知识的具体应用规律，英语教学思想就是以此为理论基础。

（九）对本族文化不断反思，并将本族文化与目的文化和其他文化进行比较

跨文化英语教学的一个突出特点是将本族文化从学习背景中凸显出来，通过与其他文化进行比较，形成一种跨文化的氛围。这种跨文化的氛围有三方面的好处：①联系本族文化和个人体验进行外国文化和语言的学习不仅能刺激和保持学习者的学习积极性，而且学习者对所学内

容记忆更牢固，理解更透彻，应用更灵活；②跨文化交际要求学习者了解本族文化与其他文化接触时可能发生的冲突和可以采取的相应措施，只有在外国文化学习过程中不断反思和对照自己的本族文化，才能对它们之间文化差异的具体表现有一个全面、深入的了解；③增强对本族文化的意识和反思，有利于学习者消除或减弱民族中心主义思想，客观认识自己的价值观念和行为习惯，从而培养一种开放、灵活的思维模式。

由于人们对本族文化大都处于一种潜意识接受的状态，不经过有意识的引导和刺激，人们很少会对自己赖以生存的文化进行反思，即使偶尔有这样的冲动，因为文化因素纷繁复杂，常常也无从下手。跨文化英语教学的任务之一就是增强学习者对自己本族文化的意识和理解，比较和对比是实现这一目的的重要手段。

（十）尊重学习者，注意因材施教

虽然尊重学习者和注意因材施教的原则对几乎所有的教学活动都适用，但是对于跨文化英语教学而言，这一原则有着特别重要的意义。这是因为学习者的文化体验和价值观、世界观和思维等个人因素在跨文化英语教学中起着重要的作用，它们是文化教学（在一定程度上也是语言教学）的基础，因为跨文化交际能力的培养需要从学习者现有的文化体验出发，通过将本族文化与目的文化和其他文化进行对比，来增强跨文化意识。正因为如此，教学过程中，我们一定要尊重学习者的个人体会、文化背景、价值观念、思想感情等，不能对学习者及其思想感情持有轻视、蔑视、否定及批判的态度。

此外，任何学习者都有自己的学习风格和方法偏好，在以学习者为中心的跨文化英语教学中，因材施教就显得尤其重要。每个学生都有不同的学习风格，而不同的学习风格对应不同的教学方法，所以教师应该对学习者的学习风格有所了解，并相应选择和设计合适的教学方法。

当然，学习风格并非一成不变，教师还可以在迎合学习者学习风格的基础上，有意识地向他们介绍一些适合其他学习风格的教学方法，让学习者了解不同学习风格和方法的优点和不足，鼓励他们尝试其他学习方法，拓展他们的学习风格，增强他们学习的灵活性。因材施教和培养学习者自主学习能力两条原则实际上是相辅相成的。

以上十条原则从不同角度反映了跨文化英语教学的特点，将这些原则应用到各个阶段、各个环节的教学实践中，就能保证跨文化英语教学目标的实现。

第2节 跨文化大学英语教学实施建议与策略

一、跨文化大学英语教学实施建议

（一）提高教师的跨文化综合素质

作为外语教师，自身应具备很强的跨文化意识，这需要教师通过各种方法丰富自己的外语文化知识，对跨文化交际和比较文化差异有深刻的造诣，不断提高自身的文化修养。语言学家曾指出：我们不掌握文化背景就不能够教好语言。语言是文化的一部分，不懂得文化的模式和准则，就不可能真正学到语言。大学英语教师是大学英语习得的主要引导者，是沟通学生个体文化和英美文化的桥梁。大学英语教师所具有的跨文化知识和意识的强弱将从根本上直接影响学生的跨文化素质及其最终的跨文化习得及运用。

虽然，目前已经有大学英语教师在大学英语教学过程中意识到了跨文化教育的重要性，并且也尝试着在大学英语教学过程中进行跨文化教育，但是由于缺乏跨文化教学理念的指导和实践的经验，因而仍然是步履维艰。所以，跨文化教育的发展首先应当加强大学英语教师的跨文化教育，提高大学英语教师的跨文化素质。

1. 英语教师必须不断提高自身的文化修养

作为一名外语教师，必须不断学习，可以通过结交外国朋友，涉猎各种形式的文学作品，观赏精彩的外国电影录像，欣赏格调高雅的外文歌曲等各种渠道来了解外国文化，不断提高自身的文化修养，提高自己进行跨文化教育的能力和水平。首先，教师要熟悉教科书中的语言文化知识及文化特点。尤其是英语国家的典型文化背景知识。其次，英语教师要具备双重文化的理解和教授能力，既不能死抱着本民族文化不放，也不能只注重对英语国家文化的讲解。教学中教师要注重培养学生的社会文化洞察力。课堂上教师在教授英语知识的同时，应引导学生去注意作品的社会文化背景，揭示关键词的社会文化含义；或组织小范围的讨论，以培养学生对社会文化的敏感性和分析能力。

2. 拓宽英语教师在教学中的跨文化教育知识

对教师继续教育的内容和方式进行改革，拓宽英语教师在教学中的跨文化教育知识。第一，在英语教师培训的基础课程中增开人类学、民俗学等课程及国内外的历史、地理、文学等知识，通过东西方思想方式和文化差异的介绍，东西方文学的比较，分析文化现象产生背后的原因，帮助教师认识外来文化，理解外来文化，树立多元文化和跨文化视野。第二，在英语教学的专业课程中，增加"多元文化教育"和"跨文化教育"等内容。这样有助于发展教师的多元文化性，在课程和教学中消除习惯使用的、带有文化歧视和文化偏见的内容，对不同文化间的差异能包容和接纳。第三，英语教师继续教育的内容要丰富，教师应具备全球一体化的理念，拥有广博的基础知识，同时在教学与辅导中愿意将各种各样的观点呈现给学生。由此可见，英语教师在继续教育中必须具备扎实的英语专业知识、语言学基础知识、本民族的语言知识、英语教学法知识及英语教学相关的知识，才能担当跨文化教育的重任。另外，在继续教育模式上可以采用灵活、多样的形式。

（1）短期培训计划与长期培训相结合。

（2）进修学习与访问学者形式相结合。

（3）常规交流与专题跨文化教育研究相结合。

（4）国内学习与国外进修相结合。

（5）脱产教育与远程网络教育相结合。

（二）培养学生正确的跨文化心态

一般来说，一个人学习异国的语言、习俗和社会规则等虽然不易，但并不是不可达到的目标。只要花上足够的时间，具有一定的条件，还是可以做到的。但是，要真正了解另一种文化的价值观（更不用说接受或获得）却是极为困难的。一个人可以在另一种文化中生活很长的时间，掌握其语言，了解其习俗，但是，仍然可能不理解其价值观的某些部分。这就要求我们的教师在实际教学过程中，不仅要帮助学生把从外部世界获得的知识转化为自己内在的知识，还要培养他们对外国文化的鉴赏能力和判断能力，并运用所学的知识灵活应对跨文化交际的实践，也就是说，要让学生达到对外国文化不仅"知其然"，还"知其所以然"的境地。只有这样，他们才能正确理解和看待外国文化，吸取其所长，补己之所短，把外国文化中优秀的、对祖国建设有用的部分吸纳到我们的文化中来，进而弘扬中华文化。另外，必须帮助学生克服"本民族文化"对外语学习的障碍，应使学生在认识上有一个提高，克服不自觉的民族中心主义。由于受本民族文化的影响，在接触另一文化时，人们往往以自己的文化为出发点进行判断，有时表现为文化上的先入为主或"文化偏见"，有时则表现为民族中心论，即认为自己的文化是最好、最先进、最标准的文化。科尔兹指出：对于每个集团的人们，每种文化都是而且始终是以本民族为中心的，也就是说，他们认为自己的解决问题的办法比别人的办法优越，并且认为任何思想方法正确、会逻辑思维的人都会承认它的优越。饶有意思的是每个集团把他们自己对世界的看法看作是"常识"或"合乎自然"的看法。因此教师要使学生提高对外国文化的认识，摒弃偏见，克服民族中心主义，做到心胸宽广、态度开明，对外国文化采取一种全面的、客观的态度，不仅要尊重它们，还要努力学习它们、理解它们、适应它们，而不是把它们当作荒唐可笑的东西加以贬低和排斥，使其努力成为双文化者。但是，反过来讲，我们也不应以外国文化为标准，全盘接受而贬低自己的文化。对待外国文化，我们应理解、适应，而不是被它同化。因此，我们的教师不但要帮助学生以开放的心态学习认识英语国家的文化，更要鼓励学生通过英语了解世界万象，培养国际意识和合理的跨文化心态。

（三）编写新的教学大纲

尽管《大学英语教学大纲》指出：英语教学的目的，是通过听、说、读、写的训练，使学生获得英语基础知识和运用英语进行交际的能力。但是《大学英语教学大纲》对跨文化交际能力和文化素养的培养未做具体的要求，比如应该掌握哪些情景下的哪些语言功能、哪几种语篇类型、哪些交际策略，应该了解哪些目的语的非言语行为，应该学习哪些目的语的交际习俗、礼仪、社会结构、人际关系、价值观念，等等。还应在大纲现有的四级、六级词汇表中增补学术研究和对外交往中常用的词汇，在词汇释义中加入一些实用性很强的释义，在母语文化和目的语文化中有不同联想意义的常用词汇、习语、谚语等要注明其联想意义，对某些词汇还要注明其语体；还要规定向全体学生开设英美文学欣赏、英美文化、跨文化交际学等选修课。一份细致的《大学英语教学大纲》不但为整个教学活动指明了方向，还是检查和考试的依据。任何的教学都离不开检测和考试，但由于跨文化教学本身的特点，英语跨文化的检测形式应有别于语言技能的检测方式。

（四）选择适当的教科书

1. 优化课程内容

英语课程的内容可供选择的比较浩繁，因此，所选择的内容必须能鼓励学生积极参与，对内容的反思和分析也要有利于揭示不同区域各民族和文化具有的共性与个性，同时还应增加体现本民族文化特色的内容。

2.对英语教科书教学内容进行科学选择

如何选择有效英语教学内容，应该遵循以下几个方面的原则：

（1）教学材料真实化和语境化的原则

所谓真实的教学材料是指真实交际环境下所使用的，不是专门为教学而设计的材料。真实的教学材料之所以重要，是因为它们将学习者的英语学习与现实生活和真实的社会环境和历史背景联系起来。这样不仅有利于激发学习者的语言学习兴趣和积极性，还使他们在面对真实的社会交际环境时，能够做到从容面对，学以致用，从而提高学习效率。与材料真实化原则紧密相关的是语境化原则。语境化有两层含义：一是避免将语言形式从其使用的环境中脱离出来，进行孤立的、纯语言的分析和学习。二是避免将文化信息从其文化意义系统中抽取出来，作为知识进行分析和学习。因为语言和文化必须是一个系统学习的过程，语言和文化的意义只有在一定的社会环境和历史背景下才能够被准确、充分地理解，所以语言与文化教学材料的呈现必须语境化。

（2）对各民族文化尊重的原则

一方面，要尊重目的语的民族文化传统。重视目的语国家民族的文化及民俗民风，尽可能全面、准确地对目的语国家民族的文化知识进行介绍，不能回避、乱解、生硬更改内容，应以跨文化教育的目的为出发点，有目的地介绍目的语民族文化的特点和值得我们学习、吸收借鉴之处，引导学生获得全面准确的目的语民族文化知识，并具备不断更新知识的能力。另一方面，要尊重母语与民族文化传统。虽然全球化潮流势不可挡，英语的影响在不断扩大，但并不是由英语来一统天下，民族特色文化是不可抹杀的，各民族特色的文化与之交流抗衡中相互影响和交融。因此，尊重民族文化的原则应包括尊重同一目的语为通用语的民族文化传统、不同区域民族文化传统和母语的文化传统。这样就要求在教学内容上科学选择。首先，要增加非目的语国家民族的文学作品，只有读了这种英译本，在交际中才能准确表达非目的语国家文化。其次，扩大包含目的语和非目的语民族的政治、经济、文教、史地、社会风俗等内容。再次，音像教学的内容要多样化，让学生听到和习惯各种不同的语音、语调。最后，扩大具有中国历史文化特色的英语词汇、短语、句子及中国的成语、谚语等，促进中华文化传播。

（3）注重培养跨文化意识、能力的原则

教学内容应把文化内容和英语语言教学紧密结合起来，选择有异国文化习俗、历史背景、民间故事、传说内容的教科书。这样有助于学生形成有效的跨文化意识，具备跨文化的比较、参照、取舍、传播能力，也有利于培养学生实际运用英语的能力。

（五）改革跨文化测试内容与形式

跨文化测试的内容应包括具体文化和抽象文化两个方面，以及文化知识、文化意识、文化态度、文化行为等多个方面，所以采用的评价方法和手段也应多种多样。跨文化知识的测试可以采用填空、选择、正误判断等传统的客观题形式。重要的是将学习者应该掌握的文化知识全面、系统地通过各种测试手段予以体现。跨文化行为的测试既可以采取笔试形式，通过设置模拟现实的任务让学习者书面应答，也可以通过直接观察学习者真实的行为表现来进行评价。目前，大学英语口语考试已在全国推广，在英语四、六级考试试题中也加入检测学生语言运用能力和目的语文化知识，测试跨文化交际能力的内容有很大幅度提高，这都说明英语语言运用能力的测试迈出了可喜的一步，但是仍有许多工作要做。如，现在评分体系中缺乏"语言的得体性"的标准。没有针对非英语专业学生为对象测试目的语文化知识的内容，考生的文化创造力的测评也是一大难题等，这都影响跨文化教育的发展，应尽快组织人员进行专题科研，攻克这一难关。

（六）其他形式的跨文化教育

跨文化教育不但可以在语言教学上进行，还可以利用其他形式进行有效推广。

1. 利用多媒体教学手段

多媒体教学手段被大量地应用于现代英语教学中，这种集图、文、音、像等为一体的互动教学形式，大大增加了课堂教学信息量，这不仅有利于提高学习者进行语言交际的积极性，更有助于提高跨文化交际的能力。日益发展的多媒体技术为在外语教学中进行跨文化的教育开辟了新的渠道。它可以将各种跨文化交际情景真实地展现给读者，让他们有一种身临其境的感受，使英语跨文化教育效果提高明显。

2. 充分利用外教资源

中外合作办学的推广，一个行之有效的形式就是互派教师，这已成为跨文化教育师资不可替代的力量，可以弥补涉及内容甚广的社会文化知识和本国教师无法接触到的，也体会不到的文化内容。通过外籍教师切身讲解、传授他们本国的文化的方式，学生可以直接感受其他国家文化与本国文化的差异与共同规律。同时由于外籍教师本身正经历着所在国家文化的冲击与熏陶，更可以从自身的实际出发，体会跨文化的感受，指出跨文化交际中所应注意的事项。

3. 利用教育网站

当前，英语学习可以通过英语电影、电视、幻灯片、录像、多媒体、互联网等多种形式，尤其是互联网为英语的教学提供了丰富的信息，像中国教育网、中国教育热线、中华教育网等网站中就有相当多有关英语国家文化背景知识和其他相关信息。教师可以在网络上寻找适合学生阅读的文化背景知识，挑选代表性的知识，通过下载、网址收藏等形式提供给学生，也可以引导学生浏览相关网页，这样不仅信息量大，知识更新及时，还能紧跟时代步伐。这符合现代大学生接受新事物快，对新事物感兴趣的特点。这些使得英语文化背景知识的获得与接受变得快捷，掌握起来也较轻松，学习效果也较好。通过网络获取英语国家的文化背景知识大大提高了语言学习的效率，有效帮助学生使用地道的英语进行交际，提高学生运用英语交际的能力。

4. 举办专题跨文化知识讲座

专题讲座已成为学术交流、前沿知识传播的有效方法，其优势体现在：其一，主讲人对主讲的内容有充分准备，并且对如何将内容进行最有效传递有充足的设想，讲解也较生动形象，收效也较好；其二，一般专题讲座内容、题材等都是学生关注或感兴趣的，因而学生会带着问题且抱着较大的兴趣来听讲座，这样有助于学生在一种有别于课堂的环境中轻松地接受、讨论跨文化知识，在良好的氛围中增长跨文化知识，提高跨文化交际应用能力。为了将专题跨文化讲座的效果发挥到最大，应对主讲内容有目的、有计划地科学安排，渗透每学期的教学内容，采用专题形式分别进行，如中外风俗差异、中外民间传说，等等。这样，经过一段时间的训练之后，学生对于跨文化知识的系统性认识将会有很大提高，对目的语国家文化整体的认知也会逐渐提高。

二、跨文化大学英语教学具体策略

（一）大学英语词汇中的跨文化教育

词汇是语言的基本要素，其含义和用法体现民族与文化间的差别。尤其英语习语是英语语言的瑰宝，是英语文化的一面镜子，并且短小精悍，便于学生记忆。因此，在英语教学中，教师应重视词汇的文化内涵，加强英语词汇中的跨文化教育。

1. 指示意义相同的词汇在不同文化中所产生的联想不一样或者截然相反

一些颜色的词汇为不同语言和文化所共有，然而它们的文化内涵却截然不同。西方人们习惯用蓝色（blue）来表示消沉、下流等负面的含义；但在中国文化中，人们用蓝色来表示宁静、祥和、肃穆，而猥亵下流的意思却用黄色来表示。同样绿色（green）在不同的文化中内涵也不同，在西方国家绿色被联想为"稚嫩、不成熟""缺乏经验"；而在中国文化中，绿色象征生命，代表春天、新生和希望。在中国文化中，人们过年、过节都喜欢用红色饰物装饰自己的家居，婚礼上新娘穿红色的服装表示喜庆、吉祥。用"红"作语素的词一般都包含兴旺、繁荣、成功、顺利、受欢迎、流行等含义，如红利、红运、红榜、开门红、红人等；而在讲英语的国家，红色多用来表示恼怒、气愤的意思，抑或还有其他负面的含义，如红灯区是妓女出没的场所。在谈到中国农民时，中国人往往称其为 peasant，而在西方国家，peasant 一般指未受过教育的、社会地位低下的、或举止粗鲁、思想狭隘的人，带有明显的负面含义。在汉语中，"农民"指的是直接从事农业生产劳动的人，无论在革命斗争中或是在社会主义建设中，都是一支重要的生力军，丝毫没有贬义。"ambition"一词中文翻译成"野心"。在中国文化中，人们经常使用"野心家""野心勃勃"等，不难看出该词在中国文化里具有负面的含义；而在西方文化中，"ambition"有"远大的抱负、理想"等正面、积极向上的内涵，这正是西方人所崇尚和追求的价值观。"柳树"在中国文化里被赋予分离、思念的联想意义。由于"柳"与"留"谐音，在长期的文字使用过程中，人们将"挽留、离别、思念"等这样的含义赋予"柳树"也是很自然的。在离别时古人有折柳送别的习俗。唐代大诗人王维在送好友元二出使安西的时候，也留下了"客舍青青柳色新"的佳句。而柳树（willow）在英语中与中国文化中的"柳树"有着不同的联想意义。在西方柳树常常使人联想起悲伤和忧愁，多与死亡相关。如在莎士比亚的《奥赛罗》中，苔丝德蒙娜就曾唱过一首"柳树歌"，表达她的悲哀，同时暗示了她的死。在经历了巴比伦之囚以后，犹太人把马头琴挂在柳树上，寄托他们对耶路撒冷的思念。这些都表明 willow 在中西方虽同指相同的物体，但它们的联想意义却不同。中西文化中月亮的象征含义不尽相同。月亮在中国文化中象征意义十分丰富，它是美丽的象征，创造了优美的审美意境。"月亮"象征团圆。它能引发人们对团圆的渴望、团聚的欢乐及远离故乡亲人的感伤，还能使人联想到"嫦娥、吴刚、玉兔、桂树"等神话传说。同时，月亮是人类相思情感的载体，它寄托了恋人间的相思，表达了人们对故乡和亲人朋友的怀念。在失意者的笔下，月亮又有了失意的象征。而月亮本身安宁与静谧的情韵，创造出静与美的审美意境，引发了许多失意文人的空灵情绪。高悬于天际的月亮，也引发了人们的哲理思考，月亮成为永恒的象征。自古以来，又有多少咏月诗词表达了"花好月圆人长寿"的美好愿望。而在英美文化中，月亮在月圆时象征着富饶，而在月缺时象征着死亡、风暴和毁灭。由于古罗马人相信精神受月亮的影响，所以他们认为精神错乱是由月亮引起的。月亮还被认为是使内心发生冲突、极度烦恼的原因，因而影响着精神病的病发。英文"lunacy"（疯狂）和"lunatic"（疯子）都源自月亮。这些文化内涵不同的词汇容易导致学生的理解错误。因此交际者必须十分注意这些具有民族文化背景的词汇。

2.指示意义相同，在一种语言中有丰富的联想意义，在另一种语言中却没有的词汇

例如，"竹子"这种植物就与中国的传统文化有着深厚的关系。中国人常用竹来喻人，表现某人坚贞、高洁、刚正不阿的性格。"雪压枝头低，虽低不着泥；一朝红日出，依旧与天齐"，这是明太祖朱元璋给予竹的刚正之誉；邵谒的《金谷园怀古》中"竹死不变节，花落有余香"，欧阳修的"竹色君子德，猗猗寒更绿"，等等。与之相反的是bamboo（竹子）一词在英语中几乎没有什么联想意义，它只是一个名称而已。在中国传统文化中，"九"是表示最多、最高的大数，又因为"九"与"久"谐音，人们往往用"九"表示"长久"的意思。历代帝王都崇拜"九"，希望长治久安。因此，皇帝穿九龙袍，故宫房屋有9 999间半，每个门上的铜门钉也是横竖9颗，共有九九八十一颗门钉，取"重九"吉利之意。而在英语中，nine并没有特殊的内涵。

3.各自文化中特有的词汇，即文化中的词汇缺项现象

语言的词汇系统总是依附于其社会文化，历史长河中一个国家曾有过的文化个性都会在语言文字上留下不可磨灭的印记。由于汉英民族在宗教信仰、自然环境、政治体系、经济发展水平、历史传统、价值取向等诸方面的差异，各个民族的文化中都有大量为该民族文化所特有，而为另一文化所无的特殊现象，这样就难免在另一文化中造成"真空"地带，即文化"零对应性"，也就是汉英文化中的词汇缺项现象。在中国北方农村常见的"炕"对多数英语国家的人来说，如不亲眼看见，亲自尝试，是完全难以想象的。如翻译成英文，则必须给予适当的解释和说明。类似的还有"冰糖葫芦"。

又例如，汉语中的"阴阳"很难确切地译为英文，在英文里没有合适的对应词，这是因为中国的哲学思想或价值观念与西方的不同。"阴阳"本源于中国古代道家的学说，他们认为世界万物都有阴阳两面，相克相生，互相转化。同样，英语词汇中也存在着诸如motel（汽车旅馆）、hot dog（热狗）、time clock（打卡钟，备有记录员工上下班时间装置的钟）等词汇，在汉语中找不到对应词甚至近义词。同样，像cowboy、hippie、dink这样的词虽然被译成汉语，但不了解西方文化的人并不能确切知道他们到底是些什么人。在课堂教学中，教师首先要让学生弄清缺项词语在两种语言中的真正文化内涵，然后可通过音译、直译或意译并在译文中加解释说明或文化诠释来处理词语空缺造成的交际障碍，从而使跨文化交际得以顺利进行。

（二）大学英语语法和篇章教学中的跨文化教育

1.大学英语语法教学中的跨文化教育

语法是语言表达方式的小结，它揭示了连字成词、组词成句、句合成篇的基本规律。每一种语言都有其独特的语法体系，不同的语言使用不同的语法系统和规则来指导和评价该语言群体的语言使用。英语是一种形态语言，其语法关系主要通过其本身的形态变化和借助一定的虚词来表达。英语句子多靠形合，汉语句子多靠意合。英语句子能够形成紧凑严密的树形结

构，是因为有各种连接词起到了黏合剂的作用。汉语句子的线性结构灵活流畅，是因为没有过多的"黏合剂"，句段之间可不用任何连接符号，而靠语义上的联系结合在一起。如"If winter comes, can spring be far behind?"（冬天来了，春天还会远吗？）一看到连词 if 两句的语法关系便了然于胸。与英语句法比较，汉语重语义，轻形式。对汉语句子理解一般要靠对环境及文化背景等方面因素的整体把握。如，"打得赢就打，打不赢就走，还怕没办法？"

这句脍炙人口的名言，看上去像是一连串动词的堆砌，几个短句之间无连接词语，但其上下文的语义使它们浑然一体。如要表达"他是我的一个朋友"，不能说"He's my a friend"，而应该说"He's a friend of mine"，双重所有格准确地体现了"他"与"我的朋友们"之间的部分关系。这就是我们常说的英语重形合，汉语重意合，西方人重理性和逻辑思维，汉民族重悟性和辩证思维。所以，在日常语法教学中，教师适时恰当地引入目的语文化元素，将中西文化差异进行对比，既能使学生获得目的语的文化知识，又能使枯燥无味的语法学习变得鲜活有趣，从而提高学生的学习兴趣。

2. 大学英语篇章教学中的跨文化教育

外语教师在篇章教学过程中，要坚持介绍文章作者生平、故事或事件文化历史背景及其他相关文化科学知识，解释因文化差异而产生理解困难的句子。这些对拓宽学生的文化视野，感受文化差异，消除阅读障碍有很大帮助。高等教育出版社的《实用英语》（Practical English）教科书提供了大量不同体裁和题材的文章，同时传载着丰富的文化信息，我们必须加以充分利用。如第一册中 Table Manners and Customs 一文，重点放在提高跨文化知识的理解能力方面，与课文新的语言知识学习和巩固性练习安排在不同学时。这种安排有益于课堂教学中语言、文化氛围的形成，使学生感受到语言文化的双重熏陶。另外，一些课文本来就是有关西方文化的内容，如第二册 What Is Culture 课文本身就是一种跨文化知识的传授，教师在教学过程中应适当联系、补充一些与课文相关的知识，甚至可以与母语文化中相关内容进行比较，使学生对同一个主题文化有更全面、更系统的认识。如，课文涉及食品与健康，就自然联想到外国快餐进军中国和中西餐桌礼仪与文化；讲美国就会提到美洲大陆、移民、CHINATOWN、海归派、种族歧视等。除课本外，教师应选择体现中西文化共性和差异的英文文章，作为学生的课外补充材料，使学生加深了解西方的风土人情和价值取向。

（三）大学英语翻译和写作教学中的跨文化教育

1. 大学英语翻译教学中的跨文化教育

被看作是两种语言转换过程的翻译活动绝不仅仅是从一种语言到另一种语言的传递，也不可能是字、词、句之间的机械转换，它是两种文化之间的跨文化交流活动。因此，不了解文化之间的差异无疑会在翻译过程中产生很大障碍。学生在翻译中常出现的最严重的错误往往不是因为表达不当造成的，而是源于文化差异。因此，应该在大学英语翻译教学中，加强中西方文化背景知识的传授。

（1）地域和历史方面的文化差异对翻译的影响

所谓地域文化就是指由所处地域、自然条件和地理环境所形成的文化现象，其表现就是不同民族对同一种现象或事物表达形式采用不同的言语。例如，汉语中人们常用"雨后春笋"来形容新事物的迅速涌现或蓬勃发展，但是英语中却用 spring up like mushrooms（蘑菇）；汉语中的"多如牛毛"表示事物之多,而英语中则用 plentiful as blackberries(草莓)。中国在地理环境上属于半封闭的大河大陆型,自古以来,人们生活和生产活动主要是依附在土地上。因此,汉语词汇和习语许多都与"土"有关,如,"土生土长(locally born and bred)、土洋并举(to use both indigenous and foreign method)、土特产(local product)"等。但在英译时它们都失去了"土地"一词的字面意思。倘若将"土"字都不留余地地译出,就会让西方人感到莫名其妙。

相反,英国是个岛国,四面环海,英语中与海洋渔业有关的表达俯拾皆是,但翻译成汉语时却采用另外的表达法。如,英语"All at sea"(字面意思为"在海上"),汉语却翻译为"茫然不知所措";英语"A small leak will sink a great ship"(字面意思为"小漏沉大船"),汉语却翻译为"蝼蚁之穴能溃千里";英语"sink or swim"(字面意思为"是浮还是沉"),汉语却翻译为"孤注一掷"。英语"Spend money like water"(字面意思为"花钱如水"),汉语却翻译为"挥金如土"。一定的语言表达跟特定的历史文化也是分不开的,在两种语言之间进行翻译时,会经常遇到由于历史文化差异而出现的翻译难题。例如,英语"waterloo(滑铁卢)"是比利时的一个地名,拿破仑于1815年在那里惨败,整个战局为之一变。因此,"to meet one's waterloo"在进行翻译时应该包含"遭到决定性失败"之意。又如,"三个臭皮匠,顶个诸葛亮"。诸葛亮是中国历史上的著名人物,在中国家喻户晓,是人们心目中智慧的象征。但西方读者未必知道他是何人,与"臭皮匠"有何联系,若采用直译很难传递句子所蕴含的丰富历史文化信息,在此只有采用直译加增译相结合的方法,才能使原语言的信息得以充分再现,故可译为:"Three cobblers with their wits combined equal Chukeh Liang the master mind."

(2)思维方式和价值观的差异对翻译的影响

思维方式的差异本质上是文化差异的表现,长久生活在不同区域的人具有不同的文化特征,因而也形成了不同的思维方式。英语民族的思维是个体的、独特的,而中国人注重整体、综合、概括思维。表现在语言上,英语偏好用词具体细腻,而汉语用词概括模糊。例如,"说"一词,英语有"say、speak、tell"等,这些词可以表达不同情况下"说"的意思。这样使语言简洁准确,又富于变化,形象生动。而汉语往往趋向于泛指,在"说"前加副词修饰语。如,语无伦次地说,低声地说,嘟嘟囔囔地说。东方人偏重人文,注重伦理道德;西方人偏重自然,注重科学技术。东方人重悟性、直觉、求同、求稳、重和谐;西方人则重理性、逻辑、求异、求变、重竞争等。不同的思维方式决定了各个民族按照各自不同的方式创造不同的文化,而这种不同必然要通过文化的载体——语言得以表达。这种思维方式的差异常导致翻译中一些词语的引申义不同。因此,我们要谨防翻译陷阱。价值观指人的意识形态、伦理道德、宗教信仰,以及风俗人情等为人处世准则的观念。一般认为是特定文化和生活方式的核心,表现在两种语言中,会对语言理解和翻译造成很多障碍,足以引起翻译工作者的重视。中国人认为个人是"沧海一粟"微不足道,推崇社团和集体价值,强调社会群体的统一和认同,是一种社团价值至上的价值取向。而西方文化则是个人价值至上,它推崇个人主义,强调个人的存在价值,崇拜个人奋斗。例如,英语谚语中说"God helps those who help themselves"(天助自助者),"life is a battle"(生活就是战斗),这些英语谚语都在告诫人们:只有靠自己奋斗,才能获得成功和安全感。这些都表明西方人的个人主义价值观。中国人常说"四海之内皆兄弟""在家靠父母，出门靠朋友""仁义值千金""大树底下好乘凉"等，这都说明中国人常把自己和所谓自家人视为一体，并希望能够在自身以外找到安全之所。中国传统文化里最重要的价值观念是"忠"和"孝"。人际交往很注意自我与谈话对象的关系。中国文化又被称为"我们文化""集体主义文化"。将英语中的"individualism"与汉语中的"个人主义"相提并论，价值观的差异尤为明显。在西方，该词指的是"独立自主"的个人品质，人们把自己看成单独的个体，凡事都从个人利益出发，以个人为中心，体现个人价值。他们相信天道酬勤（God helps those who help themselves），主张独立自强，喜欢个人竞争，强调平等和权利。而中国的传统文化，由于受儒家和道教思想的影响，强调群体意识，个人的利益服从集体的利益，各个成员之间互帮互助，彼此合作。因此，汉文化的"个人主义"是与"集体主义"相对的贬义词。它是指一切从个人出发，把个人利益放在集体利益之上，只顾自己，不顾他人的错误思想。

2. 大学英语写作教学中的跨文化教育

英汉两种语言的篇章结构与其思维模式相关，有什么样的思维模式就有什么样的语篇组织结构。西方文化注重线性的因果式思维，而中国文化偏重直觉和整体式思维。这就导致语篇结构方面的巨大差异。英语句子组织严密，层次井然有序，其句法功能一望便知。

比如，"If winter comes, can spring be far behind？"一见到连词 if 两句间逻辑关系便了然于胸。而汉语句子成分之间没有英语那么多的黏合剂，较少地使用连接手段，句子看上去显得松散，句子间的逻辑联系从外表不易看出。汉语思维模式呈螺旋形，其思维习惯在书面语言上的表现形式是迂回曲折，不直接切入主题，而是在主题外围"兜圈子"或"旁敲侧击"，最后进入主题。"文若看山不喜平"是典型的汉语修辞模式，这也成为衡量文采的标准。英语篇章的组织和发展是"直线式"，通常先开门见山直抒己见，以主题句开始，直截了当地陈述主题，然后用事实说明，即先有主题句，后接自然衔接的例证句。

英美人的思维方式决定了英语写作中出现主题句的必然性。例如，Soccer is a difficult sort. ① A layer must be able to run steadily without rest. ② Sometimes a layer must hit the ball with his head. ③ He must be willing to bang into and be banged into by others. 这段话的第一句就是主题句，是段落的中心。①②③句是用来说明、支撑主题句的。而在汉语中，我们习惯于先分后总，先说原因后说结果，即所谓的"前因后果"。如果要表达同样的意思，我们会这样说：足球运动员必须能不断地奔跑，有时得用头顶球，撞击别人或被别人撞，必须忍受双脚和全身肌肉的疼痛，所以说，足球运动是一项难度较大的运动。这样通过对比，学生了解中西的写作思维模式差异，学会用英语思维写出较地道的英语文章。

第3节 大学跨文化交际教学法的创新

近年来，随着跨文化交际培训和英语教学的蓬勃发展，文化教学方法和语言与文化结合教学的方法层出不穷。

一、文化教学的常用方法

文化教学方法大都由跨文化交际培训专家通过实践，结合社会学、文化学、教育学和心理学的相关理论研究开发出来。目前，广泛使用的方法归纳起来有以下几种。

（一）文化讲座

讲座作为传授知识的一种有效手段，对于文化教学来说必不可少。跨文化交际能力的培养，需要学习者了解和掌握相关文化知识，如文化的本质特点和功能，文化包含的内容和范畴，不同文化的价值观念和习俗规范等，都可以通过讲座的形式传授给学习者，不同文化主题构成一系列的文化知识讲座，有利于学习者进行系统文化知识的学习。但是，文化讲座提供给学习者的大都是间接的经验，而且大量冗长的讲座往往会使学习者感到厌倦，所以我们在设计讲座时，应该力求简明扼要、生动有趣，而且还要辅之以其他方法来强化讲授内容。

（二）关键事件

通过分析跨文化交际中发生的，具有典型、代表意义的失败案例，来说明跨文化交际中误解产生的原因，帮助学习者了解两种不同文化在某个方面的不同期望和表现。具体做法是：首先对来自不同文化背景的交际双方之间所产生的误解及情景进行描述，然后给出4个解释误解产生原因的选择，让学习者根据自己的理解进行选择。如果一次选错，就请他们再选，直至选对为止。由于这些案例通常来自真实的交际，对学习者来说非常有趣，而且因为这些案例具有代表性和启发意义，能够刺激学习者在阅读案例和选择答案时进行思考，有利于跨文化敏感性的培养。

（三）文化包

教师向学习者讲述本族文化与目的文化之间的某个本质差异，并借助多媒体手段向他们呈现这一差异的具体表现，然后教师向学生提出若干相关问题，由此展开讨论。主题选择非常灵活，教师根据需要，可以选择具体的文化主题，如习俗、日常语言交际或非语言交际行为，也可以选择抽象的思维模式或价值系统作为主题。与关键事件以阅读和思考为主要形式相比，文化包更多地要求学习者进行讨论，并通过视频和音频获得感官的刺激。然而，对于时间和精力极为有限的教师，设计合适的文化包是一件非常头痛的事情，这个问题的解决有待于英语教师和社会学、文化学的专家通力合作，共同完成一系列文化包的设计制作。

（四）文化群

文化群由讨论同一文化主题的若干个文化包组成。例如，可以将美国教育这一文化主题细分为家庭教育、幼儿园教育、小学教育、中学教育和大学教育等子题，每个子题可以设计成一个或多个文化包，供教师和学生课堂教学所用。显而易见，文化群方法的采用特别有利于学习者全面、系统地学习和了解目的文化。但是，文化群的设计同样存在着费时费力的问题，目前文化教学和跨文化培训在这方面还非常匮乏。

（五）模拟游戏

这是一种亲身体验式的活动，旨在挑战假想，扩大视野，促进能力的提高，学习者通过模拟游戏可以感受一些自己尚未经历过的情景，从中获取经验和认识，这对于文化学习者至关重要。以文化冲撞为例，正如本书前面所述，文化冲撞是跨文化交际中的一个普遍现象，它虽然给跨文化交际者带来痛苦和困难，但是它有利于文化调适的完成和跨文化交际能力的培养，经历过文化冲撞的人往往具有较强的文化敏感性，更愿意接受跨文化培训。所以，为文化学习者创造一种文化冲撞的氛围，让他们感受文化冲撞带来的困难和痛苦，是很多跨文化培训专家极力推广使用的一种方法。

以上各种方法虽然以跨文化能力培养为主要目的，但是经过变通和再设计也可以与英语教学有机结合，成为跨文化英语教学的方法。

二、文化教学与语言教学有机结合的方法

除了以上文化教学的各种方法之外，还可以在促进教师和学生改变教学观念的基础上，通过对传统英语教学方法和手段进行改革，创新地开发出一些将文化教学与英语语言教学有机结合的方法。

（一）通过文学作品分析来进行文化教学

文学作品分析是语言教学的一个常用手段，中国很多英语教学活动都通过分析和欣赏文学作品来进行。文学作品蕴含丰富的文化内容，语言形式和文化内容在此得到完美结合，因此在文学作品分析的过程中，同时进行语言教学和文化教学不仅可能，而且也是必要的。实际上，传统的语言教学在分析文学作品时，并没有避而不谈文化内容，只是教师没有将文化教学列入教学目标，文化内容的讲解服务于语言教学的需要，处于一个从属、次要的地位。要改变这一现状，我们必须在确定教学目的和目标时，考虑文化教学的需要，使文化教学内容和语言教学内容并列成为教学关注的对象，以文学作品是语言和文化完美结合的优势进行跨文化英语教学。

（二）词汇教学与文化教学的结合

任何语言的词汇都承载着丰富的文化信息，每个词所包含的文化内涵任何词典都无法穷尽，如"早饭"一词在汉语、英语和法语中，不仅表达形式和发音不同，而且其文化所指也不尽相同。此外，不同语言中的词汇还反映说话者不同的价值观念。例如，英语中的retire与西班牙语中的jubilacion都是退休的意思，但美国人和西班牙人在使用它们时，持有不同的态度。在美国，退休表示地位和收入的下降，表示能量和活力的减弱，是一个带有负面含义的词。而在西班牙语国家，退休是值得高兴和庆贺的事情，因为它表明一个人到了放松和享受生活的黄金年龄。正因为词汇及词汇的使用具有浓厚的文化特点，我们在进行词汇教学时不能只停留在词汇的意思和用法上，还应该介绍词汇包含的文化内容，尤其是要呈现词汇在真实文化语境中具体使用的情况。

就目前的英语教学而言，词汇教学中，文化教学的潜力没有得到充分挖掘，教师通常呈现给学生的都是从词典下载的词义解释，很少能将词汇所蕴含的文化意义介绍给学生。另一个问题是学习者在学习生词时通常处于被动接受的状态，这就导致他们所学的词汇成为一组僵化的符号，无法在真实的交际活动中加以运用。我们在对词汇的本意、比喻意义和文化内涵进行全面介绍的基础上，还应该将它们置于真实的文化语境中进行操练，让词汇知识转换成词汇使用

能力。例如，我们教描写人物的形容词时，除了介绍词义之外，还可以选择一些来自本族文化或目的文化的、真实的历史或当代人物，用这些形容词来进行描述，也可以让学习者用这些形容词来描述自己。这样做，学习者既可以学会这些描写形容词的词义，也能了解它们的文化内涵，还有机会接触来自不同文化背景的历史人物故事。

显然，这种词汇教学方法将词汇教学与文化教学有机结合，不仅使词汇学习生动有趣，而且将文化学习落到实处。

语义场的使用也是词汇教学与文化教学有机结合的一种手段。例如，学习 breakfast 这个英语词汇时，教师可以将相关词汇（鸡蛋、牛奶、面包、咖啡等）同时写在黑板上，并利用多媒体手段，呈现实物图片，播放美国早餐片段，并对词语进行文化对比，让学生用英语讲述自己的早餐习惯。这样的词汇教学方法一定比传统的词典内容介绍式的方法更为有效，同时又达到了文化教学的目的。

（三）阅读教学与文化教学的结合

阅读教学被认为是最容易与文化教学联系起来的教学活动之一，因为只要我们选择那些包含文化内容的阅读材料，即可实现语言教学与文化教学的有机结合。然而，事实并非如此，目前很多阅读教师并不能很好地利用阅读教学的这一优势进行有效的文化教学，或是因为受传统的以语言形式为中心的教学思想的影响，或是因为对目的文化知之甚少，阅读教师致力于提高学生阅读速度和阅读理解能力的同时，关注的是语音（朗读时）、语法、词汇、句型和翻译等语言学习的内容，在很大程度上忽视了阅读篇章中蕴含的文化信息。即使谈到相关文化的某些内容，通常也不是以增强学生的文化能力为目的，而是帮助他们更好地理解篇章本身。总之，目前英语阅读教学并没有将文化教学列入自己的教学目标和内容，因此有关文化讨论也不是真正意义上的文化教学。

要真正实现阅读教学与文化教学的有机结合，必须在确定教学目标和教学内容时考虑文化教学的需要。在实际教学中，教师可以通过设计读前和读后任务，将学习者的注意力吸引到篇章内容上，进行相关文化的讨论和学习。例如，在阅读一篇关于美国饮食文化的英语文章前，我们可以提出一系列有关学习者本族文化中饮食习惯的问题，让他们进行读前热身，然后建议他们在阅读文章时注意美国饮食文化与自己的饮食习惯的异同。读完文章后，学生在回答有关美国饮食文化的相关问题的同时，进行文化对比。教师对语言点的解释可以插入讨论中，也可以在这些文化教学活动结束之后，但不能让语言形式的学习压倒篇章内容的理解和文化内容的讨论。

（四）听说教学与文化教学的结合

阅读有利于学习者学习和了解相关文化知识，听说活动使他们有机会切实感受跨文化交际过程，提高交际能力。无论听说，都必须以内容为基础，因此内容的选择和安排至关重要。就文化教学而言，我们首先要保证听说的材料和主题必须真实，具有代表性，能够真实反映目的文化或本族文化的不同侧面。例如，在将美国人周末生活情况制作成听力训练材料时，必须全面考虑美国主流文化和各种亚文化群体的不同表现，力求让学习者全面客观地认识目的文化的一个侧面。即使由于篇幅和时间的限制，很难将某个文化侧面全面地展现给学习者，教材编写者也应该提醒教师和学生注意文化变体和个体差异的存在，避免因过度概括而导致成见的形成。

其次，在跨文化英语教学中，由于英语教学和文化教学同等重要，所以在编写听说教材时不仅要考虑学习者的语言水平和语言学习的需要，还应注意文化内容的系统性，即将语言教学的需要与文化教学的需要结合起来，作为选择和安排教学材料和内容的依据，使学习者系统地学习文化知识，增强文化能力。当前的英语听说教学虽然比较重视材料的真实性，所选材料基本上都具备文化教学的价值，但是在文化内容的选择和组织上比较随意，缺乏系统性，这实际上也是整个英语教学不能最大程度发挥其文化教学功能的主要原因。

再次，跨文化英语听说教学应该充分利用多媒体教学手段，这不仅有利于提高学习者进行语言交际的积极性，更是跨文化交际能力培养的需要。日益发展的多媒体技术为在英语教学中进行文化教学开辟了新的道路，它可以将各种跨文化交际情景真实地呈现给学习者，让他们有一种身临其境的感受。图文并茂、音像俱全的听说材料使学习者的各种感官受到刺激，特别有利于从情感和行为层面上培养他们的跨文化交际能力。

（五）写作教学与文化教学的结合

写作教学与听说和阅读教学一样，通常贯穿于英语学习的各个阶段，不同阶段写作的体裁、内容和要求都各不相同，但是将文化教学与写作教学有机结合在各个阶段都是可行的。初学者通常写的是与自己日常生活联系紧密的记叙文，主要目的是通过使用所学的词汇和语法知识来讲述自己的经历，表达自己的思想，同时巩固所学语言知识。在此阶段，写作要求虽然不高，体裁也比较单一，但是教师同样可以将写作活动与文化学习结合起来。例如，教师在布置作文题目"我的一天"时，可以让学生先进行口头交流，并适时地告诉他们来自不同文化背景的学生每天的生活内容都有所不同。在学生完成作文后，教师要对他们作文中的语言使用进行讲评，还要就文章的内容进行后续讨论，让同学相互比较各自一天的生活，发现异同。最后，教师通过阅读或视听手段，向学生介绍美国学生一天的生活，在此过程中，教师引导学生在关注文化差异的同时，注意语言的正确使用，语言学习与文化学习因此得以有效结合。

对于语言水平较高的学习者来说，利用写作进行文化学习的广度和深度更大。写作基本上可分为个人写作、公务写作和学术写作三大类。个人写作基本上与个人的经历、生活和思想有关，而这些内容通常反映作者所处的文化环境，因此是很好的关于日常生活、风俗习惯和价值观念等文化内容学习和讨论的基础。公务写作的内容包括政治、商务等工作所需的信件、文件、报告等，这些也同样蕴含着丰富的文化信息，无论是格式、措辞和结构，还是内容本身，都可以成为文化学习和文化对比的基础。很多中国的英语学习者之所以经过十几年的英语学习之后，在工作中所写的英语邮件和报告还达不到要求，缺乏对英语篇章的文化理解是主要原因之一。如果我们在写作教学中注意进行跨文化篇章分析和文化差异的讨论，就一定能提高学习者应用语言实际进行公务写作的能力。学术写作也是如此。学术论文是每一位接受高等教育的学习者都不可回避的写作任务。何谓优秀的学术论文？不同文化在回答这一问题时既有共性，也存在差异。例如，美国学术界注重实证研究，认为来自实践的、大量的数据分析最具说服力，因此美国的学术杂志刊载的论文大都符合这一标准。我们中国的很多学术论文采用文献研究的方法，定性分析多于定量分析。这种对学术论文的不同期望对于学术写作教学非常重要,如果不予以重视,中国学生在国外攻读学位时,就会因为不适应美国的学术文化而处于不利地位。

语言与文化在教学中有机结合的方法不仅限于以上几种,随着跨文化英语教学思想的不断深入人心,相信更多更好的方法将会被开发和应用。然而,在此我们必须强调教师和学生转变教学观念的重要性,要真正做到语言教学和文化教学的有机结合,教师和学生必须认识到英语教学应该承担双重任务:既要促进学习者英语交际能力的提高,又要帮助他们培养人文素质,形成立体、多维的思维方式,成为跨文化的人。只有在这一前提下,我们才能确保跨文化英语教学思想得到有效贯彻和实施。

三、大学跨文化交际教学法的创新——全球理解课程

发源于美国的全球理解课程采用网络视频会议、聊天室和电子邮件等工具,将不同国家的学生分组配对,进行实时交流和非实时沟通,具有学科多样性、课程完整性、学校自主性、学生合作性、沟通情景性等特点。该课程强调了学生的跨文化交际能力,促进了学生英语文化图式的构建,拓宽了学生的全球视野,能够有效推动英语教学,是跨文化交际英语教学的一种创新。

(一)全球理解课程的特征和时代价值

全球理解课程有以下主要特点:一是学科多样性,可以作为大学人文和科学等多种学科的必修或选修课程。二是课程完整性,整个课程需要45课时完成。三是学校自主性,各个学校的学分与教学内容都遵循各自的教学计划安排,全球理解课程是否纳入学分或作为课程补充由各学校自主决定。四是学生合作性,每个学生和配对伙伴一起合作共同完成一个与话题或专业相关的项目,项目形式多种多样,如话题总结、新闻汇报、电影分析等。五是沟通情景性,全球理解课程通过网络视频为沟通双方提供了"真实"的世界,来自世界不同地区的大学生可以进行视频或文字实时对话,表达情感,呈现自我,大大满足了青年们交往的需要。六是英语通用性,所有参与连线的学生互相之间使用英语交流,英语是达到互相理解的重要媒介。截至2014年底,已有来自包括美国、中国在内的约30个国家50所大学或机构加入这个项目中来,每年全世界有接近3000名学生选修该门课程。

全球理解课程本来是帮助美国学生了解世界的课程创新,对于我国高等教育而言,也是一种英语教学的新方式,它是对学生英语听说读写译的应用和训练,更是对学生跨文化交际能力的培养,促进了我国学生与其他国家学生之间的了解和交流,是高校英语教学的一种有益探索和实践。

全球理解课程顺应了全球化的时代特征,满足了全世界人民对文化交流的渴望,通过精心设计不同国家学生的实时交流,既成了美国等英语国家学生了解世界的平台,也为非英语母语学生学习英语和了解不同文化提供了机会,对于大学更是全球化背景下的一项教学创新。在这一新的英语教学方式中,学生身临其境地接触各种文化,沟通变得更迅捷,学习变得更有趣。

全球理解课程的出现以信息网络技术发展为基础。全球理解课程之所以能够出现和存在,其物质基础是迅猛兴起的信息技术——互联网的出现、发展和成熟,为其提供了强有力的保障。现在,信息网络技术已经渗透到当代年轻人生活学习工作的各个方面。随着技术的蓬勃发

展，设备越来越先进，课程讨论越来越方便，情景越来越"真实"，成本越来越低。最重要的是，对于每个参与的学生，既可以学习英语，也能了解世界其他国家的基本情况，特别是了解同龄人的思想和生活，开阔了眼界和思路，提升了语言交际能力。在学习交流的同时，学生们还拿到了这门课程的学分，这也是全球理解课程快速扩展的重要原因。

（二）全球理解课程对英语教学的推动

1. 提高不同文化背景学生的交际能力

英语和其他语言一样，是沟通交流的工具，是文化的承载者和传播体。英语教学的目的是使学生掌握这种语言，以便在工作、学习、生活中较好地运用这种语言，增进对不同文化、世界观、价值观、社会生活的了解。全球理解课程是活的课堂、新鲜的课程，是对英语语言交际能力的培养，这种教学方式具有很强的交际实践性。在课堂上，有老师确定的主题，围绕这一主题学习英语，面对与自己不同肤色、不同腔调的他国学生，学生们在老师的指导下，就会对语言的掌握更加灵活，对一个词语的理解也就更为深刻，在不同文化下的运用更加恰当。更为重要的是，连线的课堂使参与的学生成为一个即时的学习整体，学生在即时的交流中体会英语学习的快乐，培养运用英语进行交际、沟通的能力。这样，学生学习的是活的英语和能用的英语，不是没有灵性的字符，从而达到真正意义上的沟通和理解，推进英语教学方式的创新。

2. 有助于学生英语文化图式的构建

人类交际的障碍不仅在于各种不同的语言符号，更在于人类大脑中存在着不同文化图式。语言教育的最成功之处是要在学习者大脑中建立该语言深层的文化图式。英语教学的最高目标也是如此，只有这样，学习者才能深刻地理解英语、灵活地运用英语，才能学到地道的英语。在不同语言文化交际中，由于交流双方来自不同的文化，不同文化背景下的个人经历存在很大差异，个人头脑中的文化图式也会有很大不同，影响了人们对信息的选择、理解、加工及行为方式。因此，跨文化英语教学的主要目的是如何重构英语语境下的意义结构及认知程序。在实践教学中，我们发现，通过全球理解课程中交流、阅读、思考、合作、总结等方式的训练，可以有效重构学生的文化图式。

3. 拓展了学生的国际视野

全球理解课程增进了不同文化背景大学生的交流理解，一个重要的原因还在于课程拓宽了参与学生的国际视野。英语作为在世界范围内运用最为广泛的语言，其地位还在随着全球化进程不断加快而提高。全球理解课程使学生了解到不同的英语及其特点。更为重要的是，利用英语这种"通用语"地位，全球理解课程设计了不同的话题，这些话题涉及社会现象和热点、科技教育、宗教、心理和精神、世界发展等，让学生在交流沟通中丰富了文化知识，加深了对世界的了解。该课程实现了多重目的：练习语言和提升交际能力的同时，了解对方国家的文化、经济社会发展状况，理解对方同龄人的思想，并推介了自己国家的文化。

由于网络语境的局限性，在短时间内达到深度沟通难度较大。如果联线前的准备工作，如词汇查找、背景收集、问题思考等做不好，再加上学生在沟通时非语言交流、辅助语言使用不当等，会妨碍课程的效果，这也是做好全球理解课程所要避免的。

（三）全球理解课程对我国大学英语教学的启发

全球理解课程的出现给我们大学英语教学以启示，那就是要深刻把握大学英语教学的目的，将工具性与人文性有机结合，改善英语教学效果，切实提高学生在英语学习中的主动性。

1. 在重视大学英语教学的工具性的同时关注人文性

大学英语教学是我国英语教育的重要部分，学生在这一阶段开始专业训练、继续提高和准备就业，学生学习目标逐渐分化，高校英语教学的应用性开始凸显出来。这时，高校英语教学一定要在实现其工具性的同时，增强其人文性。对于英语教学的工具性，不论是教师还是学生，一直予以很高的关注，并形成了听说读写译能力培养的课程体系。但对于英语教学的人文性，我们重视不够。一是忽视英语语言的文化载体性，重"师人之技"轻"究人之理"。二是忽视本国优秀文化的推介，重接纳轻输出。三是急功近利，重视工具性目标的实现而忽视人文性目标的达成。当前，随着国际交往的日益频繁，政治、经济、文化的交流更加密切、快捷，人们对英语的日常运用越来越多，跨文化的社会交往能力越来越重要。

除政府、学校外，一些培训机构，甚至企业也积极参与进来，培养适应全球化的熟练使用英语的国际交流人才，但与我国在国际上的地位相比，与社会需求相比，我们仍缺少大量的参与国际交流的人才。例如，在国际组织中，我们的工作人员远远低于一些发达国家，甚至是个别发展中国家。全球理解课程启发我们，可以通过利用先进的互联网技术，在提高英语的工具性的同时增强其人文性，发挥英语教学在培养人才、传播文化中的作用。

2. 加强和改进交际性英语教学课程

如上所述，我国英语教学的工具性很强，通用英语教学课程、专门英语教学课程很受重视，而且在教学实践中有很多值得继续坚持的好经验。例如，受结构主义影响，英语教学中以英语语法翻译为主线的教学，是许多优秀学者对英语语言规律的总结，应当继续加强。受行为主义的影响，英语教学以大量练习为手段，"熟能生巧"也促进了学生对英语的学习。近些年来，在交际性理念的影响下，一些教师开始强调语境、合作和互动，进行有意义的沟通，在教学实践中不但关注字词的内涵，还关注书面或口头沟通的风格，关注社交合理性和可靠性，同时避免过分强调语法正确。交际性理念指导着各种各样的教学改革，21世纪初出台的各级外语教育标准、多媒体教学、计算机辅助教学、网络课程及英语四、六级的改革—听加口语从无到有及从低分值到高分值的变化，甚至还有一些学校也开设了跨文化交际英语课程，所有上述这些改革措施在很大程度上推动着英语交际性实践，然而不足的是，高校英语的主要教学方式仍然以传统的灌输式为主。与之不同的是，全球理解课程将以网络视频为媒介的跨文化英语交流沟通扩展到不同国家、有着不同文化背景的全球公民，这不但为我国高校英语跨文化交际教学提供了一个平台，同时也为交际性英语教学提供了样板。目前，我国共有9所大学参与了这个项目。通过对参与该课程的学生进行连线前后的对比分析，我们发现，学生的跨文化交际动机、沟通倾听技术显著提高，其他跨文化交际能力也有进步。当然，要进一步加强和改进英语跨文化交际教学课程，全球理解课程只是一种初步探索，学校还可以根据学生英语程度和目标需求，开设不同层次的文化交流课程，以提高他们英语学习中的跨文化交际能力。

3. 充分发挥学生的主体作用和教师的主导作用

教学中，教师的主导作用和学生学习的主体地位缺一不可。全球理解课程告诉我们，在英语教学中，只要增强了教学的交际性、实践性，学生的主体地位就更加突出，学生内在的学习积极性得到提高，其学习的兴趣和参与度大大增加，学习的效果就会增强。同时，教师主导作用和责任更加重要。全球理解课程实践证明，教师在跨文化教学的课程中，要做好主题选择、教学设计，还要"导演"整个过程，以实现教学目标。例如，指导学生批判性反思、讨论、组织考试、必要的现场翻译或将具有地域风格的叙述转换为全球语境中的叙述。教师的经验、智慧和直觉等在这种具有创造性和批判性特征的英语教学中的作用不可低估。因此，好的老师本身就应该具备多元文化素质和良好的沟通能力，他们在多元文化课程中起到的是指导和咨询的作用，而不是讲解的作用。

需要特别注意的是，跨文化交际中不可避免地存在文化碰撞与意识形态差异问题。因此，在英语跨文化交际教学中，既要发挥学生的主体作用，更要充分发挥教师的指导和引导作用，对采用的材料、探讨的话题进行充分分析和研判，引领学生在克服文化和价值观差异产生的障碍、展开充分交流的同时，坚守正确的意识形态和价值观取向。

第五章　大学英语教学内容的优化与创新

第1节　大学英语词汇教学

在大学英语转型深入开展的背景下，英语水平一般、单一专业的大学毕业生已经与当今社会的实际需求不相适应，他们的就业形势相对堪忧。同时，大学英语教学作为中国高等教育的重要组成部分，也必须不断自省、不断转型、不断优化，努力承担起培养复合型、应用型人才的任务。学习英语不仅是掌握英语的过程，也是接触、认识另外一种文化的过程。英语教师在英语词汇教学中要关注中英语言词汇的文化差异，在教学中要强调词汇的文化内涵。

一、词汇教学概述

（一）记忆规律

在词汇教学过程中，"遗忘率高"一直是困扰很多外语学习者的重要问题。所以，为使学生在脑海中快速、长久地记住词汇，英语教师应该对大脑的记忆规律有一定的了解。

1.记忆系统的特点

大脑在记忆的时候往往显示出一定的特征。总的来讲，这些特征主要表现为有意识记忆的效果更大，理解记忆的效果更佳。

从上述记忆系统的特点来看，人类的记忆往往遵循一定的规律。因而，学生在记忆英语词汇的时候，应该严格遵守以上四个特征，以便提升记忆的成效。

2.大脑遗忘的客观规律

人们在记忆的过程中往往会产生遗忘现象。艾宾浩斯发现了人类记忆遗忘的规律。他认为人们在学习以后便立刻开始遗忘，提出"保持和遗忘是时间的函数"，并在实验结果的基础上绘制成描述遗忘进程的曲线（图5-1）。

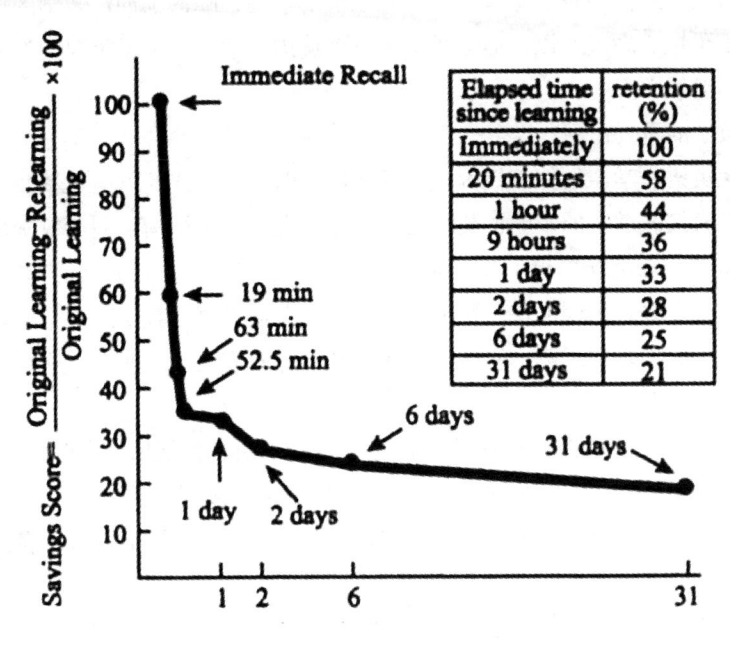

图 5-1　艾宾浩斯遗忘曲线的示意图

从图 5-1 可知，学生学到的知识若不及时进行巩固的话，遗忘的速度和数量也会逐渐减小。若英语教师及学生充分认识到大脑的遗忘规律，那么不仅能够在短时间内记住更多的词汇，也能将短期的记忆转变成长期的记忆。

（二）词汇教学的具体意义

实践证实，词汇所表达的意义较为丰富，不仅包含自身的概念意义，还包含内涵、情感、社会等方面的深层意义。了解词汇的意义有助于教师及学生全方位地把握词汇。

1. 词汇的具体意义

（1）情感意义

在人与人之间的交际活动中，参与交际活动的双方往往不单单运用词汇来传输某种信息，还将情感意义蕴含在所要表达的词汇中。情感意义是指说话者对所讨论的主题或者对事物所持有的态度及说话者在词汇中所表达的喜、怒、哀、乐等的情感。

（2）语境意义

词汇的意义与语境之间存在紧密的联系，特别是在英语文章中，词汇的意义会受到文章内容的束缚。词汇教学的过程要求英语教师尽可能运用多种方式使学生深入了解词汇的意义与语境的内在联系。

2. 词汇教学的具体意义

词汇教学往往被视为英语教学的一个基础环节，词汇教学的成效关系到整个英语教学的实际成效。因而，在教学中注重词汇教学是非常必要的。以下主要介绍词汇教学的相关内容。

（1）开展词汇教学的必要性

由于应试教育的观念深入人心，有相当一部分英语教师为提升学生的英语成绩，过于关注语法、阅读、句式转换等基础教学及各种应付考试的妙招，忽略了词汇教学的地位，大大减少了词汇教学的时间,这就导致学生失去了学习词汇的乐趣,降低了词汇教学的成效,长期下去还会让学生产生恐惧心理。所以,词汇教学在整个英语教学中发挥了重要的作用,这也就要求我们务必加强词汇教学。

(2)词汇教学的重要作用

词汇教学在英语教学中发挥着极为重要的作用。但是,传统的英语教学并未认识到词汇教学的重要性。受直接教学法的影响,英语教学中过分强调语法结构,词汇教学被控制在了很小的范围内。1993年,路易斯提出了著名的英语教学的词汇法。他认为,词汇和句法是不可分割的,在二者之间存在着一种词汇块。路易斯的词汇块观点对语言教学产生了显著影响。如果学生对这些语言板块有深入的了解,便能够有效提升自身的英语交际能力,这种作用突出体现在以下两个方面。

一方面,如果学生能精准掌握这部分预先制定的语块,就能够使其流利地与他人进行口语交流。中国学生长期受应试教育的影响无法将词汇运用到英语交际中。掌握这些语块,有利于学生按照语块的搭配将单一词汇转换成通顺句子,长此以往,学生的口语表达能力也会得到提高。

另一方面,如果学生精准掌握这部分预先制定的语块,也能够在一定程度上提升自身阅读英语的能力及听力的能力。由于学生进行词汇学习时,往往单纯地记忆词汇的含义,导致在阅读理解时不能理解长句或语篇的内容。听力练习中学生仅仅是听到了某个词汇,但是未从语块的角度出发听懂听力训练的全部内容。

由上可知,词汇教学在大学英语教学中发挥着至关重要的作用,能够有效提升学生的听力、口语、阅读、写作、翻译能力。这就要求教师在词汇教学中,采取正确的方法引导学生的学习,减轻学生的学习负担,提高学生的词汇学习质量,注重培养学生的思维能力,让学生主动地进行词汇学习。

(三)词汇教学的发展现状

现阶段,我国大学的英语词汇教学出现了各种各样的问题,以下主要对这些问题展开论述。

1. 呈现方式单一

(1)英语教师在教学过程中要充分采用举例的教学方法。我国部分学者对举例教学的方法进行了研究,结果发现举例的教学方法能够精准地、快速地、生动地将词汇呈现出来,举例是呈现英语词汇的一种最佳方法。

(2)在情景化的环境中,学生可以自己体会单词在发音、拼写、词义、用法及语法等各方面的信息。英语教师在词汇教学的过程中也可以设置模拟情景,以使学生在愉悦的环境中尽快掌握单词。

2. 忽视教学细节

英语词汇课程教学中的细节主要包括以下几点。

①单词词义,课文与词汇表的处理。

②单词的英语解释和汉语翻译。

③班级活动、小组活动、双人活动。

④多媒体示范及口头上的教学。

⑤典型教材及日常生活中的语料。

上面列举细节的重要程度、先后顺序、主次地位还有待英语教师深入研究。在实际的英语教学活动中，英语教师应在特殊的教学环境中结合学生的实际状况，挑选适宜的教学方法。

3. 与学生的生活联系不紧密

在呈现词汇的时候，有相当一部分英语教师主张学生直接从词汇表中进行学习，此种教学方法和学生的日常生活并未发生直接的联系，也就不能激发学生学习的积极性。为了提高教学的有效性，英语教师在呈现词汇时要与学生的实际生活联系起来，如此便可激起学生的学习兴趣，从而产生持久的记忆力。

4. 欠缺系统性的词汇教学

人们普遍认为世间万物均是依照某种特定的系统而组合在一起的，词汇教学当然也是这样的。语篇资料的主旨与大学英语教学之间缺乏密切的联系，那么学生在记忆、转述、运用这些词汇的时候，便没有办法遵循特定的规律，也就无法提升自身的学习效率。我们可以认为，欠缺系统性的词汇教学是导致学生学习词汇时容易遗忘、进步缓慢、效率低下的主要原因。总的来讲，欠缺系统性是大学英语词汇学习效果下降的一个主要原因。只有解决了这个严重问题，将大学英语词汇的学习归入系统学习的轨道中来，学生才能够真正了解词汇的意思，灵活地运用词汇。

二、文化差异与词汇教学

（一）文化差异对英语词汇含义产生的影响

实践证实，文化差异会对词汇的含义产生一定的影响，这种影响集中反映在动物词、颜色词和习语三个方面：

1. 文化差异对动物词含义产生的影响

一般情况下，我们认为动物和人类之间保持着密切的联系，而与动物相关的词汇所展现的文化也具有一定的特殊性。然而，英语及汉语两种语言中对动物词的运用也存在较大的差异。

（1）进化特殊性使人们对动物词文化认知方面存在差异

①相同的形式，不同的含义

在特定的情况下，相同的形式会呈现出不同的含义。下面笔者主要以三个例子进行探讨。

第一例，凤与phoenix。处于英语及汉语两种文化中的人们对"凤"及"phoenix"的认识存在较大的差异。在中国文化中，凤往往被视为一种带有吉祥意义的神兽。这一动物文化意象象征着吉祥、美德，人们认为它能够给人类带来安宁和幸福。在我国古代社会中，人们往往用龙来指代帝王，用凤来指代皇后。除此之外，我国社会中还出现了"龙章凤姿""乘龙配凤""龙凤呈祥"等类的表述。而在英语文化中，phoenix也被视为一种神鸟，但phoenix往往带有再生、复生的内在含义。

第二例，牛与cow。中国人往往被视为农耕民族的代表，而牛也被古人视为最主要的生产工具。因此，牛在汉语文化中是强壮、勤劳、倔强的象征。在英语中cow被译为母牛，多是贬义，常用来形容胆小、懦弱的人。

第三例，猫与cat。在中国人的心目中，猫往往是和善、乖巧的代表，带有亲切的寓意。父母在特殊的情况下还会用小猫咪来描述自己的子女，年纪较轻的情侣之间往往也会有这种昵称。而在西方的语言文化中，cat则是恶魔的化身。中国人和西方人在看到"cat"时，可能会产生完全不同的联想。例如，"old cat"指代脾气不好的老太婆，"barber's cat"指代面黄肌瘦的人，"as sick as a cat"指代病得像猫一样。

②相同的意义，不同的形式

在特定的情况下，相同的意义也会呈现出不同的形式。这主要是因为不同的生活方式、文化习惯等会赋予词语不同的喻体。例如，在汉语中经常会说"热锅上的蚂蚁"，英语中则用"like a cat on hot bricks"来表示。

（2）一般进化使对动物词文化认知产生共性

通常情况下，我们认为人类文化的一般进化规律使得其所处的社会文化环境、条件等方面呈现出一定的共性，继而使得处于不同文化背景下的人们也会产生相同的生活经验及感悟，在对动物词的认知方面也出现了较多的共性。

2. 文化差异对颜色词含义产生的影响

在英汉两种语言中，虽然颜色词仅占所有词汇的一个极小部分，但是由于中西文化存在差异，同一种颜色在不同民族中出现了不同的联想。以下主要从四种颜色词来具体介绍汉语及英语两种文化之间的差异。

（1）红色与red

在汉语文化中，红色是人们最推崇的一种颜色，红色往往有欢庆、欢喜、吉利、美满的寓意。例如，红光满面的老人，红红火火的日子，一袭红衣的新娘。而在西方文化中，red往往带有明显的贬义色彩。red不仅象征着残暴、流血，还常常用来指负债或亏损。

（2）绿色与green

在汉语文化中，绿色所扩充出来的含义往往较少，绿色通常代表了"春天""春意盎然""朝气蓬勃"的寓意，带有明显的积极色彩。同时，绿色也象征着生命、青春、环保、和平、友善、恬静清新、宁静和谐、希望。在英语文化中，green所引申出来的含义相比汉语文化要多得多，绿色能够用来指代"崭新""青春活力""忌妒""缺乏经验"等。例如，green hand指代新手，green eye指代红眼病，green meat指代青菜，green with envy指代十分嫉妒。除此之外，由于美元的背面是绿色的，因而人们称美钞为greenback，并由此延伸出green power。由于西方人将green视为安全的一种象征，西方股票市场上还用green来指代股票价格上升。

（3）白色与white

在汉语文化中，白色也会是一种禁忌性词汇，白色往往与"逝世、丧事"等词语紧密联系在一起。除此之外，白色还代表着失败的寓意，例如战争中实力不济的一方往往会打着"白旗"来表示投降或者屈从。在西方文化中，white往往有"纯真、文雅、明净"的寓意。西方的牧师通常穿着白色的袍子，white往往有神圣及光明的寓意。而这一含义也扩展延伸到新娘结婚时身着白色礼服。其他的一些惯用表达，如white market寓意合法市场，white lie寓意善意的谎言。

3.文化差异对习语含义产生的影响

习语也是文化的一种载体，承载了丰富的文化意蕴。文化差异会对英语的习语产生较大的影响。西方人喜欢用辩证的方式看待事物，习惯用一分为二的视角对事物进行研究分析，并非常注重逻辑思维能力。因而，英语习语往往十分注重习语及其表述的逻辑结构。例如：

born and bred 土生土长的

blowing hot and cold 翻云覆雨、反复无常

walk on air 飘飘然、得意扬扬

除此之外，西方文化中所呈现出来的等级制度也没有汉语文化中的严苛。这主要是因为西方人通常推崇自由平等的价值理念。但是，西方国家个人主义观念强烈，这种文化理念也突出显示在习语表述中。例如：

Fortune favors the bold.

天佑勇者。

（二）文化差异对词汇理据产生的影响

英语中很多词汇都有着深厚的文化渊源。同时，文化差异往往又会对词汇理据产生影响。教师在英语词汇教学的过程中，应该充分认识到文化差异对词汇理据所产生的影响。为深入探究此种影响，以下主要从与地名、人名及典故有关的词汇来进行具体论述。

1.与地名有关的英语词汇

英语有一部分词汇用来指代某种物品或者事物，这部分词汇主要映射了这些物品及事物的来源。例如：

china（瓷器）——源自中国 China

japan（日本漆，日式漆器）——源自日本 Japan

champagne（香槟酒）——源自法国东北部香巴尼地区 Champagne

hamburger（汉堡包）——源自德国北部城市汉堡 Hamburg

2.与人名有关的英语词汇

英语中存在大量从人名引申而来的词汇，这些词语一般都是一些专有名词或是某个学科的专业术语。有一部分词汇是因为这些人物在某一领域中做出了突出的贡献，当时的人们为了纪念这些人物而将其姓氏纳入英语词汇中。例如：

Kelvin（开尔文）——源自英国物理学家 Lord Kelvin

Newton（牛顿）——源自英国物理学家、经典物理学理论体系的建立者 Isaac Newton

Baedeker（旅游指南）——源自德国旅游书的出版商 Karl Baedeker

3.与典故有关的英语词汇

含义均有一定的历史出处，这一点与汉语中的成语极为相似。一般而言，大部分英文词汇都有其产生的特定背景，圣经故事、希腊神话及西方社会的风土人情对于西方社会有着深远影响，这种影响渗透于文学、艺术、哲学等各个领域，成为西方文化的重要组成部分。人们对这些神话故事及圣经故事异常熟悉，便将其视为语言的一个有机组成部分，而英语有一部分词汇便来源于这部分希腊神话和故事。例如：cereal 一词也源于希腊神话。在希腊神话中，宙斯的姐姐色列斯（Ceres）往往被视为谷物及丰收女神。古罗马人及古希腊人均制定了相应的节日

来祭奠色列斯，渴望受到她的庇佑，在农业上有大的收获。英语中 cereal 一词便是由 Ceres 演变而来的。

三、词汇教学的策略

（一）利用联想进行词汇教学

利用联想来进行词汇教学就是指在词汇教学的过程中鼓励学生通过各种适宜的联想来理解词汇。英语教师可以用学生比较熟悉的事物或例子来引导学生进行联想学习。例如，natural disaster 这一短语会让人们联想到一系列的自然灾害，比如 earthquake，typhoon，tsunami 等。英语教师便可以在为学生教授 natural disaster 一词时，添加上述所列的自然灾害类词汇。利用联想来进行词汇教学的方法是词汇教学的一种有效方法。由于英语文化往往囊括了多个方面的内容，要想使学生熟练掌握各种词汇并合理运用词汇，应该使学生深入了解英语文化。同时，还要对讲英语的国家及地区人们的思维方式及语言习惯有一定的了解。

（二）在传输文化知识的同时教授英语词汇

在传统的大学英语词汇教学的过程中，有相当一部分英语老师单单注重为学生讲授英语词汇的含义及使用方法，往往未涉及英语词汇相关的文化知识。对我国大学生而言，这往往会造成难理解、难记忆等方面的困难。那么，英语教师在开展词汇教学时，便应该依照这部分学生学习的知识、探究问题的特征，适当地为学生传输与所讲授英语词汇有关的文化知识，以此来提升学生的文化观念。

（三）利用语境进行词汇教学

英语中的语句、章节均是由各种单词及短语组合而成的。换言之，英语单词、短语也离不开语句及章节，因为离开了具体的语句的语境，人们便不能明确这个词汇的具体含义。一些英语教师往往脱离上下文的语境孤立地讲解词汇。此种教学方法不仅不会使学生正确掌握词汇的含义及相应的语法，还会使学生逐渐失去学习词汇的积极性。那么，在进行词汇教学时，英语教师便应该将词汇置于具体的语境中，引导学生通过阅读这一途径来学习词汇。

通常情况下，英语词汇的含义与其汉语解释之间存在着相互对应的关系。进行词义解释的最好方法就是尽量使用简单、常用的英语来解释英语。使用英语解释的教学方法，既能够使学生正确掌握英语词汇的准确含义，提升学生的思维能力及洞察能力，还能够有效地扩充学生学习英语的信息含量，进而提升学生的多元文化交际能力。

第 2 节　大学英语语法教学

语法是语言学习的一个重要节点。合理的语法学习有利于更好地实现英语语言的交流和沟通。

一、语法教学概述

(一)语法教学的发展历程

1. 第一阶段

第一阶段主要是指 16 世纪—17 世纪。在这个发展阶段,"语法"往往被视为拉丁语法的同义语,在最开始出版的英语语法教材中,语句结构及词形也是根据拉丁语的词形及语句结构来推定的。

2. 第二阶段

第二阶段主要是指 17 世纪—19 世纪。在这个发展阶段,英语语法教学出现了突破性的进展,规定性的英语语法广泛出现。1755 年,约翰逊编著了第一部英语词典。这部词典规定了英语词汇的发音、拼写、释义和用法,标志着现代英语标准语的正式开始。

19 世纪 50 年代以后,结构语言学逐渐在社会上流传开来。结构主义语法把句子看作不同平面的结构,分别可以从语音、形态、句法三个平面对句子进行分析。在具体分析语句结构时,大部分结构主义语法会使用直接分析成分的方法。他们先将句子划分成主谓两个部分,这就是直接成分;然后将直接成分进一步划分,直到在同一语言层次上不能再作更小的划分时为止。

在语言教学中,结构主义语法家们往往使用替换法来帮助学生掌握某种语言结构。替换法的具体实施方法如图 5-2 所示。

$$\text{They work} \begin{cases} \textit{slowly} \\ \textit{quickly} \\ \textit{as fast as they can} \end{cases}$$

图 5-2 替换法示例

此种替换的练习方法证实了英语中的每个形容词均有一组能够替换的单词、词组甚至是从句,这部分内容之间存在着一种纵向聚合的联系。而"They work slowly"这个句子本身有另一种横向组合关系,即我们通常所说的词与词之间的搭配关系。

3. 第三阶段

第三阶段主要是指 19 世纪后期至今。19 世纪末期,规定性语法受到描述派语法的挑战,描述派主张将英语语法现象总结起来,构成英语特有的语法体系。描述性语法强调观察之后的总结和发现,在对客观存在的语法现象进行观察之后,用总结的方法来形成自己独特的语法规则,而不是生搬硬套其他语言的语法规则。

(二)语法教学的必要性

大学英语语法教学的质量对学生了解及运用英语语法产生了直接性的影响。大学开展英语语法教学的必要性集中表现在以下三个方面:

1. 巩固基础英语

语法往往被视为构成语言的一种主要方式,语法教学是英语教学的基础环节。大学英语语法教学的主要任务是帮助学生学会运用词语来组织句子的规则,学习语法知识对语言学习具有调整功能。学生可以通过对语言材料的模仿生成很多新的句子,但是这些句子中有很多句子因为学生语言能力的不足而无法正确表达。语法知识可以对这些表达不清楚的句子进行调整，使其成为表意清晰明确的句子。在大学英语教学中，课堂以外的英语实践活动少之又少，因而课堂上的英语语法教学就显得尤为重要。

2.提升英语听力及口语能力

语法教学能够有效提升学生的听力及口语能力，使他们精准地进行英语交际。语法作为语言组织的规则，它能够让学习者在有限的词汇量下按照一定的语法规则创造出无限的句子。英语语法教学往往围绕交际任务而开展，在交际活动中适量地添加一部分语法知识，能够使人们精准地传达自己的思想。

3.确保英语技能的可持续发展

英语作为一门在工作和国际交流中的重要语言，在国际交流及未来的人际交往过程中发挥着重要的作用。大学作为培养人才的重要基地，更应该加强语言知识及技能方面的教学活动，以便使学生在毕业以后也能够继续自发地学习语言相关的知识及技能。培养学生继续学习的能力也是大学英语教学活动的主要任务，而牢固的语言知识及技能能够使学生有效地开展自主学习。

（三）语法教学的发展现状

1.语法教学方式单一

从当前大学英语语法教学的实践来看，大部分英语教师会首先为学生讲述语法的基本概念及运用原则，进而开展相应的练习，也有一些英语教师在课堂上花费大量的时间来讲解语法的使用规则，因而占据了大量的课程时间及学生学习的时间。

2.欠缺系统的总结及梳理

大部分学生已经对语法项目有了一定的了解，一谈论到语法便能够想到时态、语态、虚拟语气等，然而若提到具体的语法条目，大部分学生可能会比较困惑，脑海中并未形成整体的认识或者完整的结构。因此，教师对英语语法进行的总结和学生自己的总结和梳理都十分必要。

3.语法教材与大纲不符

教材是课程教学的主要出发点及立足点，教材的质量会对教学方式、教学任务、教学目标等产生直接的影响。然而，当前大部分语法教材与大纲不相符合，更有甚者与学生的交际需求完全脱节，这种现象不仅制约了英语教师的教学活动，还会对学生的实际运用能力产生不良的影响。目前，一些学者提倡用交际语法教材替代传统的语法教材，并将与交际能力相关的功能、语境、社会文化知识等因素融入教材中。还有一部分国外教材主张将传统的语法大纲及结构大纲、情景大纲、功能意念大纲相互融合在一起，并在语境的基础上开展语法练习活动。

4.学生对语法学习失去兴趣

语法学习的过程较为枯燥、使用规则较多、内容较为零散，而且需要学生进行重复的学习及使用。经过相关调研，我们发现有相当一部分学生对语法学习失去兴趣，即便能够记住这部分规则，在具体使用的过程中也并不会灵活运用。这在无形中也对教师的语法教学技能提出了更高的挑战和要求。

英语教师只有将学生的学习热情融入语法教学中，并不断拓宽教学方法，提升语法教学的实际技能，采取多种多样的语法教学方式，才能最大限度地调动学生的学习热情。

二、文化差异与语法教学

（一）关注母语文化对英语语法学习的影响

在英语教学的过程中，有一部分往往会将母语与英语的特征放在一起进行论述，这在一定程度上推动了语言学习的进程。在学习第二语言的过程中，若母语文化未发挥推动及认可的作用，那么便会在一定程度上影响到第二语言的学习进程。若人们对母语及第二语言之间的文化差异认识不够透彻，或者用母语的思维方式及结果来推定英语的内容的话，便会出现错误现象。同时若将英语单词不假思索地放进汉语的结构中，还会出现汉语式英语的现象。例如：

Your body is very healthy. 你的身体很健康。

该例子便是汉语式英语的典型示例。若我们深入了解英语及汉语之间的文化差异，便能够有效减少这种错误。

（二）中西文化差异和思维差异

正确的语句应该确保句子意思清晰、各部分衔接合理、过渡自然。然而，中西方人们思维方式及文化之间的差异，导致我们大学语法教学中往往出现各种各样的错误。对大学生而言，出现频率较高的语法错误有结构不完整、句子不连贯等。深究原因，是由于学生对英语及汉语两种语言之间的文化差异缺乏精确的认识。下面笔者主要从实际的例子来具体论述语用错误的现象。

1. 句子不完整

在日常口语交际中，交际的双方可以通过手势、语气等进行沟通，不完整的句子也能够被对方理解，但是在书面语中便会出现问题，句子不完整会导致语句表述不清晰，这种情况往往发生在主句写完以后。例如：

We three people in the same age.

我们三个人的年龄一样。

上述句子正确的表述应为：We three are in the same age。

2. 句子不连贯

句子不连贯主要是指一个句子的前后衔接不紧密，或者结构不连贯。例如：

There was a knock at the door. I asked. Nobody answered. 有人在敲门，我问是谁，但并没有回答。

上述句子正确的表述应为：There was a knock at the door. I asked who it was, but got no answer.

（三）对比分析英语及汉语中的文化差异

在英语语法的体系中，英语及汉语两种语言的文化及思维差异也体现在词汇及句法方面，这种差异性集中体现在以下两个方面。

1. 句法的文化差异

从句法的角度来讲，英语及汉语两种语言之间的文化差异集中表现在使用方法及形态两个方面，且表现出特定的语法特点。在英语语言中，动词的作用突出且明显，英语以动词为核心，重分析、轻意合。然而，汉语则不注重形式，句法结构不必完整，重意合、轻分析，常以名词为中心，主语经常不与动词发生关系。英语教师若从句法的层面进行对比分析，也能够使学生尽快理解及掌握语法相关的知识。

2.表现方法的文化差异

从表现方法来讲，英语及汉语之间也出现了鲜明的文化差异。对英语及汉语在表现手法上的文化差异进行对比分析，能够使学生精准把握中西方人们的思维方式在语法表现形式上的差异性。

三、语法教学的方法

（一）语感教学

大学英语教学过程中，培养学生的英语语感能够有效提升学生的语法能力。英语语法是组成语句的基本准则，大学在英语语法教学的过程中鼓励学生积累语法方面的知识，这样能够有效提升学生的语法水平。

语感教学要求英语教师在课堂教学的过程中指出优质的英语句子及语段，鼓励学生以多种多样的方式将这部分优质内容背诵下来。在学习完文章之后，学生可以采用背诵或者多人合作角色扮演的方式对语段进行记忆。培养学生的英语语感不仅能够提高英语句子的输出效率，也能够使学生深入了解英语文化的内涵。

人们在交流或者表述自身观念的时候，不仅会传输蕴含在语言中的文字信息，也在一定程度上宣泄了自身的内心感触。由此可知，培养学生的语感，能够在不经意间使学生接受及理解英语文化。

（二）知识竞赛

知识竞赛实际上指的是采取知识竞赛来推动英语语法教学的一种方式。此种语法教学方法能够有效提升学生的求胜心理、好奇心，进而激发学生学习语法的积极性及主动性。在英语语法教学过程中，使用知识竞赛的方法可以按照以下顺序来展开教学活动。

英语教师首先应该将学生细分成几个小组，每次在讲授完1~3个语法现象以后，对学生进行提问。问题的形式可设置为必答与抢答，答题方式可以组为单位也可由组代表来回答。课程结束之前，英语教师还应该为学生预留几分钟的时间，让学生重新回顾自己在这节课中学到的语法知识，并按照个人或小组的方式来对这部分语法知识进行竞赛，进而使学生深刻牢记当天所学到的语法知识。

实际上，知识竞赛的英语语法教学方式是多种多样的，英语教学应该按照每个班级的不同情况选择适宜的教学方法。

（三）显性文化及隐性文化教学

从文化教学的层面来讲，显性文化教学往往以传输知识为核心内容，是一种区别于其他英语教学方法的、较为全面的文化教学方式。这种教学方法自成体系、独立于语言教学之外，可以供学生随时自学，但其也存在着固有的问题。例如，学习者在显性文化教学中扮演着被动接纳的角色，这在一定程度上制约学习者养成文化探究的能力，也对他们的学习策略产生不利的影响。

隐性文化教学是一种将英语教学与文化教学融合在一起的教学方式。这种文化教学能够在课堂交际活动中为学习者提供感知和认识差异文化的机会，但容易让学生在学习英语的过程中对英语文化缺乏系统性的认识。

综上所述，显性与隐性两种文化教学的优缺点并存。因此，英语教师应将两种语法教学的方法有机结合起来，兼顾文化知识的传授和多元文化意识和行为能力的培养。这也就表示，在大学英语语法教学的过程中，应该及时添加一部分显性文化教学的内容，也就是说，使英语语法教学处于显性文化教学和隐性文化教学的动态均衡中。在不同的学习阶段中，英语教师应该根据不同学习者的个性化特征使用不同的显性文化教学方法及隐性文化教学方法，以促使学生及时将英语语法知识转变成语法能力，进而实现英语语法教学及多元文化交际的教学任务。

第3节 大学英语听力与口语教学

一、大学听力教学

（一）听力教学概述

1.英语听力的心理历程

英语听力在人们日常生活中普遍存在，然而深入了解英语听力的规律却极不容易，这主要是因为英语听力与人们的心理历程之间存在密切的联系。从英语听力的本质上来讲，其不仅是一个自下而上的解码意义的过程，也是一个自上而下的阐释意义的过程，同时也是二者之间融合发展的过程。

（1）自下而上对意义进行解码的过程

自下而上对意义进行解码的过程主要囊括了两个子过程，一个是发现语句中词汇的音素，二是对自己所听到语句的节奏进行切分。其中，发现音素是一个最基本的环节。

①发现音素

与汉语的语言体系不同，英语语言的特点使得人们难以区分音素。连读是指在英语朗读中，如果前一个单词以辅音音素结尾，后一个单词以元音音素开头，就会自然地将这个辅音和元音连接起来而构成一个音节。连读的音节一般不用重读，只是自然地过渡。因而，连读的时候，学生比较不容易区分单词与单词之间的分界，极有可能会把前一个单词的辅音与后一个单词组合在一起听成一个新的单词，进而产生误解。

除此之外，若某一重读音节的结尾为字母 t，而 t 后边一个单词的开头为元音，那么在朗读的时候，t 的发音便会与音素 /d/ 极为相似。即便学生在英语口语中并不会使用到这部分规则，但是也应该对这部分规则有一定的了解，这样才能够及时发现听力过程中出现的各种音素。

②切分节奏

学生在分辨词汇的时候，还应该对词汇之间的节奏进行合理的切分。人类生来就获得了切分母语的技巧，他们先将语流切分成不同的语法组块，然后再切分成单词，切分技巧是以头脑中存在的"音位—词汇系统"和"音位—句法原则"为基础和前提条件，并且这些切分技巧会随着语言学习过程的推进，而变得越来越自动化。这也就表示，当学生的语言能力逐步提升的时候，他们便能够精准地对节奏进行切分。

母语为英语的人们在切分节奏的时候，往往会遵照以下两个基本原则。第一，重音是实词出现的标志，在英语的实词中，大概有90%的实词在第一个音节上出现重音。第二，在实际的语流中，每出现一个意义单位往往会停顿一下，而每隔2～3秒便会出现一个意义单位，且停顿单位中间也会出现一个比较突出的实词项，这个实词既可以是单词也可以是短语。

而以汉语为母语的学生在学习英语的时候，上面所介绍的两种切分原则便不是很适用，这种情况必然会使听力理解出现困难。事实上，不管是什么年龄的学生，如果科学地进行听力训练，便会使自下而上的意义解码过程变得更加顺利。除此之外，英语教师也应该为学生讲授英语语音的特征，以使学生准确地对词汇进行辨别。

在大学英语听力教学的过程中，英语教师应该为学生设置与重音辨析相关的教学内容，以使学生深入了解词汇辨析的方法。如果学生的英语能力较强，可以选择较长的语篇让学生做重音辨别练习。通常情况下，交际的语境越贴近现实，学生便更容易了解重音转变及节奏切分在英语学习中的必要性。

（2）自上而下对意义进行阐释的过程

自上而下对意义进行阐释的过程主要是指听者运用原有的知识来辨别所听到的内容，且对将要听到的内容进行准确预判。在阐释意义的过程中，图式及语境是两种较为重要的影响元素。

①图式

图式实际上就是指存储在学生脑海中的、原有的知识，这些知识始终保持着动态的变化。当学生通过听觉接收到各种新信息之后，这些新信息就和已有的旧信息相互作用，从而新的图式就形成了。图式的不断确立及完善不仅是学生领悟输入信息的基本条件，也是扩充信息的一个过程。

②语境

在英语听力的过程中，不断建立新的图式极有可能使学生曲解对方的真实意思。可见，仅仅依靠图式来进行听力理解是不够的，还必须依据上下文所提供的信息。同样，如果只是根据某个句子的表面意思来判断交际对方的想法，难免太过于片面。学生只有充分了解与语句相关的知识并结合相应的语境，才能够揭示这个语句真正的含义。

总而言之，自下而上对意义进行解码、自上而下对意义进行阐释这两个过程缺一不可，二者之间保持着相互制约、相互作用的紧密联系，若强制将二者割裂开便显得没有意义。但是，我们也应该精准判断学生听力理解方面的障碍主要源于哪个过程。英语能力相对较强的学生可以通过语境来扩充语句字面上的意义，而那些英语能力相对较弱的学生则格外重视对细节的领悟，这部分学生并不能完全领悟语句字面上的意义，需要结合语境来补充这部分不理解的内容。

（3）英语听力心理历程的特征

①英语听力的本质特征

从英语听力理解的本质来讲，听力理解的特征主要包括以下几个要点。

一致性。在英语听力教学活动中，"听"往往与"说"同时出现，二者之间保持着一致的步伐。"听"的存在必然可以推断出"说"的存在，但是反过来就不成立。因而，"听"是建立在"说"的基础之上的。这也就表示大学英语听力教学应该格外关注"说"的方式及内容，以口语技能的提升来推动听力能力的提升。

转瞬性。英语听力的转瞬性主要指的是人们所听到的内容是瞬间消失的，并不会复返。因而，听者必须在当时就清楚地听到信息，否则很难补救。这也就表示学生在进行听力理解的时候应该聚精会神，关注所听到的内容及说话时的语境。

提示帮助性。在听力理解发生的交际情境下，存在着一些有助于交际双方理解信息的提示或线索。因而，在大学英语听力教学中，英语教师应该引导学生重视这些细节，并找寻加速理解的关键性线索。

情境约束性。我们认为"听"是日常交往活动的主要环节，那么"听"必然发生在一定的时间、地址、场合中，这也就构成了英语听力理解的具体情境。对交际双方话语的理解，不能仅停留在字面意思上，而是需要结合特定的情境。情境在理解语句意义的过程中发挥着关键性的作用。而在大学英语听力教学中，英语教师应该不断培养学生感悟情境的能力，鼓励学生提升自身的情境意识。

听说互换性。由于人与人之间的交往活动往往是一个互动的过程，日常交往活动中听话的人同时也是说话的人。听说互换性是指听者为了争得话语权或者自我表达而变成说话的一方。此时他们不是为了获得清晰的理解，而是要积极地参与到语言交际之中。有鉴于此，大学英语听力教学应该与口语练习融合在一起进行，以使学生通过与其他人进行对话或者其他的互动活动来提升自身的听力能力。

②听力语言的特征

一般而言，听力理解所涉及的资料均源于现实中的交往情境，因而听力理解的语言较为口语化。而口语与书面语之间的差别较大，这就导致听力语言显示出其独有的特征。

词汇口语化及语法口语化。从英语语法的层面来讲，由于交际活动是实时发生的，参与交际活动的双方必然会将注意力放在自身所表述的内容及含义上面，便会忽略语言语法的准确性，因而人们所说出的语言中有相当一部分与语法规则不符。除此之外，参与交际活动的人为了节省时间或者保持语言简练，还经常性地将语句中的一部分内容省略掉，若我们不结合相应的语境，便很难理解说话者的真实意图。

语音转变较为复杂。一般情况下，英语听力理解是通过声音的方式来传输信息的，说话者的声音并不全是清楚且能够辨析的，同时听力语言的语音方面也会出现比较复杂的转变。语音变化虽然具有系统的规则，但是这些规则比较复杂。另外，音素连接在一起相互作用也使语音发生变化，所以才有连读、省略等现象的发生。

多余内容较多。相关研究证实，英语听力语言通常有一部分多余的内容，这些内容占据了整个听力语言的60%~70%。人们在日常交际中为了使对方能够清晰地理解自己的意思，通常采用信息叠加的方式，包括词语重复、语义重复及信息或话题重复等。

除了上面描述的几种重复现象以外，听力语言中的多余现象还囊括了口误、纠正错误、停滞、迟疑、运用填充词汇等。我们可以充分利用听力语言中的多余内容，进行适当的缓冲，以便及时考虑、纠正听力语言中的错误或者补充相关的信息。

2.听力教学的重要性

（1）牢固学生的语言知识

大学的英语听力教学活动能够有效促进学生巩固在课堂上学习到的英语知识，进而推动知识体系的搭建。听的过程是一项十分复杂的信息处理过程，这一过程必然涉及对语言信息的理解和输出。学生通过听力理解活动，既提高了听力水平，又实现了新知识的构建，掌握了语言规则和内容。

（2）增强学生的语言应用能力

实践证实，大学英语听力教学活动能够有效提升学生的综合语言应用能力。作为语言输入的一种重要方式，听力教学活动既能引导学生对英语语言的声音符号信息进行辨别，又能使学生展开积极思考，对语言信息进行重新组合，更好地理解所学的语言知识。同时，听力教学还能够提升学生的语言学习效率，进而提升他们的语言应用能力。

3.听力教学的发展现状

虽然现阶段我国的大学英语教学转型已经取得了突破性的进展，然而英语听力教学中仍旧出现了各种各样的问题，这些问题严重阻碍了英语教师的正常课程讲授。

（1）教师层面

从教师的层面上讲，英语听力教学中主要出现了教学目标定位不准确、课前未进行适当的引导这两个问题。

其一，教学目标定位不准确。

在大学英语听力教学中，一些英语教师由于欠缺解析、掌握教学目标的能力，而只把英语教材中的听力练习作为听力教学的主要内容。如果听力材料太难，教师就会对听力练习进行调整。虽然此种做法在一定程度上推动了英语听力教学的发展进程，然而在实际中其脱离了英语教材最开始所制定的听力教学目标，这会影响听力教学的成效。

其二，课前未进行适当的引导。

目前，一些教师习惯性地在听力练习之前解释和说明所要听材料的生词、句型和前后逻辑关系，这种过度的引导使得学生根本不需要认真听材料，就可以选出正确的答案。与此相反，一些教师在听力练习之前并不做任何的指导，便直接为学生播放听力资料，还要求学生务必要完成听力任务。由于教师事先没有介绍和说明听力材料中的生词及相关的背景知识，学生本身对话题也不熟悉、不了解，因而，在这种情况之下，学生并不能顺利地完成听力练习的任务。由此可见，在大学英语听力教学的过程中，英语教师应该在听力练习之前适当地对学生进行引导。适度引导要求教师要把握一个度，不能不引导，也不能引导过度。

（2）学生层面

从学生的角度来看，听力教学中出现的问题重点囊括了心理压力过大与基础知识薄弱。

第一，学生心理压力过大。

在英语听力课程中，一部分学生一听到英语教师要进行听力练习，内心便会出现焦灼、忧虑的情绪，脑海中还会一片空白；一部分学生由于成绩不好，缺乏自信，甚至产生自卑心理。这种压抑的心理状况长久积压在学生的心里，便会对他们的学习心情产生不利影响，他们的听力水平也不会得到提升。

第二，学生基础知识薄弱。

现阶段，我国大学生的听力基础知识普遍比较薄弱，这就影响到英语听力教学的整个进程。学生基础知识薄弱突出表现在以下两个方面。一方面，学生的语音知识相对比较薄弱，缺乏必要的语音规律知识，这就使学生在听力练习的过程中一旦碰到弱读、连续、吞音等特殊现象，便不容易识别原本的听力内容，进而也不能精准地掌握语句的内在含义。再加上有些学校语言环境和教学设施的缺乏，学生基本不能受到专门的英语发音和听力技能训练，因而这必然就导致学生的语感差、无法掌握英语发音的特点和规律。除此之外，一部分学生受到方言的严重制约，他们的发音也不甚标准，这也必然会影响听力的准确度。另一方面，学生的词汇量往往较小，对句法的结构及相关的语法知识的认识并不深入，这就制约了学生的听力理解能力。

（二）文化差异与听力教学

听力教学的主要内容：

（1）听力知识

听力相关知识主要包括语用知识、文化知识、策略知识等几个方面的内容：

语用知识。人们在日常交际的过程中，谈话双方所进行的对话往往蕴含内在的含义，这就要求借助一定的语用知识，以便对会话进行深层次的了解。

文化知识。对所听话语的理解需要借助一定的文化知识，否则很容易出现误解的情况，因为语言就是文化。为此，学生应该了解英语相关的文化，以更好地理解说话者的真实意图。

策略知识。策略知识主要是指学习者在学习的过程中对目标的认识、对适宜的学习方法的选择、对学习进程的掌握等。策略知识能够帮助学生依照英语听力教学的目标来选择适宜的听力方法。

（2）听力技能

①基本技能

第一，理解大意的能力。

第二，辨别交际信息的能力。

第三，辨音能力。

第四，推测词义的能力。

第五，理解细节的能力。

第六，推理判断能力。

第七，选择注意力。

②听力技巧

一般而言，当技能、技巧和策略处于不同的层面，它们就指代不同的含义。技巧代表的是活动的操作方式。当学生合理地运用技巧的时候，便能够准确把握所听内容的意思，技巧也会上升到策略的层面；不然的话，技巧就仅仅是技巧而已，并不会对实际交往产生推动作用。

（三）听力教学的方法

1. 互动式教学

互动式教学的方法具体指的是在听力教学的过程中，英语教师及学生之间应该根据听力材料进行交流。在此过程中，学生既要理解所听的内容，还要做出相应的反应。在大学英语听力教学中采用互动式教学的方法，有助于激发学生的学习兴趣，提高他们的听力理解能力，同时通过听力活动有利于学生养成积极思考的习惯。

人与人进行面对面交流的时候，同样可以使用互动式教学的方法。说话人通过问答等方式和听话人进行交流互动，并根据听话人的反应对所讲内容及时进行解释说明或调整。需要说明的是，在具体协商的时候应该掌握好时间，这是因为交流活动的主要目的是听力练习，因而英语教师应该强调学生说话的时长。

2. 策略教学

策略教学的方法实际上是指在指导策略的基础上进行补充、改正而产生的一种教学方式。

为了实现策略教学的任务，英语教师应该从两个方面出发开展活动。一方面，要让学生深入理解语言是如何发挥其功能的。另一方面，让学生理解自己所使用的策略，也就是让学生获得"元认知策略意识"，并且在这个基础上教师要教学生使用更多其他的策略，这些策略的使用能够促进学生听力任务的完成。

因而，从根本上讲，策略教学的方法是大学英语听力教学中的一种紧凑式设定。这种课程的具体表现是每一个策略单元都明显地强调一个重点，并且紧密联系着一个或多个相关策略，这些策略主要包括判断语言背景、人际关系、语气、话语主题及话语意义等内容。

二、大学口语教学

口语是人们进行互相交流的一种主要方式。在交流的过程中，人们不仅可以传输各种信息，也可以向对方转述自己的观点及看法。随着全球经济一体化进程的加快，国与国之间的多元文化交际日益频繁，运用英语进行口头交流的机会越来越多。然而，目前我国的大学英语口语教学依然存在一些问题，学生的英语口语表达能力有待提高。研究大学英语口语教学转型，探索大学英语口语教学的方法意义重大。

（一）口语教学概述

1. 口语教学的必要性

日常生活中，英语口语的重要性不言而喻。这种重要性集中体现在以下几个方面：

（1）社会对英语人才的需求日益增加

现代社会对英语人才的需求日益增长，学习英语口语也变得更加重要。随着世界经济的全球化及我国与世界接轨的加快，我国与其他国家之间的往来越来越频繁，作为世界性通用语言的英语，其重要性不言而喻。因此，社会对熟练运用英语的人才的需求也日益增多。这就要求学生学习英语时除了要会读、会写，更重要的是要会听、会说，真正做到在交际中可以运用英语进行交流。

（2）现行考试制度的内在要求

现行的考试制度格外关注考查学生的英语能力，这就要求学生关注对英语口语的学习。我国的公共外语等级考试逐渐重视考核学生的英语运用能力；雅思、托福等考试，为了测试出国人员是否具备生存的基本能力，也注重对口语的考查。因而，学习英语口语的重要性不容忽视，同时大学的英语口语教学应该将提升学生的口语应用能力作为口语教学的主要任务。

2. 口语教学的发展现状

现阶段，我国已经充分认识到大学英语教学的重要性，英语教学优化也取得了较大的进展。然而，大学英语口语教学的现状仍不容乐观，依然面临一些问题。

（1）英语教师自身的教学水平有限

教学手段及教学模式只有在教学活动的框架中才能够实现，因而优质的教师队伍是大学英语教学成功的主要元素。目前，很多大学的英语教师自身的基本功不够扎实，听、说、读、写、译等方面的能力有待提高。一名优秀的英语教师应做到语音标准、吐字清晰、语调准确、口语流利通顺、板书整洁规范、语法概念熟练。除此之外，英语教师对英语、汉语进行转换的能力也比较欠缺。可见，英语教师至少应该熟练掌握汉语及英语两种语言，同时对中西方文化有深入的了解，这样才能够提升自身的语言能力及教学水平。

（2）教学方法及学习方法较为单一

提升学生的英语口语交际能力是大学英语教学的主要任务，这个任务的完成还需要英语教师及学生的协同努力。但是在实际的教学与学习过程中，英语教师的教学与学生的学习方法都比较单一，这不利于学生口语交际能力的提高。很多英语教师在大学英语口语课堂上采用传统的"讲解＋练习＋运用"的教学方法，这不利于激发学生开口讲英语的积极性。在口语学习过程中，学生由于习惯了上课记笔记、下课做练习的学习模式，通常处于被动接受地位。在口语课堂上，大部分学生很少有机会参与到教学活动中，也很少提出问题或者干脆不开口，仅仅进行口语练习，这种现象严重影响学生口语表述能力的提升。

（3）学生的口语水平相对较低

大部分学生并未完全掌握展开话题的手段，加之口语实践不足，因而学生往往不能将课堂中学到的英语词汇及语法知识应用于口语表述中，这就使他们不知道如何进行口语表述或者无言以对。我国学生由于受到汉语的影响，在进行英语口语表述时往往显示出各种各样的问题。例如，有的学生发音不准确，不能正确地表达语义；有些学生不能正确使用语调或重音，导致口语表达不标准；一部分学生还带有比较严重的地方口音等。

（4）欠缺配套的口语教材

现阶段，我国适用于非英语专业大学生的英语口语教材异常欠缺。很多院校所使用的英语教材大多是将口语训练附在听力训练的后面，作为听力训练的补充，有些甚至没有口语训练。那些处于附属地位的口语练习通常缺乏系统性，内容简短，缺少相关的指导与参考答案，难以保证其实用性。除此之外，目前市面上见到的口语教材往往比较简单，仅囊括了日常生活中所使用的简单用语，而另一部分口语教材的难度又偏高，往往涉及各种专业性的领域，严重脱离了大学英语教材的难易程度，因而这部分口语教材在指导学生学习口语时并未取得较大的成效。

（5）口语课时不够

学生英语口语能力的提升并不能一蹴而就，而是要通过长期的、持续的练习才能够实现，这也就要求英语教师应该将更多的时间及精力投入到口语教学活动中来。但是就目前而言，我国大学教学中分配给口语教学的时间往往十分有限。例如，大学使用的《新编实用英语综合教程》主要包括听、说、读、写、译五项内容。每个班级如果按照 50 人计算，学生的英语水平参差不齐。这样的话，即使口语课有两个小时，每一位学生接受的口语训练也非常有限。课时的短缺使大学英语口语教学的成效及学生英语口语的能力得不到提升。

（二）文化差异与口语教学

1. 词汇层面

英语及汉语两种语言中不仅包含主要的词汇，还有一部分词汇显示出特定的文化信息，这也就是我们所说的文化内涵词。英语教师应注重向学生讲授相关文化内涵词，使学生在日常口语交际中正确地加以运用。学生如果不了解文化内涵词的意义，就可能会影响表达的效果。同时，英语所用词汇的褒贬含义也会影响到大学英语口语教学活动。例如，当你对一位来自非洲的客人说："You blackamoors are different from black Americans in some ways."对方听了会很不开心，这是因为在英语中 blackamoor 含有贬义的色彩，意思等同于汉语中的"非洲黑鬼"，因此可改为 black Africans。

2. 认知理解层面

英语及汉语两种语言存在较大的差异性，这就导致语言背后蕴藏的文化也显示出一定的差异性，因而两种语言的习惯及认知理解方面也会出现不同之处。由此可见，英语教师在教学中应引导学生学习中西方在认知理解上的特点，了解二者的差异，使学生根据不同的场合选用恰当、得体的英语来进行交流。现实中进行口语交际的时候，即便学生所运用的语句合乎语法的规则，发音也比较准确，但不体面、僵硬的语言同样也会给交际活动带来阻碍。

（三）口语教学的方法

1. 情境教学

情境教学的方法主要指的是在具体的教学活动中，英语教师应该有意识地引入或者设定饱含情绪色彩、以人物为主体的场景，以便调动学生学习的积极性，进而引导学生深入了解教材，并开拓学生的心理机能。情境教学法的形式有很多种，如配音、角色扮演、课内游戏、诗歌朗诵、音乐欣赏、旅游观光等。其中，最常用的是角色扮演和配音。

（1）角色扮演法

情境教学最常见的一种教学手段便是角色扮演法。与机械、单调重复的口语练习不同，角色扮演给学生提供了接触各种社会交际场景的机会，学生以各种各样的社会身份来练习交际，这不仅激发了学生的学习兴趣，还为交流的有效进行打下了基础。在实际的教学过程中，英语教师让学生自己进行角色分工；在学生排练过程中，教师可以提供必要的指导与帮助，排练完成之后，让学生进行表演。当学生展示完以后，英语教师可以先让学生总结分析自身的表演，而后再对学生的表演进行评述。

（2）配音法

配音法的操作方法较为简单，英语教师应该按照下述的施行方案开展教学活动。第一，节选一部电影片段，讲解其中的语言难点；第二，组织学生听取原声对白，鼓励学生背诵对白；

第三，让学生模仿电影角色，为电影配音。

总而言之，在英语口语教学的过程中，英语教师应该尽量为学生创设各种逼真的语言情境，将情境与语言学习有机融合在一起，进而使抽象的语言教学贴合实际、贴合学生。这种口语教学方法既能调动学生学习的积极性与主动性，又能促进学生掌握运用英语进行交际的能力。

2. 文化导入

在多元文化融合的背景之下，大学英语口语教学应该将口语教学活动与文化意蕴融合在一起，运用文化导入的方式为学生传输口语知识。

文化导入的方法：

①运用多媒体进行导入

我国学生在学习英语的时候往往欠缺必要的英语环境，这严重影响到学生的学习效率。由于缺乏英语环境，学生不能全面地感受到英语与英语文化。鉴于此，英语教师可以利用多媒体进行口语教学，营造英语情境，使学生置身于真实的情境中来感受英语与英语文化。

②通过指引学生积攒日常交际用语进行导入

我们认为交际能力是语言最基本的、最突出的功能。英语教师应该鼓励学生累积日常的英语交际用语，且引导学生将这部分累积的知识应用到实际交往中。只有当学生充分认识到此种差异性，才能够保障交际活动合乎规范，防止交际出现失误。

3. 任务型教学

大学英语口语教学还能够使用任务型教学的方法，此种口语教学方法一般按照以下几个步骤展开活动。

（1）展示任务

在展示任务的阶段内，英语教师应该着重指导学生准备相关的语言知识。在展示任务的过程中，教师可以学生的实际生活与学习情况为依据，创设相关的情境，调动学生学习英语的动力。同时，教师还要为学生提供与话题有关的环境及思维的方向，以加强新旧知识之间的连接，使学生在巩固旧知识的同时掌握新知识。需要说明的是，展示任务的时候应该遵守先输入信息、后输出任务的基本原则。

（2）执行任务

执行任务是大学英语口语教学的一个主要环节。在接到任务之后，学生可以采取诸如小组自由组合、结对等方式来执行任务。小组自由组合或结对的方式不仅可以为每个学生的口语表达提供练习机会，还有助于培养学生合作互助的意识，增强学习效果。此外，执行任务时也可以通过由教师设计多个小任务构成任务链的方式进行。在这个阶段内，英语教师的主要任务是追踪、引导学生的各种活动，保障各项活动的顺利开展。

（3）评议任务

在任务执行结束以后，英语教师及学生应该合力对所开展的任务进行评议，重点指出每个小组的优势及缺点。评价时应注意对学生的活动情况尽量持肯定态度，以鼓励、表扬的方式为主，以增强学生的成就感，从而提高学生的自信心。当然，如果学生在表达中出现比较严重的、影响交际的错误时，英语教师也应及时指出和纠正，正确引导学生。

综上所述，任务型教学的方法能够激发学生学习英语口语的积极性、主动性，提升学生的合作意识及竞争意识，进而提升他们的口语能力。

4. 交流学习

大学生在学习口语的过程中，应该充分发挥自身优势。一方面，大学生可能有一些多元文化交际的经历，所以应该更多地组织他们进行小组讨论，让他们交流多元文化交际的经验，这样可以取得更好的教学效果。另一方面，大学生通过互相交流经验，可以互相分享解决交际中遇到的困难的方法，总结出适合这一人群的交际策略。这些实际的经验交流对于提高大学生的口语水平有着显著效果。与此同时，多元文化交流过程中往往会触及文化因素，这些文化因素能够加深大学生对英语的印象，进而有效防止出现由文化因素而引发的各种交际误会。

第4节　大学英语阅读与写作教学

一、大学英语阅读教学

（一）阅读的重要性

大学英语阅读教学是改革前后较少受到质疑的语言技能之一，不仅对于其重要性，而且对于其教学效果方面也是如此。阅读在中国改革开放以来历次英语教学大纲中，都是重点培养的语言技能，而且，从学生大学毕业后的英语水平可见，其在阅读上的能力要明显优于其他语言技能。

英语教学作为一门语言的教学，其主要是培养学生的言语技能，即运用语言的能力。而阅读是一种交际行为，是人的语言能力和交际能力的融合，是语言学习者需要把握的五项基本技能之一。学习任何一种语言的目的都是交际，对学习者而言，应试是手段，而交际才是目的。在大学英语四、六级考试试题中，阅读占的比例很大，因此，阅读在英语学习中占很重要的位置。从另一方面讲，提高阅读能力是提高听、说、写、译能力的关键。一般认为学外语在起始阶段要从听、说入手，起始阶段过后就应听、说、读、写全面发展。到了高级阶段，在听、说、读、写全面发展的同时，要着重发展阅读能力。一个人学外语，其阅读能力的高低标志着他的外语水平的高低。阅读能力是听、说、写的基础，只有阅读能力提高了，一个人听、说、写的能力才会是有源之水，有本之木。大学英语的一项重要教学目标就是：培养学生具有较强的阅读能力，使学生能以英语为工具，获取专业所需要的信息，提高其综合文化素养，适应我国经济发展和国际交流的需要。因此，阅读能力的培养是大学英语教学的核心内容之一。

英语阅读是大学英语教学的重点教学环节，对英语考试成绩的提升及学生英语整体素质和技能的培养具有非常重要的意义。因此，意识到阅读教学在大学英语教学中所呈现出的不可忽视的重要地位，巩固大学英语阅读教学的基础目标，并在此基础上实现理想的大学英语教学的目标。现阶段看来，大学英语教学中阅读教学的重要性主要体现在以下几个方面：

首先，阅读在教学大纲中的目标制定也体现了其重要性。目前，《大学英语教学大纲》规定：培养学生具有较强的阅读能力，使学生能以英语为工具，获取专业所需的信息。这充分体现了对阅读教学的具体化规定和要求，以及对阅读教学重要性意义的关注。可以看出，学生阅读能力的培养是大学英语教学中的重点，通过阅读教学来培养提升学生的阅读能力是大学英语教学的必要手段和方法。所以，明确大学英语教学大纲，同时要对阅读教学在大学英语教学中的重要地位有强化性的认识和理解，全面开展大学英语阅读教学实践活动，努力保证大学英语教学通过有效的阅读方法而达到积极效果。依据《大学英语教学大纲》的规定，制定并细化出具体英语教学目标，突出强调阅读教学的重要作用，并给予阅读教学更多的关注。目前，阅读教学在大学英语教学中的重要性地位得到了应有的肯定，在此前提下才有了阅读教学的顺利开展的保证，所以，阅读教学的实效性的具体实现并提升是对阅读教学的重视和有效开展的保证并重的终极结果。

其次，阅读教学也是大学英语教学能力提升的关键环节。阅读作为交际行为的特殊形式，融合了语言能力和交际能力。语言知识的运用是获取所需直接知识的必要方法，运用各种阅读技能进行判断、分析、推论并延伸信息，最后对这些内容所承载的观点给出评价，这样的过程同时非常具体地呈现出了读者和作者之间的交流方式，达到了交际活动的本质目标。所以阅读能力的提升顺应了英语教学的发展趋势，对英语教学原则有了客观的把握认知，突出了大学英语教学的重点和对阅读教学的重要地位的认可，为阅读教学的顺利开展提供了有利的条件保障。

（二）大学英语阅读教学现状

过去很长一段时间，我国的英语教学基本上是以读为主，以听、说、写为辅的英语教学模式，其主要原因在于，社会对英语教学的主要需求是阅读，而阅读又是当时的英语教学环境下最便捷、最现实、最有效的英语教学语言方式。

而当前，我国的对外开放、信息技术的迅猛发展、经济持续稳定高速发展使得社会对英语口语的需求剧增，英语语音、音像资料空前丰富，使得听力教学异军突起。这些新情况提出了对听力、口语教学要重新定位的要求，甚至有不少专家学者提出中国英语教学应该结束以读写为本的时代，进入以听说为本的新时期。但是从另一个角度来看，这些新情况又进一步巩固了阅读教学在中国英语教学中的地位，不仅从数量和规模上，而且还从质量上、层次上、样式上对英语阅读提出了更新、更高的要求，如何使英语阅读教学与时俱进，顺应社会发展的需要和变化，成为亟待解决的问题。

通过教学实践分析，当前在大学英语阅读教学中存在以下几方面的问题：

1. 教学模式、环境等存在的问题

（1）教材设置不合理

教材作为教学活动重要的工具，在教学中起着不可替代的作用。总体上来说部分阅读教材以知识为中心，强调知识的系统性，十分重视语言知识的传递和阅读技能的训练而忽视了教材要与学生的知识和能力结构相结合的重要性。从内容上看，部分内容要么过于简单缺乏挑战性，要么语法结构晦涩、脱离生活的真实情景，从而很难引起学生的阅读兴趣，阅读效率低下致使阅读教学不能满足训练阅读技能的需要。从体裁来看，覆盖面窄，无法使学生接触不同体裁、不同风格的书面语言材料致使学生在阅读课所学的知识与实际交流相脱节。另外与人文科学和文化相关的材料含量不高，从而造成学生知识面狭窄，在一遇到涉及文化内容的阅读材料时就感觉很棘手。每篇阅读材料后所设练习题型单一且侧重于识别类型的题目，对语言输出练习较少，不能体现对学生综合能力的训练。

（2）教学模式不合理

目前，学校英语阅读教学主要有两种模式，但是二者都不完善，仍然存在着很大问题。

其一，以学习语言的形式处理阅读。

以学习语言的形式上阅读课的教学模式认为，阅读课就是学习词汇和语法，只要能读懂句子，就学会了语篇。在这种教学模式下，阅读课的主要任务是借助教参和字典通览全篇，弄清楚文章的主要脉络和词义、句义即可。这种教学模式对于学生通过考试有很大帮助，但是它只侧重对文章词汇、固定搭配、重点句型、习语等的掌握，而不能引导学生对语篇进行整体掌握，了解文章的写作意图、语篇结构、主题意义等，这是不得不认识到的不足之处。此外，以学习语言的形式处理阅读的教学模式通常采用传统教学方法，很难启发学生的创造性思维。

其二，以语境和功能为侧重处理阅读。

以语境和功能为侧重处理阅读的教学模式强调对语义的理解，注重知识面的扩大，以及对语境特征的掌握，但是它对学生基础词汇和语法特征的学习重视不够，不重视基本语言形式的学习。在这种教学模式下，教师通常首先让学生快速阅读语篇，然后对语篇的主题意义、交际目的、语篇结构等展开讨论。而事实上，学生的英语语言水平是不同的，有些学生的基本功并不扎实，还有相当一部分大学生在口语表达和写作训练中经常出现词汇的拼写、语法等语言形式上的基础失误，因此我们需要对这种教学模式进行改进。

（3）课堂缺乏互动

在大学英语阅读教学中，许多教师常采取机械的传统教学步骤：课前，要求预习阅读材料。课堂上，教师对阅读材料的背景、内容和作者信息作概要性的介绍，再以清除理解障碍为目解释一些重要的词汇和语言难点，然后提问一些理解性问题，让学生思考，然后再对答案予以矫正。课后，要求记忆词汇短语等。这种缺乏充分互动的传统的阅读教学模式存在诸多缺陷：首先，学生的预习缺乏明确的目标。其次，教师在课堂上介绍背景知识是以其自身为中心，为教学活动的主宰，由于不需要学生的积极参与，学生的大脑常常处于抑制状态，从而难以激活他们固有的知识起到激发学生阅读兴趣、参与阅读过程的作用。教师对语言难点的逐一解释，只能促进学生对语篇局部的理解，妨碍学生对阅读材料内容的整体理解和把握；再者，单纯的理解性练习只能起到检测学生理解结果的作用，并不能发展学生的阅读技能。在这样的课堂里，教师"知识权威"的角色常常会妨碍学生在阅读过程中大胆假设、积极推理和验证，使他们无法积极主动地参与到教学过程中，能动性难以得到充分发挥。而阅读课堂里的师—生互动、生—生互动缺乏的一个必然后果是：学生个体局限在自己的知识圈里，不能够分享群体的世界知识和理解技能，策略难以得到有效发展。

2.教师方面存在的问题

（1）教师的教学观念落后，教学模式单一

教师依然沿袭传统的翻译教学法进行教学，教师是教学的主体，起主导作用，学生只是被动的知识接受者，而不是主动积极的学习参与者。在阅读教学中，教师过分注重词和句子层面的教学，忽视语篇语义教学，忽略利用教材对学生的语篇理解、欣赏和阅读技巧及策略进行训练，以及对英美文化背景知识进行介绍。较少结合实际充实一些和时事挂钩的教学内容等，使教学失去活力，因而也就削弱了其功能性和时效性。

（2）忽视学生阅读兴趣的培养，缺乏与学生沟通

教师把大量的时间花在书本知识结构上，进行词汇、句式的讲和练，把学生人为地圈定在与之密切相关的题海之中，无暇顾及阅读，从而忽视了学生英语语言知识的积累及语感语义的培养和语用知识的运用。学生在学习能力、兴趣、动机、对阅读的认识和阅读习惯等方面表现出很大的差异，而教师以"一刀切"的方式要求所有的学生，这会导致学生的被动和兴趣的失去，最终使得知识和情感分离。这种畸形的教学模式无疑会减少学生的创造性和潜能的开发，从而也影响了启发学生思维，开发学生智力，培养学生分析、解决问题的能力。

（3）对阅读策略和技巧讲解指导不足

当前多数教师在其教学中仍使用传统的翻译教学法和以教师讲解为中心的教学模式，教师在课堂上重于语法知识的讲解，轻语篇教学和阅读方法的指导。同时缺少对阅读策略和技巧的相关理论的掌握，在对课文的教学处理上，虽也要求整体阅读，但往往是流于形式，大部分问题仅仅局限于对课文字面意思的理解或故事情节的提问，没有涉及文章深层次的含义。

（4）没有及时纠正学生的不良阅读习惯

如学生在阅读相关的试题或文章时喜欢用手指着读的现象；读时只注重故事情节，阅读时注意力不集中；往往是遇到生词就查字典等，这些不良阅读习惯严重影响了阅读的速度，阅读质量和效果就不能得到很好保证。

（5）教师理论水平和教研水平有待提高

教师的业务素质和教学方法直接影响学生的学习兴趣和学习效果，因此大学英语阅读教学水平的提高迫切需要教师转变传统教学观念，提高理论水平。可是在实际生活中部分教师缺乏对英语阅读理论的学习和研究，甚至对英语"自上而下"和"自下而上"两种阅读模式及一些基本的阅读微技能如猜词、略读、掠读、揣摩寓意、排序等知识都不了解，从而很难从理论高度审视和调整教学方法，有效地指导学生阅读。同时对于一些具备一定理论知识的教师来说，在教学中，还存在理论与实践脱节的现象。在他们的教学中，涉及阅读技巧和阅读策略的内容被作为知识教授给学生，可在学习教材提供的阅读材料过程中却没有对这些技巧和策略加以应用，对学生阅读方法的培养注重程度远远比不上对阅读教材内容的讲解。因此学生自然会错误地认为策略和技巧的学习无助于他们解决实际阅读过程中的问题，所以是不重要或者是没有用处的。因此具备了一定理论知识的教师必须注重理论知识的教授与教学实践的结合，让学生在阅读课堂上体会到学以致用的快乐。

3.学生方面存在的问题

（1）英语学习缺乏兴趣和动力

一般情况下，学生学习英语并不是把英语语言当成是一种乐趣和享受，而仅仅是因为英语是各种考试必考科目之一。很多学生学习英语，更多的是关注考试分数，分数考得不理想，或者经过努力，成绩却并没有起色，就会使学生丧失学习的兴趣和动力及学好英语的信心。这样，英语阅读理解的学习就更无从谈起了。

（2）阅读技巧的缺乏和不足

目前很多大学生缺乏必要的阅读策略和技巧。如在处理阅读理解时，通常从头到尾仔细读完，不会按意群来处理；重复阅读，某一段、某一意群由于理解不够彻底和细致，从而不断地重复阅读；处理阅读时，往往小声默读或者有意识地读每个单词等不良阅读习惯，导致浪费了大量的时间。大多数的英语文章，其主旨或中心一般都可以通过文章的第一段和最后一段来推断；而某一段的主旨和要义一般在第一句或者最后一句，学生可以通过跳读和查读的方式，快速获取文章的主要内容或观点。

（3）词汇量的制约

根据《大学英语教学大纲》的要求，大学英语词汇的学习大致可以分为三个重要阶段：即四级，六级，六级后阶段。四级词汇是 4200 个，六级词汇在此基础上增加 1300 个，六级后再增加 1000 个。这样整个大学英语阶段学生应掌握的词汇量为 6500 个。但实际上，学生所掌握的词汇却远远不够这个数量，这导致部分大学生在阅读中出现了"卡壳"的现象。众所周知，学生的词汇量会极大地影响学生的阅读速度和对语篇的把握和理解。词汇量不足会导致学生在阅读时出现无法正确理解和把握整篇阅读，误解和曲解阅读理解的内容，甚至会导致学生失去继续阅读的兴趣和信心，进而放弃阅读，给学生的阅读理解造成了很大的障碍。

（4）语法的影响

虽然目前的英语教学和高考中在逐渐淡化语法，强调学生听、说、读、写等英语语言的综合运用能力和运用英语语言进行有效交际的能力，但理解和掌握大学阶段的 24 项语法内容对于大学生在阅读时把握各种常用结构和篇章结构很有用处，尤其是一些复杂句式、长句子和句群的理解。反之，如果没有很好的语法基础为后盾，那么学生在阅读中可能无法理解复杂句式，甚至会误解阅读理解的内容。

（5）语言文化背景的缺乏

语言是文化的载体，语言和文化密不可分。美国著名语言学家萨丕尔指出，文化可以解释为社会所做的和所想的，而语言则是思想的具体表达方式。由于语言是一种民族文化的表现与承载形式，不了解这个民族的文化，也就无法真正学好该民族的语言。外语教学不仅要介绍语言知识并进行"四会"技能训练，更应该把这种学习与训练放到文化教学的大背景中进行，最终使学生具有语用能力。在英语学习中，部分学生可能会过多地强调词汇的学习，而忽视了英语语言文化背景的学习，在阅读英语语篇时，可能就会对整篇阅读的理解产生偏差。

（6）存在多种不良阅读习惯

①逐字阅读，过度依靠视觉信息。这样会大大减慢阅读速度，妨碍对文章的理解；

②把过多的注意力放在所谓的语言点与语法分析上；

③过度注意细节问题，结果是迷失主题或一叶障目；

④由于掌握的词和短语数量少，学生不得不依靠词典查找词义；

⑤误认为学习文章就意味着背诵，似乎掌握一篇文章最好的方法就是把它背下来。于是他们就采用模诵（模仿和背诵）法；

⑥阅读速度极慢，无论阅读何种文章，均采取同一种方法，对所学语言接触太少；

⑦母语翻译。学生过多地依靠汉语，理解文章靠汉语翻译，影响阅读速度和效率。

（二）大学英语阅读的教学策略

1. 更新教学观念

学生的阅读理解能力是反映学生英语能力的一个重要方面。要提高学生阅读水平，首先教师和学生双方都要改变自身对于阅读的观念。就教师而言，应该放弃传统的"一言堂"的阅读教学模式，改用以教师为主导，学生为核心的模式——如任务型教学模式，即教师、教材、教学方法都应服务于学生的"学"。教师通过精心设计阅读前、阅读中、阅读后的各项任务，充分发挥学生在阅读课上的学习主动性和积极性，让学生乐于学习，在合作中完成各项任务。这样才可能调动学生学习的创造性，培养他们的自主学习意识，使课堂真正"活"起来，教师才能做到授人以"渔"，同时也可以培养学生的团队合作精神。当然，这对教师提出了更高的职业要求，不仅要有过硬的专业知识、扎实的基本功和宽广的文化素养，还要具备较强的驾驭课堂和英语语言的能力。

2. 加强科研能力，提高教师素质

广大教师应当大量阅读与教育研究相关的材料和书籍，积极参加科研讲座和普及教育理论知识的活动，更新教学理念，优化教学模式。在新课程理念的指导下，英语教师应当利用新教材内容丰富、时代性强、符合大学阅读心理和兴趣的特点，转变传统的教学观念，改变以教师为中心，以词汇、语法讲解为主的教学模式，根据文章的题材采用灵活多变的教学模式帮助学生发展多方面的阅读能力，要根据教学目标和本地区的条件及学生的需求，积极而有创造性地探索能促进学生全面发展的行之有效的教学方法，应该努力成为具有创新精神的研究型教师。

3. 加强词汇和文学鉴赏的教学，增强学生的阅读能力

丰富的词汇量是提高阅读能力的先决条件，因此加强词汇教学有助于提高学生的阅读能力。教师在教学过程中可以利用单词图表、利用词汇搭配、利用构词法来进行词汇教学。英语的文学作品和篇章中有许多值得我们关注和欣赏的优美的词和句子，用了许多修辞手法，如比喻（明喻和暗喻）、排列等。在教学中教师要从审美的角度引导学生去分析文章的整体结构、语言和语义，让学生懂得真正地理解文本。

4. 加强语法基础知识训练，学会分析长难句

教师应平时加强语法基础知识的输入，大学英语阅读素材中有很多长难句阻碍阅读理解的速度，教师应教授学生识别长难句的主要结构，化繁为简，抓住句子核心内容，提高阅读效率。

5. 注重学生的主体性发挥，开发学生潜能

教师要有意识地引导学生发展自主学习能力，使学生真正成为学习的主体。从根本上说，就是教师要尊重学生在教育过程中的自觉性、自主性，应把学习的主动权交给学生，善于激发和调动学生学习的积极性，让学生有自主学习的时间和空间，使他们广泛主动参与教学活动，积极思考、积极实践，以培养学生的自主意识、竞争意识，不断开发学生潜能，促进其主体性的进一步发展。

6. 培养学生的阅读技巧，注重策略传授

正确的阅读方法能使学生读得轻松，读得高效。在课堂教学的过程中，教师应该着重培养学生的阅读策略及技巧。教师应该根据不同的阅读材料和阅读目的来指导学生运用不同的阅读

策略和技巧，如浏览、略读、识别指代关系、猜测词义等。

7.培养良好的阅读习惯，加快阅读速度

阅读教学应培养学生"不动笔墨则不读书"的习惯，"圈点勾画"不仅能充分发挥学生的思维潜能，提高对知识的理解记忆效率，而且能极大地激发学生揣摩研读文章的兴趣，有利于培养和提高自学能力，还要经常训练学生进行限时阅读，克服指读，教师应帮助学生逐渐养成用脑瞬间反映文字信息的能力；为培养快速阅读能力，防止朗读，教师应尽量要求学生做到默读；克服心读的唯一方法就是要求学生有意识地将阅读速度加快到超过最快的讲话速度，使学生没多余的时间去念出每个单词的读音。

语篇阅读活动是一个多种因素、多向交流与反应的复杂解码过程，教师应当努力提高自己的专业技能，提高教学和科研水平，转变传统的教学思想和观念，优化教学模式，同时也应该加强对学生学习方法、阅读技巧的培养。学生在英语阅读学习的过程中也要勇于克服英语学习中遇到的困难，通过广泛阅读加强词汇的积累，训练自身的阅读策略、技巧，养成持之以恒的学习习惯，逐步提高英语阅读能力。

二、大学英语写作教学

（一）写作在英语教学中的地位

1.社会的发展使英文写作越来越重要

当前，人类进入了信息时代。这个时代要求文化科学技术以前所未有的广度和速度传播，而传播的手段首先是写作，尤其是英语写作。虽然现代化的广播、电视和计算机、互联网络等多媒体传播工具已普遍使用，但是专家、学者、教授、新闻记者和商人，一般都不是直接使用现代传播工具，而是事先写成文稿，然后才借助传媒工具进行传播的。因此，现代传媒技术的发展和普遍使用不仅没有降低写作的地位，反而对写作提出了更高的要求。由于英语写作在当今全球化不断加快的人类社会生活中占有极其重要的地位，因此英语写作在整个英语教学课程中显得格外重要。现在随着国际间各种交流的迅速发展，计算机网络等媒体技术的进步，电子邮件的便捷传输，英文信函的频繁往来，技术交流和论文撰写的需要使得英文写作与日俱增。如果我们的专业技术人员不具备满足社会需求的英文写作能力，就不能很好地适应工作的需要，就会在社会进步中处于被动状态。

2.写作是重要的交际手段

写作在教学中的地位还取决于它在听、说、读、写四种技能中的作用。要学好一门外语，这四种技能都是不可缺少的，而且是相辅相成的。我们难以设想，一个写作中错误百出的学生会在阅读和听说方面达到较高水准。英语学习成功的标准不仅仅在于学生记住了多少英语知识，而在于他们是否能用所学的语言创造性地进行口笔语表达，也就是说，他们应该不仅能认知，而且要能内化他们学到的语言，并在此基础上进行分析、综合、判断、重建和再创造。外语教学的目的就是培养学生的语言交际能力，也就是要培养学生用目的语进行听、说、读、写的综合能力。以前人们在讨论交际能力时往往将重点放在口头表达方面，忽视书面语交际能力的研究。作为语言交际两个方式之一，书面语交际能力应该受到相当程度的重视，这不仅因为现代社会生活对书面语交际能力有着更为迫切和现实的需要，而且还因为书面语交际在本质和方式上与口语交际有着很大的差异，它应该成为交际能力的重要部分而被予以高度重视。

学习语言离不开写作，写作不仅能巩固已学的语言知识，也是一种重要的交际手段。写作是听、说、读、写四项交际技能之一。四项技能各有特点，各有任务，但又相互关联，相互促进和制约。学习一种语言，这四项技能缺一不可。写作可以增强学习者的语言习得，因为当学习者尝试用词、句子或者更大的语段进行写作、有效地交流自己的思想时，强化了他们在课堂所学的语法和词汇。写作能有效促进语言知识的内在化。斯温纳提出"可理解输出"假设，认为包括写在内的语言产出性运用有助于学习者检验目的语句法结构和词语的使用，促进语言运用的自动化，有效达到语言习得的目的。当学习者用英文表达意思时，不得不主动地调用已学过的英语知识，斟酌语法规则的运用，琢磨词语的搭配，掂量词句使用的确切性和得体性。通过写作，英语知识不断得到巩固并内在化，为英语技能的全面发展铺路。然而，由于写作是一个迂回复杂、动态的过程，受到各种认知和社会因素的约束，学会写作不容易。用英语写作，其修辞环境更为复杂，涉及跨社会、跨文化因素的制约和影响，因而更难。

（二）大学英语写作教学现状

在过去 30 多年中，在认识论、信息论、控制论及各种语言学理论和教学法的冲击下，英语写作教学的专家们，尤其是美国写作教学的专家们，针对如何改进写作教学法做了许多探讨，使英语写作理论和教学法取得了突飞猛进的发展，英语写作研究的重点也发生了根本性的转移。现代写作学不再像传统写作学那样，对学生的成品进行孤立的、静态的研究，而是从宏观角度把写作现象作为整个写作活动链条中的一个环节进行动态考察，以找出写作活动中某些带有普遍性的规律，从而指导课堂的教学活动。在我国，各种外语教学大纲都对写作技能的培养提出了一定的要求。但是，在教学实践中写作一直都没有得到应有的重视。除大学专业外语单独开设了写作课之外，其余的外语课程包括中小学、大学非外语专业的外语教学课程计划都没有单列外语写作。

虽说读写可以结合，或者听、说、读、写可以进行综合教学，但是，写作教学毕竟有自己的特点和规律，从我国的外语教学实践看，写作教学往往被阅读教学所替代。由于时间、教学条件等各方面的缘故，外语的写作教学只有大纲里的要求，没有课堂的教学实践，所以写作教学常常成了考试前的突击备考辅导。这种处理的结果是显而易见的。据统计，自从 1987 年将写作纳入全国大学英语四、六级考试（CET）以来，学生的写作平均得分率始终在 30% 到 50% 徘徊。学生英语写作水平与其学习英语的时间形成强烈的反差。

写作教学在外语整体教学中存在着严重滞后的现象。这种滞后现象主要表现在以下几个方面：

1. 系统教材的缺乏

目前全国普通大学通用的几套大学英语教材分别为董亚芬主编的《大学英语》（修订本）、李荫华主编的《全新版大学英语》、郑树棠主编的《新视野大学英语》、应惠兰主编的《新编大学英语》及翟象俊、郑树棠、张增健主编的《21 世纪大学英语》等。这几套大学英语教材都有精读和听说内容，有的还配有阅读内容，但都没有专门的写作内容。由此可见，写作教学未引起足够重视。

2. 无科学的教学计划

长期以来，由于《大学英语教学大纲》对大学英语写作的要求是：具有一定的写的能力，十分含糊。因此，大学英语的教学计划中通常只有整体的教学计划，从未单独列出写作教学的目的和要求，所以《大学英语教学大纲》的要求不可能得到很好的贯彻和执行。

3. 无系统的写作练习

由于在写作方面没有系统的教学计划，教师对写作练习的布置和处理也带有很大的随意性；同时，由于年年扩招，大学英语老师大多承担着十分繁重的教学任务，每周十几节课的情况十分常见，因此，其很难保障写作练习的数量和对写作作业的批改质量。

4. 没有时间保障

在非英语专业的英语教学中，没有专门的写作课，写作的问题一般都安排在练习中讲解。由于写作技巧的学习都是在练习处理当中，因此，老师往往只是在处理练习时顺便提及写作，时间仓促时不得不略去，因此，写作在时间上不能得到保障。

面对这种现实，大学英语教师可谓任重而道远。为了适应新形势的需要，教育部颁发的《大学英语课程教学要求》对非英语专业的大学生书面表达能力提出了更高的要求。因此，找到解决目前这种困境的途径成为摆在大学英语教师面前重要而迫切的任务。

（三）写作教学新思路

1. 加强大学英语写作教学的系统性

首先，制订系统的教学计划，由浅入深，循序渐进，使大学英语写作教学真正摆脱目前的无系统性状态。其次，按层层递进原则，分阶段、分步骤进行大学英语写作教学。所谓层层递进原则就是根据词、句、段落、篇章、文体的顺序，循序渐进地分阶段进行教学。大学英语写作教学的整个教学过程按写作特点可以划分为基础、中级和高级阶段。基础阶段从写句子入手：写简单句和复合句。这一基础阶段主要以扩大词汇量、熟练掌握词组和句型为主，同时兼顾语法的正确使用。重点放在包容量大、涉及面广的汉译英练习，并从中发现学生存在的各种问题。中级阶段主要放在一般常见文体的写作上，主要训练学生主题句的写作、上下文的衔接、文章的开启及收尾等，提醒学生注意段落的连续性、上下文的逻辑性及篇章的整体性等。高级阶段教学主要放在各种实用文体的写作上，以便提高学生英语的实际运用水平。这一阶段包括作文修改方面的一些问题，如，标点符号、书写规则和修辞手段等。这一阶段还要加大写作力度，如，要求学生在课堂上限时完成某种题材的作文。写完后，可以让学生彼此随堂传阅，目的在于让学生在取长补短的过程中，提高书面表达能力。

2. 培养学生的写作兴趣

在基础阶段特别要注意培养学生学习的兴趣，帮助学生树立能用英语写作的信心。这一阶段学生的写作可以不限题材，任其发挥，目的在于鼓励学生自我表达，充分发挥学生的想象力和创造力。教师可以在每次精读课前要求两位学生将他们的作文抄写在黑板上，如果是多媒体课堂，可以要求两位学生演示他们的作文课件，然后组织全班学生进行点评。这样可以极大地调动学生的参与积极性和写作热情；同时，还可以使同学们知道展出的作文好在哪里、不足之处是什么，借鉴别人的长处、避免别人的不足，这是提高写作能力行之有效的办法。与此同时，为了不使学生对写作有挫败感，教师在批改学生们作业时，除了严重的错误必须要指出外，尽量对学生进行鼓励性的点评，以保护学生的写作兴趣，树立对写作的信心。

3.扩大写作量，尝试"写长法"

王初明的"写长法"，是针对我国英语教学听、说情境不足，而读、写情境有余的国情提出的适合中国学生英语学习的教学方法。其宗旨是以写作来激发学生的英语学习潜能，提高英语学习效率。具体做法是：教师让学生就某一题目或不限定题目作文，不限定作文长度，学生能写多长就写多长；同时，教师鼓励学生不断地写、大量地写，通过扩大写作量来达到质量的提高，即由量变促成质变。在写作过程中，通过"写长"，学生的写作水平极限受到挑战，写作能力得到锻炼，也体会到由此带来的成就感。

4.写作题材多种多样

鼓励学生充分发挥其想象力和创造力，在业余时间多进行写作练习。写作的时间不限、字数不限、题材不限。学生可以写文章摘要、课文缩写、故事续写、观后感、读后感、游记、小说、诗歌等。

写作作为英语学习中输出性的活动、作为学生英语水平的重要体现形式之一、作为英语应用能力的体现，正越来越受到社会各界的重视。改革写作教学，提高学生的写作水平，是我们努力的方向之一。

第5节　大学英语翻译教学

一、英语翻译教学的必要性

从大学生的角度来讲，学习英语翻译具有至关重要的作用，它不仅能够发展学生的个性化特征，还能够使学生依靠翻译来助推整个社会的发展。

（一）提高学生的英语能力

学习翻译还能够提升学生的英语能力，继而积淀学生的知识素养。英语包含听、说、读、写、译各项技能，这几项技能并不是相互孤立的，而是紧密相连、相辅相成的。通过大量的翻译练习，学生不仅可以从中获取语言知识，还能有效地提高学生的听、说、读、写能力。

（二）培养学生的多元文化交际能力

学习英语翻译能够使学生熟悉各种文化知识，充分领悟中国文化及西方文化之间的差异性，继而培养自身的文化意识及多元文化交际能力。翻译并非简单的语际转换，这种转换过程中携带着大量的文化信息。学生在翻译的学习过程中要将英汉语言中的文化知识转换到另一种语言文化中。在这一过程中学生可以直接感受和体会中西文化之间的差异，进而对其有所了解和掌握。学生深入了解中国文化与西方文化之间的差异后，便能够通过翻译的方式来提升自身的多元文化交际能力。

二、大学英语翻译教学现状与对策

（一）大学英语翻译教学现状

1. 缺乏应有的重视

如今，多数大学的大学英语教学，无论是学校、教师还是学生，都把注意力放在了输入听读能力和输出说写能力上，而翻译能力则被边缘化。究其原因，有两点。首先，人们认为非英语专业的学生毕业后从事英语相关工作的比例不大，从事英语翻译工作的可能性则更小，因而淡化了对英语翻译能力的培养。他们忽视了口笔译能力在未来工作和生活中会发挥的重大作用。其次，一直以来的应试教育使人们习惯了追寻考试的脚步和要求。对于非英语专业的学生来说，大学英语四、六级考试是除了期末考试外最重要的英语考试了。而四、六级考试中，翻译题型只占15%，远远小于占比35%的听力和阅读题型。而对于有较高要求的学生选择的托福和雅思考试，考查听力、阅读、写作和口语四项能力，唯独没有考查翻译。而其他考试，如：大学生英语竞赛，翻译题型为15分，仅占10%。这些引导学生学习的重要考试，翻译占比很低甚至没有，这就导致学生和老师也认为翻译不那么重要。学校缺乏对大学英语翻译教学的重视，很多大学除了英语专业外，没有设置专门的英语翻译必修课，翻译多是以选修课的形式出现，而选修课并不能涵盖所有的学生。甚至很多学校选修课也没有英语翻译课程，而英语视听说、英语演讲等常见。教师对翻译教学不重视，表现在平时授课时较少涉及翻译知识和技巧，对学生的翻译能力也没有过高要求，而学生们则是更注重单词的积累和听说能力的提高，弱化了翻译能力的训练。

2. 教学模式和方法缺乏创新

由于没有专门设置翻译课程，教师对翻译的讲授只能集中在大学英语课程中，而大学英语课程是讲授和练习英语听说读写译五种技能的综合课程，分配到翻译的部分，只是课文理解过程中的英译汉和书后习题中的少量汉译英练习，而那些练习的主旨又是考查学生对本单元重点词汇和短语的掌握情况，几乎不涉及翻译理论和技巧，更别提跨文化能力的培养。教师在讲解习题时也是遵照单词提示和参考答案，逐词逐句地翻译，学生很难有创新和发挥的空间。因此，这点微乎其微的练习并不能真正培养学生的翻译能力，翻译能力的提升需要系统的理论学习和大量的实践练习。

一些学校开设了大学英语翻译必修课或者选修课，但采用的往往还是传统的教学模式和方法，即以教师和教材为中心，重理论、轻实践，往往是教师一言堂，忽视师生互动，忽视学生的自主性和创新性的发挥，课堂内容缺乏生动性，学生的学习热情不高，积极主动性差，教学效果和学习效果都不尽如人意。

3. 师资力量有待提升

由于一直未能真正重视英语翻译，大学许多英语教师的实践能力、翻译理论素养及翻译教学水平也明显不能满足新时期英语翻译教学的需求。除此之外，国内大学近年来一直忙于扩招，这使得大学学生人数不断上涨，大学教师更多的是忙于授课，根本无暇顾及自身翻译水平能力的提升，也无暇顾及对英语教学方式的改革和优化。

4.缺乏相应的翻译教材

目前,我国大学英语翻译教学普遍采用教育部推荐的大学英语教材,这类教材设置教学内容大致相同且其中的文学类的例子较多,对于翻译初学者来说较为困难,而适合他们的简单的、基本的例子则相对较少。同时这些教材还存在一定的滞后性,教材内容大多滞后于时代的发展,因而缺乏合适的、时代性强、信息性强的翻译例子。在这样的情况下,学生会因为教材内容较难或较为乏味,不能引起他们学习英语翻译的兴趣而厌学。最后,从教材设置上来看。大部分的教材都更加重视学生听说能力的提高,对于学生听说能力的培养也都有专门的辅助教材,而提高学生翻译能力的辅助教材的数量却相当少;在教材中,翻译练习的数量也较少,即便有练习,也大多为汉译英练习,也就是说学校在学生翻译能力培养认识上存在着一定的误区,这使得不少学生只要提到翻译,就会下意识地认为是将汉语翻译成英语,却在很大程度上忽略了英译汉能力的提高。调查发现,在非专业英语教材中,基本上很少甚至没有提到英语翻译的技巧及理论问题,这就使得很多学生只知道翻译实践,却不重视翻译的技巧及理论指导的学习。

5.大学生对英语国家文化背景了解不深入,缺乏跨文化意识

语言是文化的产物和外现,无论是从社会观还是从语言的基本属性来看,语言都带着非常明显的文化特征。语言作为特殊文化背景下的特殊载体,只有在特定文化范围内才具有其本质的意义。语言和文化相互影响、相互作用。著名翻译理论家尤金·奈达曾说过:翻译是两种文化的交流。真正成功的翻译,熟悉两种文化比掌握两种语言还重要。因为词语只能在其相应的文化背景下才能体现出其真正的意义。

目前在大学英语翻译教学实践中,很多教师没有结合英语国家的文化背景,充分培养学生的跨文化意识,在翻译时没有紧密结合英语原文语境来实施,使得学生不能很好地熟悉英语国家的文化,更无法精准地理解原语言包含的深刻内涵,导致较多的错误和问题出现。针对这种情况,大学英语教师就需要充分考虑如何更加深入地讲解文化背景知识,帮助学生深入了解英语国家的生活习惯与习俗等内容。

(二)改善大学英语翻译教学问题的对策

改善大学英语翻译教学的问题,提高大学英语翻译教学水平,需要学校、教师和学生三方的共同努力。

1.学校应统筹规划翻译教学内容,确立合理教学目标

首先,大学要结合大学英语课程教学要求,确立完善的翻译教学大纲,并依照各专业对于翻译能力的需要,明确翻译人才的培养目标。比如,大学可抽取现行英语教学的一部分课时,要求教师进行翻译训练,为不同层次学生设置不同难度翻译任务。有条件的学校还可针对不同专业特征,设置翻译选修课程,为学生创造更多练习的机会。其次,大学要重新编制英语翻译教材,可先对各岗位对于翻译人才的要求进行了解,针对具体职业能力设定翻译教材内容,还可动员英语教师,基于各个专业的实际情况,编制校本教材,增强英语翻译教材内容的实用性,为学生学习提供专业的参考。对于非英语专业的学生,应在课本中设置关于翻译基本方法和理论的内容,比如,直译法讲解、单词转换法介绍、长句拆分法等,并添加更多学生感兴趣的国际文化知识,增强学生对英语文化背景的深入了解,避免学生因为缺少文化认知而产

生翻译误差，不断提升学生翻译的精准性。最后，大学应加强对大学英语翻译教学的投入，在教学基础物资方面，大学应加大对教学设备的投入，引进创新型的翻译软件，并搭建线上学习平台，突破传统课堂时间和空间的限制，为学生翻译能力的提升创造更多可能性。在师资条件方面，大学应为教师创造更多出国深造的机会，让教师在良好的语言环境中提升自我和完善自我，并将更多西方先进教学理念带入校园中，为英语翻译教学革新提供帮助。

2.教师应增强自身翻译水平，创新教学理念和方式

英语翻译作为一种语言向另一种语言转化的方式，是一种承载着情感和思想的活动，这要求翻译人员不但具备良好的翻译能力，还要了解更多西方语言文化，具备一定的翻译素养。因此，要想提高大学英语翻译教学的有效性，除学生要付出更多的努力外，教师还要不断革新自身知识结构，掌握更多创新的教学方式。第一，教师应在全面深化教育改革的背景下，主动转化传统教学理念和方法，从以教材为中心单纯知识传递向以学生为中心重视教师引导的方式转化。结合学生不同的学习能力，选择更具适用性的教学方法。比如，情境教学法、合作教学法、互动教学法等，既照顾到学习基础较差的学生，又能够为基础较好的学生创造更多的发展机遇，实现整体学习水平的提高。第二，教师要加强对信息化教学方法的应用，利用网络技术开展线上教学活动，使英语翻译教学向着更加自由的方向发展。教师在课堂中可引导学生熟悉预定的单词，鼓励学生在掌握相关单词的情况下，对文章内容进行自主分析，并记录理解不透彻的内容，通过与教师的沟通，解决存在的学习困惑。在线下学习中，教师可加强在线的辅导，并为学生设置难度不同的学习任务，组织学生在网络论坛中发表自身看法，使翻译学习更具自主性和趣味性，通过线上与线下教学的结合，全方位地提高学生的翻译技巧，实现英语翻译教学时效性的提高。

3.学生应提高对翻译教学的认识，培养自身翻译学习意识和能力

学生是课堂的教学主体，大学英语翻译教学要想改善目前较为落后的局面，必须充分调动学生的学习热情，只有学生更加主动地参与到教学活动中，才能真正地实现翻译教学效率的提升。因此，教师应在课堂中加强对翻译教学的宣传，引导学生认识到学习翻译知识和技巧的重要性，提升翻译学习在学生心中的地位。首先，教师要引导学生关注自身翻译素养的提高，在学生刚进入大学校园的初期阶段，教师应在完成课本知识教学的基础上，组织学生开展课外阅读活动，帮助学生积累大量的英语词汇，夯实学生的英语学习基础。在进入大三、大四学年，教师应开设更多选修课程，促进学生翻译技巧的提高，并融合专业知识与翻译知识，达到学以致用的教育目标。其次，教师要帮助学生提高整体文化素养，学生要想独立完成翻译工作，除掌握基本翻译方式以外，还要对英语国家的文化有一定的了解，只有这样才能准确理解所要翻译的内容和表达的情感，完成高质量的翻译。最后，教师要着重培养学生的交际和表达能力，在课堂中和课外为学生创造自我表现的机会，使学生在检验自身学习成果的同时，增强表达的信心和勇气，从而更加自如地应对书面翻译和口译。

总之，翻译教学是大学英语教学体系的重要组成部分，只有师生认识到翻译教学的重要性，才能保障学生更好地掌握翻译技巧，实现翻译能力和素养的提升。

三、大学英语翻译教学的方法

（一）图式教学模式

所谓图式教学模式，就是运用图式理论，激活学生的背景知识，然后，在大脑中形成不同的模式。图式是一些知识的片断，是大脑对过去经验的积极组织，是学习者储存的信息对新信息起作用的过程，也就是说学习者如何将这些新信息融进原储存的知识库中就是图式的过程。如果面对的新信息学生在大脑中没有现存的类似图式，就会对所学知识的理解产生消极影响。

英语教师在教学过程中，要在传授新知识的同时，激活学生头脑中已经储存的知识结构，使新信息更容易被理解和吸收并融合到已有的图式中，从而能正确地理解所学的新知识。因此，我们需要将"图式"引入翻译教学方法的研究之中，利用背景知识去激活相应的内容或形式图式，以求得对原文的正确理解。教师有必要在练习之前介绍翻译目标语篇的体裁、句式结构及语篇结构，尤其注意背景知识的提供。翻译时如缺乏背景知识或不能恰当地运用背景知识，就不能成功地激活图式，只有这样，才能训练学生杜绝逐字死抠，养成把握鸿篇全局的翻译习惯。教师也可以根据课堂需要给学生提供一些图式，这些图式只有被激活学生才能正确理解语言，然后根据这些材料进行翻译。

（二）推理教学模式

推理教学模式源于人类的基本思维形式，即由已知判断推出未知判断。推理教学法应用到教学过程中，主要指的是教师在教学中引导学生从已知现象推出未知现象或本质。

进行英语翻译时，有些文本需学生借助合理的推理才能更好地去理解它，涉及的思维活动包括分析、综合、演绎、归纳等。翻译时学习者在看到文本内容后，教师要引导学生根据现有的知识和经验做出推理，把文本中的所有内容都联系起来，这样学生能更容易充分理解每个句子。翻译时采用推理教学法可以增加信息的容量，学生更容易把握事物之间的联系，促进其对语言的理解。学生对某一语言的掌握，总要经过日积月累，从一些旧结论推出新结论，从而形成完整的知识框架。教师要在课堂中给学生教授一些推理的技巧和方法，可以从作者的暗示或者联系上下文进行推理，或者利用文本中的解释和定义对某些词句进行推理等，以使英文翻译能够顺利进行。

（三）猜词教学模式

学生的概念能力是指一种洞察复杂环境程度的能力和减少这种复杂性的能力。具体地说，概念能力包括理解事物的相互关联性从而找出关键影响因素的能力，确定和协调各方面关系的能力及权衡不同方案优劣和内在风险的能力等。有的学生英语基础较差，词汇量不够，如果对关键词不理解，词句、段落就不能形成概念，这样很容易对内容进行胡乱猜测，所以要指导学生使用猜词策略。

翻译中的猜词策略主要有以下几种：（1）以定义为线索猜测词义。（2）以同义词、近义词为线索猜测词义。（3）以反义词和对比关系为线索猜测词义。（4）以列举的句子为线索猜测词义。（5）以重述为线索猜测词义。（6）以因果关系为线索猜测词义。（7）以生词所在的前后文提供的解释或说明为线索猜测词义。（8）根据普通常识、生活经验和逻辑推理推测生词词义。

（四）语境教学模式

语境教学模式就是通过创设具体的语言环境来导出或解释新的英语单词的一种教学方法。运用情景教学法主要可从如下几方面入手。

1. 创设情景来呈现词汇

在英语教学中，我们也可以把情景理解为语境。在我国，学生们缺少英语学习的语境，而英语水平的提高需要学生们在一个轻松、自在的接近母语的环境中进行长期的练习，而教学所要做的就是尽可能地为学生们提供这种接近母语的语境。

2. 通过阅读呈现词汇

词汇是阅读的基础。在听、说、读、写四种语言技能中，词汇与阅读的关系最密切。因此，大学英语教师应该教会学生在日常阅读中积累词汇，让学生们在阅读英文时就像平时在阅读中文那样会不自觉地去学习一些新的词汇，再一点就是在欣赏内容、欣赏文字的同时，去培养一种语言的感觉，就像我们不假思索地脱口说中文一样。

（五）翻译工作坊教学模式

1. 翻译工作坊

"工作坊"一词最早出现在教育与心理学的研究领域之中。所谓的工作坊通常是指一种短期的高强度的课程、专门的研讨会或者系列会议。学者们将这一概念引入不同的领域中，在翻译界，翻译工作坊这一说法便随之产生了。不同的学者对翻译工作坊的定义不尽相同。根茨勒把翻译工作坊定义为"类似于翻译中心的论坛，在论坛上，两个或者两个以上的译者一起从事翻译活动"。在20世纪60年代，美国的大学日益形成了一种新的教学方法，随着时间的发展，逐渐演变为一种重实效的、以学生为中心的、以过程为导向的教学模式，也就是我们现在所说的翻译工作坊教学模式。人们通常所理解的翻译工作坊教学模式是指将翻译课堂模拟成以学生为主体，以教师为主导，由教师和学生共同完成的一个翻译论坛。在这个论坛中，学生的思维在"理解——实践——认知"的这样的一种过程中完成。在翻译工作坊中，学生可以在翻译中学习翻译、在合作中学习翻译、在讨论中学习翻译。

2. 翻译工作坊教学模式

翻译工作坊教学可以分为译前准备、协作翻译和成果评价三个步骤，具体如下：

（1）译前准备

在每节课开始之前，教师要根据课程需要及学生的实际水平，确定本节课要翻译的内容和材料，并下发翻译材料，同时根据所选翻译材料的长短要求学生在规定的时间内完成，一般将时间设定在20~30分钟。不同的翻译题材和内容需要不同的策略和方法，等学生拿到翻译材料后，教师还应该就相关知识进行讲解，特别是所涉及的翻译理论，如功能对等、形式对等，以及翻译方法如直译法、意译法、增译法、省译法等。

翻译工作坊教学模式要求不同的学生共同完成同一个任务。由于班级内学生的水平参差不齐，教师在布置任务之前，需要充分了解学生的情况，合理分组，分配任务，在团队内分工时可针对不同的人安排不同的任务，比如将任务分为：材料收集、疑难词句分析、资料查询、知识扩展、字句润色等，让每个学生都有事可做，使学生在每一个小团体内都能有所作为。分组方法没有一定的限定性，具体可按照实际情况进行操作，比如按照前后座位、学号及个人性格等分组,分组时的人数不宜过多也不宜过少,一般6~8人最佳,以便学生能够高效能地完成每一个任务。

(2)协作翻译

协作翻译主要包括独立翻译和小组翻译。独立翻译是指小组的成员在对文本的背景和相关知识了解之后,根据自己的理解和把握,运用所学知识进行单独翻译,形成自己的译文。由于小组各个成员理解和认识上的差异,翻译结果或多或少都会不同。

协作翻译的实质是一种合作学习,合作学习不仅仅能够提高学生的认知能力和知识水平,还能帮助学生培养集体意识和合作精神。它以社会心理学、教育社会学等为理论基础,着重研究和利用课堂教学中人与人之间的关系,设置教学目标,以师生和生生合作为基本形式,进行小组活动。合作学习打破了传统的教学模式,在教学中营造了一种协作式的温馨轻松的学习氛围,有助于激发学习者求知的本性,发挥学习者自身的潜能,共同学习,共同进步。在协作翻译的过程中,学生要善于提升自己的小组意识和合作意识。在翻译工作坊的教学模式下,译者能力的培养只有在合作当中进行,再加上对真实翻译材料的运用,才能发挥最大效用。

在各小组成员翻译完成之后,教师应指导他们在完成自身任务的同时也应该努力去做其他方面的工作。根据每个人的特长,发挥自己的优势,这样可以在保障课堂教学效率的同时,促进学生各方面能力的均衡发展。

(3)成果评价

一直以来,评价都在教学中发挥着举足轻重的作用。评价能够使学生从课堂实践中感受到自己的价值,正是这种价值感的存在才能激发学生求知的欲望。评价不但可以使学生了解到自己的不足之处,及时更正,还能帮助教师更好地把握课堂,了解学生,及时调整教学方法和策略,做到教学相长。

在翻译工作坊教学模式下,成果评价可以分成两个大的部分:小组互评和班级评比。比如针对一项翻译任务,各小组在集中小组内部成员的译文后进行对比分析,确定一个较为完善的结果,但这个结果还不完美,需要在各个小组之间进行评定和商议。各个小组可以确定一个负责人,将组内成员确定的译文拿到班级里面去评比。其次,在小组间评定结束之后,可以由教师在班级里面展示相对较好的翻译成果,并就学生翻译中存在的共同问题进行讲解,让学生了解到自己的不足之处,及时更正。同时,教师还要肯定学生们在翻译过程中的优点,努力发现学生的每一个闪光点,及时有效地给予肯定和鼓励。正如人们常说的教育的目的不在于教授本领,而在于激发和鼓励。教师的鼓励通常会极大地激发学生学习的积极性及学习的自信心,达到事半功倍的效果。如果条件允许的话,教师还可以在班级里创建一些奖励机制,使整个课堂变得更加生动有趣。

总之,翻译工作坊强调"授之以渔",让学生在实践中培养和提高自己的翻译能力,在学生翻译水平得到提高的同时,团队意识和合作技能也得到了有效提升。这种新型的教学模式将为翻译教学模式的改革提供崭新的视角,是对传统翻译教学的大胆创新,值得推广实施。

第六章 大学英语教学评价模式创新

第1节 大学英语教学评价的标准

所谓教学评价，指的是根据特定的教育价值观，运用科学合理的方法，通过资料收集与整理，对教学进行价值判断，为提高教学效果和教学决策提供依据的过程。教学评价主要发挥着导向、鉴定、激励的作用。

一、一般评价标准

对大学英语教学模式的评价必然离不开基本的大学英语教学评价标准。只有在一般评价标准的基础上，才能更深层次地探究特殊的评价标准。为了确保评价的质量，大学英语教学评价首先需要遵循信度和效度这两大标准。

（一）信度标准

在大学英语教学评价中，信度就是一致性，其主要包含三种形式：稳定性信度、复本信度、内部一致性信度。这三种信度是不能相互替换的。

所谓稳定性信度，是指测验结果的跨时间的一致性程度，即使测验进行的时间、场合不同，其结果应该大体是一致的。为了考查在不同时间评价结果的稳定性程度，往往需要间隔一周到两周的时间，然后再进行重复的测验。因此，稳定性信度又可以称为"重测信度"。

复本信度，是指等值的测验复本间的一致性，该信度主要解决两个等值复本或多个等值复本间是否真正等值的问题。但是，对同一测验进行重复使用是不公平、不合理的，因为后一批接受测验的学生有更多的练习机会，他们的测验分数也会明显高于先前接受测验的同学。基于这一问题，教育者往往会选用复本。

内部一致性信度与稳定性信度、复本信度不同，其关注点并不在于被测试者在测验分数上的一致，而是着重于测验题目之间在功能上的一致，即测验题目的同质性。并且，在测试次数上，稳定性信度和复本信度需要测试两次，而内部一致性信度只需要测试一次。

其中，稳定性信度又叫作"类别一致法"，主要有两种计算方法：其一，对第一次和第二次的测验进行计算，算出二者之间的相关系数。其二，求两次测验间分数所处类别没有变动的人数比重（按%计算）。这种方法可以用来对学生不需要再学习的某些知识点进行确定。

一般来说，对复本信度进行确定的步骤与稳定性信度的计算方法具有一定的相似性。对同一组被测试者进行两次测验，且两次测验间隔时间较短，或连续进行测验也可，对得到的两组数据进行计算，以此来确定两个复本间的相关系数。

通常，内部一致性信度有以下几种不同的计算方式。其一，用库德-理查逊的K-R公式来对题目的正误进行判断；其二，用克伦巴赫的克伦巴赫α系数来对不同分值的题目进行计算。

在教学评价中，信度是尤为重要的一个判断依据。如果一个测验得到的信度分值较低，则可以理解为其测验的分数并不准确。由此可见，对信度的关注度与评价所连带的利害关系成正比。

（二）效度标准

除了信度之外，另一个重要的评价标准就是效度。效度的意义在于：评价准确，对于改进策略的质量是有利的；评价错误，就可能会误事。所谓效度，即准确性，是指在评价结果的基础上做出的推论的准确性。一般来说，评价的效度由三种效度证据来决定：内容关联效度、效标关联效度、结构效度。

所谓内容关联效度，是指测验内容对所要推论的评价范围的代表程度。其中评价范围主要包含知识、态度、技能等。因此，在确定测验内容的代表性、抽取样本进行检测时，评价范围中的所有内容都具有应用性。一般来说，对内容关联效度进行证据收集的办法有两种：一是通过外部评价，二是通过测验编制，从而确定内容关联效度。

效标关联效度，是指评价成绩对学生在外部效标成绩上的预测程度。这与前面所述的内容关联效度类似，其能够指导测试者决定他们可以在多大程度上相信以成绩作为基点的对学生的推论情况。但是在证据收集上，效标关联效度与内容关联效度还是存在明显区别。效标关联效度只应用于需要根据评价结果来预测学生在之后的效标变量中的表现时候，因此是具有明确的使用范围的。一般来说，效标关联效度最普遍的应用形式就是对学生能力倾向测验的情况进行计算，进而与后来的学业成绩进行对比。

结构效度，是指经验性证据对某种结构的存在性进行确定的程度及运用评价工具对这一结构进行测量的程度。一般来说，结构效度的证据收集往往是非常直接的，主要包含两个步骤：步骤一，根据已经理解的被测试结构的运行机制，对被测试者在这一测验上的表现程度进行一个或两个假设；步骤二，对经验性证据进行收集，并检验上述假设能否被证实。

总之，从测验的发展历史说，人们习惯将信度与效度作为测验的标准，其实它们还是评价的标准。从微观层面来说，信度和效度是保证评价质量和方法的需要；从宏观层面来说，信度和效度是评价学科发展的历史必然。

二、特殊评价标准

当今时代，大学英语教学改革势在必行，这就需要一套与时俱进的教学评价体系与之相契合。想要形成一套完备的评价体系，除了应具有本身的传统评价方式外，还需要附加特殊的评价标准才能实现，简单来说，就是要考虑当前教学的实际情况，用创新的思维丰富大学英语教学评价的内容与手段，从而提升大学英语教学评价的效果。

目前，大学英语教学评价并没有一个统一的认识和标准。在20世纪初，美国开发的《在线学习的认证标准》是目前评价标准中最具影响力的评价标准，被很多专家学者作为标准进行参照。

  这一标准主要从可用性、技术性及教学性三个层面对大学英语教学进行评价。其中，判断用户在进行网络多媒体学习时的操作是否方便可以用可用性评价标准；对网络多媒体课件的安装及其运行时的技术进行评价时可以用技术性评价标准；对教学目标、教学内容、教学媒体、教学策略、教学评价等进行评价时可以用教学性评价标准。这三个层面的评价标准中，教学性评价标准所占比重最高。

  从综合的角度来讲，这是一种集科学性、具体性、全面性、可操作性于一体的特殊标准，也是目前应用最为广泛的一个评价标准体系，受到了广大英语教学研究者的认可。

第2节　大学英语教学评价的方法

  经过多年的发展与研究，教学评价的方法有许多种，大学英语教学评价可以采取以下几种方法：

一、学生自评

  在大学英语教学评价中，为了体现学生的中心地位，通常将学生的自我评价作为大学英语教学评价中的一种重要方法。学生通过自评，可以发现自己在学习中存在的问题，同时对于寻找改进对策及教师对他们学习态度及掌握程度的了解都起到积极的作用。自我评价的内容见图6-1所示。

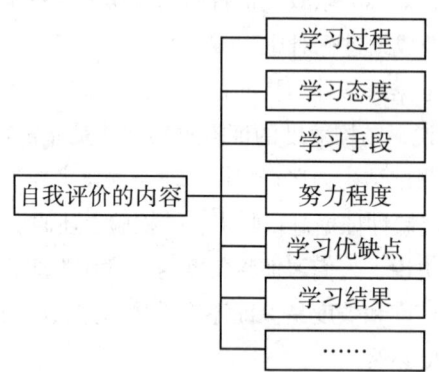

```
                    ┌─ 学习过程
                    ├─ 学习态度
                    ├─ 学习手段
   自我评价的内容 ──┤─ 努力程度
                    ├─ 学习优缺点
                    ├─ 学习结果
                    └─ ……
```

图6-1　自我评价的内容

  在自我评价中，教师需要做到两点：其一，对学生进行引导，让其根据制定的自我评价表进行自我评价；其二，通过学生自我评价的过程来了解学生的学习态度。

  自我评价法通常会使用到两种工具，即电子自评表和自我学习监控表。

（一）电子自评表

  电子自评表是一种便于操作的工具，可以大量节省操作时间，在很大程度上提高教学评价效率。一般情况下，教师可以选择在互联网课程结束后将电子自评表发给学生，让学生进行自评。以网络阅读课堂中阅读方法的使用为例进行电子自评表展示，见表6-1。

表6-1　阅读方法使用电子自评表

Self-evaluation Sheet			
Date：		Name：	
I skimmed the story to first find what it is mainly about.			
I was able to select a story I am interested in.			
I then read the story carefully, interested in some of the details.			
When I failed to guess out the words, I referred to the Chinese version for reference.			

（二）自我学习监控表

自我学习监控表是对学生学习过程进行监控的表格，其在大学英语教学评价中有着十分重要的作用。使用自我学习监控表应注意以下事项。

第一，使用该表前，教师需要向学生介绍该表的用途和操作方式，便于学生认识和使用。

第二，在新单元学习之前，教师可以让学生从自己的实际情况出发，提前制定一个理想的目标，然后在活动栏中写上自己的预期任务。在之后的学习过程中，学生可以根据这些任务和目标监控自己的学习进度。

第三，尽管在使用学习监控表时，完成预期目标和任务是学生的事情，但是教师也需要参与其中，需要时刻提醒学生对自己的目标和任务进行检查，为他们调整下一次的目标和任务给予指导。

二、同学互评

大学英语教学对同学之间的协作也十分重视，因此，可以通过同学互评来对其进行评价。

同学互评得以实现离不开学生之间的相互了解、沟通及合作。因此，在同学互评的过程中有两个非常重要的因素，即沟通技能和合作技能。由于不同的学生在沟通能力、合作态度及信任程度上都存在或多或少的差异，因此同学互评需要进行一定时间的培养和磨合。在第一次同学互评的过程中，教师可以采取一定的措施来进行引导和辅助。

需要注意的是，同学互评时，发表自己观点的时候应当有理有据，而不能只根据自己的主观进行臆断。因此，教师可以同时让几个学生来对某个学生进行评价，评价需要客观，且评价的重点应当放在被评价者的优点及需要改进的方面。电子同学互评表见表6-2所示。

表6-2　电子同学互评表

Setting Improvement Goals	
Your Name：	Date：
Your Partner's Name：	
1. Review your partner's work sample. 2. What do you think your partner did well？ 3. What do you think your partner could make better？	

三、专门调查

专门调查法也是形成性评价的重要方法之一，与其他方式相比，专门调查法更加直接。它调查的主要内容有学生的学习行为、学习活动、学习兴趣等，对于收集数据十分有效。但是，这种调查法的针对性很强，具体的评价工具主要有调查问卷、访谈或座谈。

当学生根据网络环境进行课件学习时，教师可以通过问卷调查的形式来对其学习过程及成果进行了解。调查问卷是一种评价方法，要求学生回答一系列问题，以此来获得信息。具体的评价手段可以是访谈或座谈等与学生面对面的方式。

可以通过学生对听说课的反应来进行评价，以下面几个问题为例进行说明。

Question 1：Which speaking, listening activities did you participate in this week？

Question 2：In which speaking activities would you like to learn to do better？

Question 3：Which did you enjoy？ Why？

四、学习日志

与学习日记相比，学习日志是指学生学习过程的档案记录，主要是用来记录学生的学习行为。学习日志可以使用老师制定的模板，也可以根据学生的个人情况自己制定，但是记录过程则全部由学生自己完成。

五、差异化评价

（一）教师差异化评价优化

教师差异化评价既是对大学英语教师以往工作的评定，同时也为大学英语教师个人未来的职业发展指明了方向。许多大学坚持"赏识激励、享受教育"的教师发展理念，改变传统的总结性教师评价体系，坚持差异化原则，综合考察大学英语教师的表现、态度、工作难度、团队合作等方面，建立了尊重大学英语教师个体差异，实现大学英语教师有差异的专业发展评价机制，不断激励教师自我发展，从而实现其自身价值。

1. 以促进大学英语教师专业发展为评价目的

大学英语教师的专业发展是一个持续不断的过程。只有在大学英语教师的教学实践过程中不断地给予评价和反馈，才能促进大学英语教师对自己的教学不断地进行反思、总结与改进，这样，才能实现评价的差异化功能。因此，大学应针对每位英语教师的个性化发展需求，为每位英语教师提供关于英语教学的信息反馈，肯定每位英语教师的成绩，发现每位英语教师的特长，激发每位英语教师的进取心，帮助英语教师反思和总结自己在英语教学中的优势与不足，诊断问题，探讨改进的措施，使大学英语教师在优化英语教学的实践中实现自身的提高。与此同时，应在大学英语教师发展的各个阶段中设计合理的评价方案，为大学英语教师提供专业发展可行性方案，以此激发大学英语教师内部发展动力。

2. 注重评价主体的多元化

对于大学英语教师评价优化而言，传统的一元化评价显然不利于发挥促进大学英语教师发展与体现差异化的功能。要创建差异化的英语教师评价观，必须重视评价主体的多元化水平，实施以大学英语教师的自评为主，大学生、其他教师、大学领导及社会共同参与的多元主体性评价。

近年来，许多大学十分重视大学生对英语教师的评价，虽然受年龄和知识水平的限制，不同的大学生对英语教师评价指标的理解各不相同，其评价也各不相同，但大学生对英语教师教学工作的反馈、评价恰恰是英语教师评价的一个关键，大学生毕竟是英语教师教学的主要对象。因此，大学英语教师一定要学会倾听大学生的意见或建议，这样，才能充分发挥评价的改进功能，而不是为评价而评价。

3. 重视评价内容的多样性

影响英语教学质量的因素是多方面的，所以评价内容也应具有多样性。大学英语教师评价的内容应包括英语教师的态度、道德、能力及团队合作等方面。运用各种方法收集来自各方面的信息，可以了解教师的整体素质、工作表现、进步状况与未来发展规划，从而全面、客观、准确地评价大学英语教师，促进大学英语教师专业的成长。

4. 重视评价标准的个性化

传统的大学英语教师评价采用的是统一化的标准，强调对英语教师某个方面的评价，甚至以大学生的英语成绩作为评价英语教师的唯一标准，这不但抹杀了英语教师的个性，也不利于英语教师的专业成长。大学英语教师具有鲜明的个性特点，所以，在对大学英语教师进行评价时，应该在体现基本要求的基础上，重视英语教师的个体差异，制定个性化的评价标准，关注英语教师的个体差异与不同需求，使其优势更加突出，以此促进英语教师全面而又个性化地发展。

（二）学生差异化评价优化

大学生是大学发展的灵魂，大学所有活动都是围绕大学生展开的。许多大学针对大学生的个性差异确立了"责爱并行、个性鲜明"的培养目标，全方位构建了大学生英语学习差异化的评价优化机制。

1. 进行激励性评价

现如今，大学生群体多为独生子女，而且父母平时较忙，他们从小娇生惯养，乐于表现自己，不顾及他人的感受，不愿意听到批评。与此同时，一些大学生的英语成绩与学习习惯较差，自己找不到努力的方向和目标，他们感到十分孤独。针对此种情况，需要有的放矢地对大学生进行激励性评价。

2. 研发并实施网络评价系统

目前，一些大学研发了"增量分析"与"成绩密码查询"两大系统，这既对大学生的学业隐私进行了妥善保护，又通过平等、客观的评价使大学生明确了英语学习目标，增强了发展自信。"增量分析"系统体现的是大学生学业的动态变化过程，看重的是大学生相对于自己的进步，从而激发大学生的上进心，以便进行激励和调控，同时增强了大学英语教师转化后进生的动力，努力让每个大学生都能得到发展。"成绩密码查询"系统指大学生可通过个人账号和密码在校园网成绩管理系统进行成绩查询，除大学生本人外，对其他人保密。这样既保护了大学生的个人隐私，又维护了大学生尤其是后进生的自尊。

3.建立个性化成长档案

大学应建立学生英语成长档案室，为每名学生建立专业英语成长档案，并分年级进行归档，由学生发展部负责管理，每学期更新一次。学生英语成长记录档案主要包括基本情况登记表、英语成绩、英语荣誉证书等内容，全面记录大学生的英语学习状况。同时，定期进行展览，"晒晒"学生的成果，让大家在比较中得到启发，在欣赏中获得提高。学生个性化成长档案，最主要的内容是学生的成长足迹，需要从三个板块进行资料收集。一是英语文化素养，主要收集的内容是大学每学期所开展的系列交流活动及学生课外自主学习方面的材料，择优存入。二是创新精神，收集和记录反映大学生创新精神发展水平的作品，促进大学生创新能力的发展。这部分作品可以是表现动脑动手能力的活动资料，也可以是一次创新的想象，运用新方法解决问题等创新思维材料。三是成果与收获，为了尊重大学生的个性发展，充分展现大学生的闪光之处，让大学生能够体验到成长的快乐，大学英语教师应根据大学生的实际情况，从表扬和荣誉、进步和发展等项目中，让大学生认真选择填写，将每一栏目的材料存入档案。材料包括学生获得的各种荣誉证书，参加各种英语活动、竞赛的获奖证书；某次师生谈话记录或体会；一次成功或失败的回顾与思考等。这部分材料积累较多，要在尊重大学生意见的情况下，指导大学生选出最具有代表性的材料，作为大学生个性发展的标志。

（三）课程差异化评价优化

大学英语课程作为落实英语教学理念和培养大学生英语能力的重要载体，发挥着重要的作用。大学应对传统课程进行科学整合，初步构建基础型、发展型、拓展型三类英语课程。在评价体系上，以等级为主，但是粗略的评价等级不能让大学生更好地把握自己的层次、树立明确的目标，因此，我们在实践的基础上，进行了有益的探索。

结合一些大学的实际情况，在充分调研的基础上，征询大学英语教师、大学生、家长的意见，针对考试（考查）科目，制定了学业成绩等级评价办法，积极推进大学生日常考核无分数评价、十二等级评价改革，评价用等级，不排名、不公布成绩。

（四）素质多元差异化评价优化

大学应搭建多样化的平台，提供尽可能多的机会，促进大学生的个性发展。

1.强化大学生英语社团建设，提供发展空间

在紧抓学生会建设的同时，按照大学生自发组织、大学统一管理、定期展示的原则，建立大学生英语社团组织，鼓励英语社团健康发展，为他们的个性发展提供更加广阔的空间。

2.开展丰富多彩的活动，创建才艺平台

以大学英语文化展为载体，开展征文、交际、艺术节等各类英语文化活动，为大学生提供展示自我的平台，让不同特长的大学生都能成功地找到自信。

（五）考核差异化评价优化

考核对于大学英语教学而言非常重要，既有甄别选拔功能，又有教育功能。但是传统的考核过于重视分数，过分强调了甄别功能，削弱了教育功能。随着素质教育在我国的全面实施和推进，传统"一刀切"的考核方式越来越与素质教育相悖，不能真实、全面、科学地对学生进行评价。目前，一些大学结合本校实际情况，针对大学生个体存在的差异，以促进每名大学生

发展为目标，给大学生提供尽可能多的成功的机会，注重考核内容、考核形式及监考形式的多样化，全面科学地对大学生进行考核。

1. 考核内容的多样化

传统考核的内容主要是学科知识，只要认真学习英语理论，勤加练习就可以得到理想的成绩，弊端在于不能全面考查大学生的能力和实际水平。大学应通过改革，调整学科考试考核的内容，将英语学科分为学业成绩、实训、调研、实践等方面。

2. 考核形式的多样化

传统的考核形式单一，而且反馈时间长，效果较差，不利于促进大学生的个性发展。为适应差异化教育改革所需，大学应秉持学科与特长相结合、免考与重考相结合的原则，采用"理论+项目"的形式进行英语考核。如果大学生对自己的考核结果不满意，认为不能反映本人的真实水平，可以向大学提出重考的申请。大学提供一份与原考核难度相当的重考内容。大学生重考后，英语教师取较高的成绩作为其阶段学习成绩，由此彻底改变了一张试卷评价的弊端，给予了大学生前进的动力。

3. 监考形式的多样化

传统的考核是教师监考，学生对此较为排斥。为了适应形势的发展，坚持"尊重差异、发展个性"的办学理念，大学应积极探索邀请家长参与监考。首先对家长进行培训，熟悉考核内容、考核巡视、应急预案等流程，然后由一名教师陪同。这不仅极大地调动了家长参与大学管理的积极性，而且让大学生耳目一新，在家长面前表现优异，秩序井然。除此之外，大学还可尝试无人监考，因学校信息化建设，考核地点安装了高分辨率摄像头。这样既减轻了教师的监考负担，又增强了大学生的自控、诚信意识，实现双赢。

在大学推行差异化教学理念，是每个教育工作者的追求。本着"发展每个学生"的理念，大学不用同一指标去衡量不同的大学生，而是用良好的评价机制促进大学生自我发展。经过多年的研究与实践，许多大学从理论到实践、从课程到教学优化、从学生到教师都得到了充分的发展。

第3节　大学英语教学评价的创新与实践

一、大学英语教学评价方法创新的原则

结合传统英语课程评价的问题及现代教育的发展趋势，我们能够初步归纳出大学英语教学评价的基本原则，能够从人才培养的角度出发，确定英语教学的维度和方向，使英语教学评价更加科学化、信息化、合理化。

（一）全面性

根据相关数据调查发现，社会主义市场经济建设对人才培养的要求，主要集中在实践性、应用性、创新性、素养性、专业性及适应性等层面上。其中实践性和应用性对学生跨文化交际

能力、语言表达能力、业务能力等专业能力提出较为严格的要求。专业性则对学生的知识储备、专业知识、科研能力有比较严格的要求。而素养性却对学生的责任、信念、价值观有清晰而明确的规范。因此在对学生评价的过程中，必须全面评价学生的能力、知识及素养，从这三个角度出发，评价课程教学与学生学习的质量和效率，帮助教师更好地明确英语课程在人才培养中所存在的问题，使学生能够更充分、更有效地开展英语学习活动。

（二）主体性

以学生为主体的思想逐渐成为现代教育的基本理念和方向。英语教师必须在英语教学的过程中，树立全新的教育观和发展观，从而使课程教学与学生发展紧密地结合起来。而要想在教学评价中突出学生的主体性，就需要从评价主体的角度出发，充分激发学生参与教学评价的积极性和主观能动性，使学生成为教学评价的核心，进而在多元评价的支持下，加深教学评价对学生学习、生活的影响，最大限度地提升教学评价的质量和效率。与此同时，也能更好地增进学生和教师之间的情感联系，构建平等的协商和对话关系，使教学评价贯穿到整个英语教学的过程中。

（三）功能性

教学评价拥有较强的反馈性、诊断性及过程性功能，能够在教学中给予学生多次评价，并且在评价后帮助学生明确自身的发展优势和不足，使学生通过改进、调整学习策略的方式，更好地开展英语学习活动。而在创新英语教学评价方法的过程中，教师必须突出评价方法的功能性特征，要将评价功能与课程教学有机地结合起来，进而以教学评价为抓手，激励、引导和鼓励学生积极地、自主地参与到英语教学活动之中。然而在这个过程中，英语教师必须树立"发展性"理念，即以发展的眼光看待学生存在的问题及评价结果，明确"问题诊断"在英语教学中的"价值"和"意义"，从而使教学评价呈现出动态化的发展趋势，使其更好地融入学生的学习和生活之中。

二、大学英语教学评价体系创新策略

对教学评价体系的改革与创新的建议与要求，除了开展以测验、考试为主的终结性评估外，还要积极开展过程性评价；构建全面、科学、创新的大学英语教学评价体系。应从以下方面对大学英语教学评价体系进行创新：

第一，过程化评价。教师的教学和学生的学习都是一个动态过程，不能仅凭单一的结果来完全评价，因此英语教学的评价涉及日常学习的每一个阶段。对学生每一阶段的英语学习进行客观考核。新的课程要求提出的过程评价不仅能客观、全面地评价学生英语学习状况，还能通过对学生自主学习的监督，引导学生重视英语学习的过程，提高学生的英语学习兴趣和自主创新能力，同时利于教师及时收集教学信息，根据反馈信息及时改变教学策略，提高教学质量。

第二，评价主体多元化。目前，我国大多数大学学生英语学习情况的评价主体仍旧只是教师一个人。然而在重视学习过程的教学模式下，教师一人要负责几十个学生，不能全面掌握每一个学生的信息。因此新课程要求中提出改变单一评价模式，建立多维度的评价模式，如学生自我评价，教师评价，学生互评，学生对教师的评价，学校对教师的评价等。而在这众多的评价中，教师要鼓励学生进行正确的自我评价。学生自评涉及学生自己的学习方法、学习目标、学习策略及学生进步状态等。这种自评模式便于学生了解自己，及时发现自己学习中的问题，利于培养学生的积极主动性和创造性，提高学生英语学习的热情。

第三，创新评价内容。外语教学目标不应该仅仅是学生的成绩而应该包括影响学生学习发展的包括智力和情感的所有因素，体现出多元化的特征。大学英语教学主体是学生，评价主体也是学生。既然是对学生的评价，就应遵循开放性，以促进学生智力、能力、素质的发展为最终目标，将情感、智力、能力等因素纳入教学评价体系。大学英语教学评价体系也是反映教师教学能力、评价教学模式和教学方法合理性的重要途径。因此评价体系也应包含教学需求分析、课程设计、课堂管理、教学方法等方面因素的评价指标。

第四，丰富评价。多元化的评价内容无法依靠单一的评价策略来实现。因此，应在创新和丰富评价内容的同时，采取多元化的教学评价策略。多元化评价的主体可以是学生个人学习档案，学生课内外学习活动的记录，学生网上学习的记录，学习成果调查问卷，学习心得，学生自我评估报告，等等。通过多元化的评价策略，学生的学习过程得到全面的激励、监督、调控和评价反馈，因此其学习积极性与自觉性将得到显著提升。

第五，发展性评价。为突出英语课程评价的功能性特征，应制定出发展性评价方法。发展性评价主要指将评价结果与教学结果相联系的评价机制，注重结果与过程之间的衔接性和映衬性，能够结合学生的思想理念、学习状态、学习模式及行为规范对学生进行综合性的评价。然而在评价结果展示上，教师并不以分数、排名为导向，只是将评价结果直接地呈现给学生，让学生真正地明确自身所存在的不足。首先，构建分层评价体系。即以分层评价的方式或评价体系评价不同的学生群体。譬如英语学习能力较强的学生，评价维度较广，评价要求较高。而学习能力差的学生，主要以基础性评价为主。其次，根据学生对评价结果的反应和学习成绩的变化情况，及时调整评价内容，如果学生在语言表达上存在不足，教师应在未来的课程评价中，着重评价学生的语言表达能力。最后，形成独特的评价结果呈现形式，将学生的评价结果以短信或微信的方式呈现出来。因此可以说，发展性评价就是以呈现学生在英语学习中所存在的不足的方式，提升学生参与课堂学习积极性的评价方法。

总之，大学英语教师应结合现代教育特征及学生发展特点，积极创新传统的教学评价方法，使教学评价真正成为英语教学的重要组成部分，成为学生专业成长和职业发展的驱动力。但在创新评价方法的过程中，应以全面性、主体性及功能性等原则为抓手，唯有如此，才能使新的评价方法，有效地解决传统英语评价的问题，切实提升英语评价的科学性、真实性与有效性。

第七章 教师专业发展与大学英语教学创新

第1节 大学英语教学专业发展内涵解析

在大学英语教学创新背景下,大学英语教师自身的发展问题是信息时代的必然要求和内在呼唤。大学英语教师应通过何种途径有效地促进自身的专业发展,已成为教育界重点关注的问题。

一、教师专业发展相关概念解析

(一)教师专业化和教师专业发展

要正确理解教师专业化的深层内涵,首先要区分"职业"和"专业"这两个相关概念。

1."职业"和"专业"的区别

所谓职业,泛指用以谋生、有金钱酬劳的工作。关于什么是专业,各位学者的观点未达成一致。

教育界学者认为,专业是通过特殊的教育或训练掌握了业经证实的认识,具有一定的基础理论的特殊技能,从而按照来自特定的大多数公民自发表达出的具体要求,从事具体的服务、工作,借以为全社会利益效力的职业。

社会学家卡·桑德斯指出,专业是指一群人从事一种需要专门技术及特殊智力的职业,目的在于提供专门性的社会服务。

近代西方哲学家怀特海认为,专业是一种有可验证的理论基础、科学研究的行业,并且能从理论分析与科学验证中积累知识来促进这个行业的活动。

总体而言,专业是具备高度的专门职能及相关特性的,其主要特点为:专业本身具有发展性;严格的专业选拔与有效的专业训练;专业人员具有系统而全面的专业理论和实践知识基础;专业人员具有较高水平的专业判断和决策能力。

2.专业化和教师专业化

所谓专业化,既指某一专业人员达到该专业标准的动态发展过程,也指其成长为专业人员的静态发展结果。

教师专业化也应该从动态和静态两个方面来理解。从动态的角度来说，教师专业化主要是指教师在严格的专业训练和自身学习的基础上，逐渐成长为一名专业人员的发展过程。这一发展过程的实现需要教师自身的努力及良好外部环境的创设，这两方面因素相互促进、缺一不可。从静态的角度来讲，教师专业化是指教师职业真正成为一个专业，教师成为专业人员并得到社会承认这一发展结果。"专业化"将成为未来教师发展的努力方向。

从广义来讲，教师专业化的标准主要包括教师自身素质与客观环境两大方面。

其中，教师自身素质的发展是教师专业化标准的核心，它主要包括以下几方面：具有专业责任感和服务精神；受过较长时间的专门训练，具有较强的专业基础；具备教育实践能力，包括教育活动组织能力、教育性反应意识、教育监控能力、对儿童的指导能力、和谐师生关系、支持性同伴关系和家园关系等的创设。

良好客观环境的创设也是教师专业化标准的重要方面，如创建完善的教师职前培训体系；提供多途径、多形式的教师在职进修机会；为教师提供参与研究的机会，鼓励其积极参与科研；建立教师专业团体；制定严格的教师选拔和任用制度；提高教师的经济和社会地位等。

3. 教师专业化与教师专业发展的关系

关于"教师专业发展"与"教师专业化"的关系存在着三种不同的观点。

第一种观点将"教师专业发展"等同于"教师专业化"。

第二种观点认为，教师专业化和教师专业发展不是同一概念。教师专业化是指教师职业专业化的过程，教师专业发展则是指教师个体由不成熟逐渐成长为成熟的专家型教师的过程。

第三种观点认为，"教师专业化"包含"教师专业发展"。该观点将专业化划为两个维度：地位的改善与实践的改进。前者作为满足一个专业性职业的制度；后者作为通过改善实践者的知识和能力来改进所提供服务的质量的过程。

从广义的角度来讲，"教师专业化"与"教师专业发展"均指加强教师专业性的过程。

从狭义的角度来看，"教师专业化"更多是从社会学角度考虑的，主要强调教师群体的、外在的专业性提升；"教师专业发展"更多是从教育学维度界定的，主要指教师个体的、内在的专业化提高。除此之外，这两个概念还有一个区别，即教师专业化体现的是一种教育思想、教育制度、教育改革运动；而教师专业发展包含的是一个教师的成长过程。

教师专业化和教师专业发展相互区别，但也相辅相成。教师专业化制度的建立及教师专业化运动的发展为教师专业发展提供了保证，只有教师职业更加专门化，才能使教师专业发展得到更大的提高。而教师专业水平的提高，也会更有力地支持和推进教师专业化。

（二）教师专业发展的界定

1. 国外学者对教师专业发展的界定

国外学者对教师专业发展的界定如下。

哈格里夫斯和富拉恩强调从知识与技能的发展、自我理解、生态改变三个方面来理解教师专业发展。

哈格里夫斯认为，教师专业发展包括知识、技能等技术性维度，以及道德、政治和情感的维度。

戴的界定比较综合，他指出教师专业发展包含所有自然的学习经验和有意识组织的各种活动，这些经验和活动有益于个体、团体及课堂教育质量的提高。

伊文思认为，教师专业发展的根本是态度上的改善和专业表现的改善，简单说就是态度和功能的发展，态度的发展包含知识性发展和动机性发展，功能的发展体现为程序性发展和生产性发展。

2. 国内学者对教师专业发展的界定

关于教师专业发展，国内学者有着不同的理解。

呼伦贝尔学院朱玉东教授认为，教师专业发展是伴随教师一生的专业素质成长的过程，是教师专业信念、专业知识、专业能力、专业情意等不断完善的过程。

华东师范大学唐玉光教授指出，教师作为教育教学专业人员，要经历一个由不成熟到相对成熟的发展历程。成熟是相对的，发展是绝对的。教师专业发展空间是无限的，发展内涵是多层面的，包括知识、技能、能力、态度、情谊。

华中科技大学朱新卓教授认为，教师专业发展是教师基于知识、技能和情谊等专业素质提高的专业发展的过程，是由非专业人员转向专业人员的过程。

还有的学者认为，教师专业发展包含两方面的含义：一是如何增进教师专业化，提高教师职业素养的过程；二是强调教师的自我觉醒意识，认识到教师作为教育教学的专职人员，有特定的行为准则和高度的自主性。教师专业发展贯穿整个职业生涯，但不仅是时间上的延续，更是教师心理素质的形成与发展过程。

综上所述，教师专业发展是以教师个人成长为导向，以专业化或成熟为目标，以教师知识、技能、信念、态度、情意等专业素质提高为内容的教师个体专业内在动态持续的终生发展过程，教师个体在此过程中的主体性得以充分发挥，人生价值得以最大限度实现。

二、影响大学英语教师专业发展的因素

随着对教师专业化研究的深入，很多学者认识到影响教师专业发展的因素除了个人因素（认知能力、职业道德、人际交往等）外，还包括环境因素，如教育政策、学校管理与学校氛围等。下面就对这些因素展开分析和探讨。

（一）个人因素

1. 认知能力

从认知角度来分析，大学英语教学是一项非常复杂的认知活动，英语教师的认知能力是他们长期开展教学活动所积累的结果。认知能力的发展有助于提升大学英语教师的教学效能。在大学英语教学过程中，如果一名教师的认知能力较强，那么他/她必然会灵活采用教学策略、运用教学技巧，从而激发学生参与教学活动的积极性。

2. 职业道德

对于大学英语教师而言，职业道德对他们有着至关重要的影响。第一，职业道德是教师实现角色认同的基础和前提，如果一名教师不具备基本的职业道德，那么他们就没有资格担任教师这一重要角色。第二，具备高尚职业道德的大学英语教师会在自己的工作中任劳任怨、勤勤恳恳，直至在教学中取得优秀的成果，引领学生步入一个新台阶。第三，大学英语教师的专业化是在不断处理个人与他人、个人与集体的利益关系时不断发展的，而在这之中需要道德的参

与，也就是说职业道德是大学英语教师进行职业交往、解决冲突的一项重要准则。

3. 人际交往

如前所述，大学英语教师的专业发展是在与他人的交往中逐渐发展的。也就是说，具备良好的人际交往，大学英语教师才能保持一份愉悦的心态与健康的心理，避免自身产生职业倦怠。首先，英语教师要处理好与学生的关系，与学生建立良好的人际关系，有助于教师实现自身的意志、理想与情感的统一。这是大学英语教师专业发展的一项重要内容。其次，大学英语教师还要处理好与同事之间的关系。大学英语教师之间通过合作，可以不断提升自身的专业化水平，这是大学英语教师专业发展的必然要求。

4. 自我评价

在大学英语教师专业发展过程中，自我评价也是必不可少的一项内容。第一，自我评价有助于英语教师的角色内化，让大学英语教师对自己有清晰的了解，从而建构自己的教学内容，不断提升自我。简单来说，如果一名大学英语教师自我认识较高，那么他们会显得更为自信和成熟。第二，自我评价有助于调动大学英语教师的内在动机，通过自我评价，大学英语教师的积极性、自觉性不断提升，增强自己的创新意识。第三，大学英语教师的自我评价有助于提升自身的意识，大学英语教师通过自我评价有助于更深层次地认识自我，使自己不断思考、不断反省。第四，自我评价可以促进大学英语教师把握人生价值选择，进行自我塑造。

5. 职业发展动机

大学英语教师的职业发展动机包含内部动机与外部动机。前者是指人们对某些活动感兴趣，并从活动中不断获得满足，活动本身成为人们从事该项活动的助力。内部动机反映出大学英语教师对教学工作的价值取向与主观需要，对大学英语教师的教学行为起着重要的刺激作用。后者是指由于压力诱发的助推力，其在大学英语教师的教学工作中也起到重要的引导与激励作用。

（二）环境因素

1. 教育政策

所谓教育政策，即国家和政府制定的对教育领域的社会问题、利益关系进行调整的公共政策。一个国家的教育政策对教师专业发展有着宏观层面的影响，其为教师提供物质基础与保证，赋予教师基本的权利与义务，体现国家对教师的要求。首先，教育政策为大学英语教师的基本生活与工作提供物质保障，对教师的生存与发展产生直接影响。其次，教育政策为教育事业发展提供了重要规范与标准，对教师的专业发展提供了重要指导。最后，教育政策通过教师考核制度、奖惩制度等对教师的专业发展起着重要的激励作用。

2. 学校管理

学校管理是管理者在国家政策指导下，对学校内部情况进行管理，是对学校系统资源、人力资源、物力资源等进行的组织与规划、协调与控制、决策与指导的过程。学校管理者管理方式的不同，会对教师的专业发展起着不同的作用，因此学校管理者应该首先了解每一位大学英语教师自身的需要，针对不同的需要及大学英语教师不同的发展阶段，采取恰当的管理措施，调动英语教师的积极性。

3.学校氛围

学校氛围是每一所学校内部形成的，对其成员的价值观念、道德规范等起着重要的作用，是一所学校的精神风貌。其对于大学英语教师的专业化发展也起着潜移默化的作用，是教师专业成长的外部精神力量。良好的学校氛围为教师提供富有挑战性的工作机会，能够激励大学英语教师的不断发展、持续成长。充分发挥大学英语教师的主动性和创造性，使大学英语教师为实现自我而努力。

三、大学英语教师专业发展所存在的问题

我国大学英语教师专业发展虽然得到了一定程度的提升，但是随着英语教学改革的推进，他们的素质与能力已经很难适应当前经济发展对高素质英语人才的需求。因此，当前大学英语教师专业发展面临着严峻的挑战。本部分就来探讨大学英语教师专业发展中存在的一些问题。

（一）身份不明确

对大学英语教师进行职业与身份的确定，是提升教师教学水平、教学力量的一个重要前提。尤其是随着全球化、国际化进程的加快，大学英语教师的身份就变得更加模糊，一些专职的英语教师正处在"无家可归"的情况下，这种"身份不明确"与"夹缝生存"的境地也成为大学英语教师的一块心病。

除了大学，其他正在从事英语教学的教师也同样处于这样的境地，这些教师也逐渐缺乏自信，对教学工作的影响也逐渐减弱，在教学中很难发挥出真正的作用。在各级教师的心中或者学生心中，他们充当管理者的身份大过于英语教育者的身份。

这就是说，大学英语教师群体虽然庞大，但是这一群体至今没有明确的身份，这就导致大学英语教师的成长空间、实践空间、社会空间、学术空间等受到了极大的阻力。从大学英语教师专业发展的角度来讲，他们身份的不明确会影响他们的价值取向、心理归属及专业水平，进而会影响他们的教学质量。

（二）力量分散

如前所述，我国大学英语教师的规模非常庞大，但是整体效果却不尽如人意。这是因为，教师往往各自为战，力量非常分散，他们缺乏系统性的互动与交流沟通。这也是导致大学英语教师专业发展不足的一项重要原因。

无论是对于不同大学的英语教师而言，还是对于同一大学的英语教师而言，基本上都是自己承担自己的责任，这就是所谓的各自为战，他们彼此间缺乏学术、教学等层面的沟通与合作。

随着"国培计划"的实施及其辐射带动，大学、独立的教育学院、教师进修学校、各地教研室、中小学一线之间逐渐实现了一定层次的合作与来往，但是从活动开展的实质层面来说，他们仍旧缺乏深度的交流与合作，大多呈现的是"一锤子买卖"，彼此之间缺乏整体与互助意识。

这种状况带来的直接后果就是教师之间仅仅为了生存而恶性竞争，同时英语教师的资源开发、团队组建等不畅，教师教学循环重复，实际教学效果不佳。

（三）以自我为中心

对于大学英语教师而言，他们的职责在于为学生提供英语层面的学习帮助与支持，也就是英语学习的引导者。这就要求大学英语教师应该具备较高的素质与能力，而要想达到这一点，首先必须明确自身的情况，能够及时地把握与了解教育脉动，从而知道从什么层面帮助学生。

很大程度上来说，英语教师是为学生的英语学习而存在的，对学生的学习、思考、研究等有着重要的意义。不得不说，大学英语教师首先就应该是一名出色的、合格的教育实践者与自我发展者。但是问题就在于，很多教师并没有明确自身存在的价值与意义，心中也并未将学生当回事，无论是课堂教学，还是课下做报告，无论是做现场的指导，还是课下实践的参与，往往都未注重学生的学习情境，也并未对具体问题进行具体分析，习惯以自我为中心，这样强迫学生接受、仅凭己意的做法显然是欠妥的。

正是由于教师缺乏关心学生的情怀，一些教师很难受到学生的欢迎与支持。大学里的学生对英语课程的学习兴趣也不高，这导致英语教学的效果非常差。

（四）能力不济

教学是一个具有恒常性的庞大工程，具有时代感与现实性，教师的专业发展又是建立在具体的教学实践中，面对他们的是多种需求，因此大学英语教师是教育系统中的能动元素。

但事实上，当学生接触了越来越多的东西，见识也越来越广泛后，他们的自觉意识会逐渐提升，加上互联网对英语教学模式的冲击，导致一线的英语教师面临越来越多的困惑，很多教师无所适从，仅仅简单应付。出现这些情况的原因有很多，如教师缺乏学术支撑、继续学习能力不足、精力不能集中等。

教师的专业发展需求是处处存在的，如果教师对发展中的现实问题不能及时做出回应，实践中出现的问题也未能与他人进行交流，就会导致自己逐渐丧失激情。能力对于教师而言是看家本领，如果他们的能力缺乏，掉链子，不仅会对自己造成影响，还会对整个教学质量造成影响。

（五）发展无力

教师专业发展的力量不仅来自个人的坚持，还需要外部条件的支持。就当前来说，大学英语教师群体并未受到社会、政府的应有重视，教师没有明确的学科依托，也未形成学习共同体，仍旧在各自的岗位上独自奋斗。国家对他们既没有政策支持，也没有完善的规范管理，因此教师的专业发展无力。

无论是在大学内，还是大学外，教师的地位趋于边缘化，就连教学研究者也不愿意花费过多的精力，这种氛围不利于教师的专业发展。即便有些教师在学生中的反响很好，但是真正将英语教学作为事业，甚至将其融入自己生命之中的很少，很多时候都是不得不做，缺乏内在的动力与激情，一些甚至仅是为了维持现状。这都是大学英语教师专业发展无力的表现。

（六）缺乏进修机会

很多调查显示，大学英语教师很少有出国或参加国外外语教学研讨会的经历，但是调查表明教师特别渴望高层次和针对性强的进修。

繁重的教学任务使很多教师产生强烈的进修需求。脱产出国进修、国内访学、参加学术会议、减轻工作量在职进修、利用寒暑假进修等是教师们期待的进修机会。

由于国内英语专业的博士点较少，而大学英语教师队伍又很庞大，这使得英语教师要继续深造攻读博士学位机会较少。

教师进修途径是非常有限的，很多大学英语教师能够参加的培训活动往往都是由国内几家大型教材出版社每年组织的寒暑假短期而又缺乏系统性的培训。而真正由各级政府部门或专业机构系统组织安排的旨在实质性提高外语教师专业素质的培训则是为数不多，且由于时间、地点、经费等限制，教师参与度有限，难以满足所有老师的进修需求。

另外，目前国内的大学英语教师专业技能培训还停留在提高语言能力和教学技能、技巧的层面上，离全面提高教师专业素质的目标和要求还有一定的距离。

（七）教学理念与课堂行为不完全一致

著名学者周燕和楼荷英等人认为，教师的教学理念与他们所认同的教学方法相符，但其课堂教学行为与教学理念和方法有时却不一致。部分大学英语教师教育经验和理论素养不足，缺乏对教与学关系的辩证理解，在教学中带有很大的主观性、经验依赖性及各种不确定性，且教师的理论与实践之间依然存在一定的差距。不少大学英语教师尚未熟练运用国内外先进的外语学习理论，课堂依然是以教师为主的传统讲授，学生接收的也是较封闭的以应试为主的任务，大学英语课堂内容和形式均缺乏创新；有些大学英语教师不自觉地在英语课堂扮演着"语言讲解者"和"语言示范者"的角色，忽视了语言中的文化因素对学生的影响和熏陶；还有些英语教师在课堂上的语言运用能力、教材处理能力及协调实际课堂等方面的能力有待提高。

（八）科研水平偏低

科研是长期的、循序渐进的过程，需要不断在实践中摸索积累，而大学教师科研水平的高低又是衡量其专业化发展的必要指标。从我国外语教师的科研情况来看，尽管近十年来，大学英语教师在申报课题、发表论文、编写教材、接受各种形式的继续教育方面的总体发展趋势较好，但有相当数量的从业人员还对外语教育理论、原则非常模糊，这说明教师对科研能力在教学和教师自我发展过程中的作用认识尚显不足。杨忠等人认为，我国大学英语教师的科研水平偏低的主要原因有：学科知识结构不够合理、跨学科知识结构不够全面、缺乏科研意识和科研精神、科研时间少、科研环境欠佳等。不少大学英语教师只专注于一线的教学，不具备必要的科研理念，也没有掌握一定的科研方法，而且对科研在教学和教师发展过程中的作用也认识不清，对他们来讲，搞科研实为无奈之举，是为年度考核或提职晋升所迫，而以提高教学质量和充实提高自身业务水平和综合素质为目的去做科研的教师数量更是少之又少。

我国的大学英语教学是高素质人才培养的重要组成部分，对国家的政治、经济、科技、文化等领域的发展起着重要作用。在现今英语教学全方位改革的新形势下，大学英语教师的职业发展面临着前所未有的社会期许和改革机遇。因此，开展对我国大学英语教师专业发展的研究，寻求适当的专业发展途径和模式，帮助大学英语教师及时调整和完善自我，具有一定的现实意义。

四、大学英语教师专业发展的现实意义

世界在不断向前发展，再加上中国坚持改革开放的政策，因此需要大量的复合型、国际性、综合性的英语人才。而培养这类人才的重任就落在了英语教师的身上。英语教师只有不断提升自己、不断学习，才能保证知识足够、理念新鲜、方法灵活。

首先，英语教师身份的教、学、研三重性就决定着教师工作是十分复杂的。在教、学、研不断动态发展的过程中，教与学应该相长，用教学带动研究，以研究促进学习。另外，英语教师自身角色的三重性也要求教师应该树立正确的学习观，掌握科学的英语教学方法和策略，学习与时俱进的英语教学论，具备积极的科研功底与态度。由于英语教师教育具有动态发展的特点，同时还具有长期性，因此教师的专业化要求也是不断持续发展的，它会贯穿于教师的整个教育生涯。

其次，教师这一职业还具有社会性，它与社会的发展有着密切的关系。社会发展是日新月异的，科技在迅猛发展，社会上新理念、新思潮不断涌现出来，这也要求教师教育应不断发展。

最后，英语具有独特的学科特点，这就需要教师应该放眼世界，胸怀国家，从世界的视角来看待英语教育。尤其是当今的学生有着鲜明的发展性与时代性，这就导致教师以往的"一师一法"是行不通的，必须寻求进步与改变。

上述这些方面都要求教师要扩大知识面、接受专业化教育、提高自身专业化素质与水平。总之，大学英语教师专业发展是必要的，应予以重视。

第2节　大学英语教师的专业角色与素质

一、大学英语教师的角色

大学英语教学改革创新对教师提出了新的要求，促进了教师角色的转变。新的教学模式下，大学英语教师角色让课堂更为有效、生动，教师发挥了更多的引导和协助作用，为学生提供了个性化学习感受和多样化学习方式，对英语课堂的顺利实施有着显著的促进作用。

说到角色，一般人会觉得其与身份、地位有关，认为角色是对人们身份、地位的诠释。在当今社会，教师扮演着十分重要的角色，他们以各种方式调动与引导学生参与活动，并引导学生在自己设定的环境中展开探索。

（一）教师的角色

1. 教育者

作为一名教育者，教师首先担当着教育人和培养人的责任与义务。为了实现这一目的，教育者必须具备高度强烈的敬业精神及社会责任感，以身作则，身体力行，通过自己的行为去教育和感染学生，帮助学生树立良好的人格。

2. 工程师

作为一名工程师，教师担负着引导人、改善人、塑造人的任务。教育的目的就在于改善人的行为、净化人的灵魂。这是因为，教师是人类行为和灵魂的工程师。作为工程师，教师在教书育人、对教育对象起到主导作用的过程中必须具有精湛的技术、渊博的知识，制造和设计出被社会认同的优质"产品"和优良品格。

3. 激励者

作为一名激励者，教师承担着鼓励和激发学生求知欲望的任务。兴趣是最好的老师，是推动学生学习的原始驱动，而求知欲望是学生成功的前提。教师教育的一项重要任务是通过开展教学活动来开启学生通往智慧的大门，激发学生对知识的渴望及兴趣，从而不断培养他们认识世界、改造世界的能力。

4. 艺术家

作为一名艺术家，教师在教学过程中还充当着传播美的角色，不断培养人的审美能力，提高他们鉴赏美的能力，使学生学会追求美，善于用眼睛观察和发现美，最终实现美的创造。

5. 指导者

作为一名指导者，教师在整个教学活动中起着重要的指导作用。教师通过运用科学的教学方法来引导学生学会学习，学会如何理解和掌握知识体系，如何培养自己的技能，如何从一个可知领域向着未知领域发展。

综上所述，英语教师作为普通教师，首先应该充当着教育者、工程师、激励者、艺术家、指导者的角色。无论时代如何变化，学科有何不同，教师的本质特征是不变的，所以这些共性特征是所有教育者必须遵循的。

（二）大学英语教师的角色

作为一名英语学科的教师，除了要充当上述角色外，大学英语教师还扮演着特殊的角色。英语学科具有独特的学习方法和体系，大学英语教师在进行教学时需要从英语学科的具体特点出发，即教学中应该包含如何提高学生的英语运用能力，如何激发学生英语学习的兴趣和积极性，这就要求教师必须充当如下多重角色。

1. 英语语言知识的引导者

教师是英语语言知识的诠释者，因此其首先要具有渊博的英语语言知识。也就是说，大学英语教师必须对专业知识有系统的掌握，并能够系统地分析出各种英语语言现象。从教师教育的研究中不难发现，英语教师需要掌握的专业知识包含理论知识、形式知识、语境知识、实践知识等。这些知识不仅包含语言形式结构的知识，还包含语音知识、词汇知识、语法知识、语篇知识、社会文化知识等具体的语言使用的知识。大学英语教师只有掌握了这些知识，才能对语言材料、语言现象有一个清晰的剖析和阐述，也才能解答学生学习中所遇到的问题，从而使学生能够恰当地理解并实现语言输出。

另外，语言技能的掌握和使用也离不开语言知识的积累。通过不同的语言形式，语言功能得以实现。无论教师采用何种教学策略，其必须要教授的教学内容就是英语语言系统知识及对这些知识的分析和输出。可见，教师是英语语言知识学习的引导者和帮助者。

2. 英语语言技能的培训者

大学英语教师不仅是英语语言的诠释者和分析者，更是英语语言技能的培训者。在学生进行语言学习时，对语言知识的掌握是必要的前提条件和基础，而学习语言的目的是提高和发展自己的语言运用能力。

一般来说，语言技能包含听、说、读、写、译五项。从语言的发展规律上来看，听说位居第一，其次是读写译。但是，从外语教育的角度来说，读写译居于第一，听说第二。这就说明，大学英语教育的目标是让学生具备一定的读写译能力，而听说能力是提升学生读写译能力的前提和基础。因此，在大学英语教学中，教师必须具备掌握语言技能的能力，这是一个全方位掌握的概念，是听、说、读、写、译的有机结合。如果不能掌握这些技能，教师就很难驾驭语言课程，也很难娴熟地组织语言教学活动，也无法完成提升学生语言技能的重要目标。

另外，还需要指出的是教师还有英语语言训练合作者的身份。也就是说，教师并不是将任务布置给学生就可以了，还需要引导学生，参与到学生的活动中，让学生在教师的帮助下更得心应手，既学到了知识，也完成了任务，从而也提升了教师的教学效果。

3. 英语课堂活动的组织者

对于任何教学活动来说，课堂活动是必不可少的，这在大学英语课堂也不例外。大学英语课堂活动是大学课堂教学的载体，设计合理的大学英语教学活动有助于提升教学的质量。如前所述，英语是一门特殊的学科，有着特殊和明显的特征，因此在课堂上教师需要对英语技能进行培养和训练。英语课堂活动恰好是训练技能的一种有效方式。

但是，就普通大学英语课堂来说，教师可用的教具只能是粉笔、黑板、幻灯片、投影仪、录音机等设备，这些设备携带并不方便。借助于这些教具，学生可以了解很多基础性的知识，对基本原理有了更直观的了解和接触，但学生并没有太多的机会参与到课堂中，仍旧扮演着被动者的角色。同时，英语训练需要语言环境的参与，但是在普通的大学英语课堂中只能提供有限的教学环境，如辩论、对话、话剧表演等，学生缺乏真实的语言训练的机会，如远程对话交流、电影配音等。虽然教师有活动组织者的身份，并且活动也大多都比较直观，但是这是远远不够的，很难加深学生对英语语言知识和技能的印象，也很难巩固自己的语言知识体系。

4. 英语教学方法的探求者

在大学英语教学中，教师不仅仅是固有教学方法的使用者，也充当着新型教学方法的探求者和开发者的角色。语言教学具有很强的实践性，因此其与教学方法关系密切。英语语言知识的分析、语言技能的掌握、课堂活动的组织等都离不开科学的教学方法。

英语语言教学的方法有很多种，如语法—翻译法、听说法、交际法、情境法、任务法、自主学习法等。这些方法都存在某些优点，也存在着某些缺点。因此，任何一种教学方法都不是万能的，大学英语教师需要将各种教学方法综合起来来组织和实施教学，以便获得更好的教学效果。就当前的大学英语教学来说，其已经从传统的以教师为中心转向了以学生为中心，强调学生的地位，这也有助于实现教师和学生的双向互动。

5. 语言文化差异的解释者

大学英语教师还充当着中西方语言文化差异的解释者的角色。文化背景与文化传统不同，其价值观念和思维方式也存在明显差异。文化差异逐渐成为了中西方跨文化交际的障碍。

从社会文化角度来说，语言是一种应用系统，具备独特的规范和规则，是文化要素中不可或缺的一部分。在英语教学与学习中，教师除了要教授英语语言知识和技能外，还需要教授文化背景知识，三者是相互促进、相互弥补的关系。

著名学者胡文仲曾指出，只学习语言材料，不了解文化背景，犹如只抓住了外壳而不领悟其精神。文化背景知识是理解过程中意义赖以产生的主要因素之一。因此，学习语言就是学习文化。在语言文化知识的内容上，教师除了要讲解本土文化知识，还需要讲解英语民族的文化知识。中西方语言文化的差异性主要体现在社会制度、风俗习惯、思维方式及道德价值上，其在语言的词汇、篇章、结构、言语行为中都能够体现出来。作为中西方语言文化差异的解释者，英语教师要熟知和了解中西方的语言文化及差异性，因此他们需要大量阅读中英文资料、观看中英文电影，积累足够的能够表现中西文化差异的一手素材。

另外需要指出的是，在充当中西方语言文化差异的解释者的过程中，教师需要保持一种中立的态度，文化没有好与坏，在选取素材上也尽量选取那些不会伤害任何文化的素材，这样有助于更好地引导学生对中西方语言文化有一个清晰的认知。

6. 英语语言环境的创设者

根据二语习得理论，语言环境对于语言学习有着至关重要的作用，尤其是在缺乏真实语言环境的教学中更是如此。通过创设真实的语言环境，教师可以将新旧知识联系起来，使学生了解中西方的文化传统习俗，接受原汁原味的中西方文化的感染和熏陶。这比学生单独学习词汇、单独学习句子等成效显著得多。

英语语言环境的创设不仅在课堂教学中展开，在课外也应积极创设。在课堂上，教师可以利用网络多媒体技术呈现与文化背景有关的资料和信息，让学生了解与西方社会文化资源接近的各类文化资源和语言环境，在课外教师可充分利用网络教学平台、英语学习语料库开列书目、布置任务，引导学生大量阅读英语报纸杂志、书籍，使学生能始终置身于英语学习的环境中，不断提高其英语水平。

7. 英语教学测试的评价者

根据《大学英语教学指南》，教学评价是大学英语教学的一个重要环节。对大学英语教学进行科学、全面、客观、准确的评价对于教学目标的实现是非常重要的。教学评价既是教师获取教学反馈、改进教学管理、保证教学质量的一个重要依据，也是学生改进学习方法、调整学习策略的一个有效手段。在还未利用网络技术、网络资源之前，教学质量的评价往往只通过作业本、试卷完成。教师通过批阅学生的作业就可以了解学生对知识点的掌握情况，这对普通的大学英语教学是必不可少的。但是需要注意的是，任何事情都具有两面性，抛开批改作业的质量来说，就是当批改完成后教师也没有多余的精力去总结学生的完成情况，或者去分析其中存在的问题。

8. 英语语言教学的研究者

大学英语教师除了担任语言教学任务外，还承担着研究的任务。他们在掌握语言教学理论与性质规律的基础上，逐渐构建自己的教学理念，并运用这一理念去指导实践活动，达到良好的教学效果。因此，大学英语教师在英语语言教学实践中，必须进行英语语言教学的理论研究，将教学研究与课堂教学实践相结合，从而实现理论到实践的转变，再到理论的升华。

二、大学英语教师的素质

（一）教师的素质

从心理学上说，素质即人们与生俱来的神经系统、感知器官的某些特征，尤其指的是大脑结构与技能上的某些特征，并认为素质是人们心理活动产生与发展的前提与基础。

沃建中认为，教师素质是教师能够顺利完成教学任务、培养人所必须具备的品质，且是身心相对稳定的基本品质。

林崇德将理论与实践紧密结合，将教师素质界定为：在教学活动中，教师表现出来的、对教学效果起决定作用的、对学生身心发展产生直接影响的心理品质的集合。

本书所说的教师素质主要侧重于教师的从业素质，即教师的职业素质，具体指教师为了与教师职业要求相符所必须具备的基本能力与品质。其中包含教师的道德素质、文化素质、思想素质、能力素质、科研素质等。

（二）大学英语教师的素质

根据林崇德先生提出的"三层次五成分"教师素质观，从当前大学英语教师的基本情况考量，大学英语教师素质的内涵可以涉及如下几个层面。

1. 职业理想

教师的职业理想是教师从事教学工作的兴趣与动机的体现，是其献身于教学工作的原动力。在大学英语教学中，教师的职业理想表现为积极性、事业心、责任感，大学英语教师具备的崇高的职业理想，是他们开展大学英语教学活动的有利层面。

2. 知识水平

教师所具备的知识水平是教师开展教学工作的前提。林崇德从功能角度出发，将教师的知识结构划分为四大部分：本体性知识、文化知识、实践知识、条件性知识。

教师的本体性知识是教师特有的知识，如英语语言知识，这是为人们普遍知晓的。这一知识与舒尔曼的学科知识基本等同。在林崇德看来，一个人最佳的知识结构就是自己所从事职业的知识，这是获取良好教学效果的保证。学生的年级越高，教师的威信越取决于自身的本体性知识。但是，林崇德也指出具备本体性知识只是教师教学的基本保证，但不是唯一的，即还需要具备其他层面的知识。

教师的文化知识对于教师教育效果而言有着重要意义，其与教师的本体性知识有着同等重要的作用。

教师的实践知识是指教师在具体的课堂中，面临有目的的行为所具有的课堂情境知识或相关知识。这种知识是教师经验的积累。教师的教学与研究人员的科研活动不同，具有情境性，且在这些情境之中，教师的知识主要是从个体实践而来的。同时，实践知识会受到一个人经历的影响和制约，这些经历有人的打算、人的目的、人类经验的积累等。这种知识的表达有着丰富的细节，并且以个体化语言来呈现。

教师的条件性知识是一个教师取得教学成功的保证。一般来说，教师的条件性知识可以划分为三种：学生的身心发展知识、学生成绩评估知识、教与学知识。

3.教育观念

教师的教育观念是他们在教学活动中形成的对教育现象的主体性认知，是从自身的心理背景出发进行的认知。一般来说，教育观念包含知识观、教育观、学习观、学生观等。

4.监控能力

教师的监控能力指的是他们为了保证教学能够顺利实现预期目标，在教学过程中对其进行主动计划、检查与反馈等。具体来说，包括对课前教学的设计，对课堂进行管理与指导、对课堂信息进行反馈。事实上，教学监控能力是教师对其认知的调节与控制，是教师思维反省与反思的体现。

5.教学策略与行为

教师的教学策略与行为是教师为了实现教学目标，从学生的特点出发，采用各种教学手段因材施教。在大学英语教学中，教师的教学策略与教学行为是教师根据不同学生的学习风格与水平差异，创造符合学生风格的课件，采用网络多媒体技术，将自身的教育思想与学生容易接受的方式完美地进行融合。

（三）大学英语教师的素质要求

1.解读多元文化的能力

在跨文化背景下，教师需要具备对多元文化进行正确解读的能力，具体而言表现为如下三点。

（1）多元文化是一种历史事实

不同的文化具有差异性与多样性，这是人类文化从诞生开始所体现出来的一种客观存在。就历史角度而言，多元文化的差异性与多样性是一个不争的事实。就宏观的世界历史而言，早期有古希腊文化，中国有春秋战国文化、隋唐文化、明清文化等。这些都可以说明，历史时期不同，文化自然也不同。因此，多元文化是一种历史事实，指的是在一个地域、社会、区域等特定存在的、相互关联的却又具有独立文化特征的几种文化。

（2）多元文化是一种政治诉求

多元文化不仅是一种事实存在，还是一种价值存在，是人们在文化上所秉持观念的展现。多元文化源自不同族群争取平等的经济、文化权益斗争的结果，是一种对经济、文化等平等的追求。多元文化不仅仅限于文化层面，而是包含了不同民族、不同族群的经济、社会等多种概念。

（3）多元文化是一种思维方式

就哲学意义而言，多元文化体现的是一种思维方式，对多元文化的理解就是对多元文化差异性、多样性的承认，并要认识到所有文化都应该是平等的，彼此之间会产生直接或者间接的影响。与之相对的认识就是对客观世界的认识，人们对其认识不应该从单一的角度出发，而应该从多个视角来认识和理解。多元文化这一思维方式打破了传统的一元的思维方式。

因此，多元文化不仅是一种历史事实、政治诉求，还是一种思维方式。教师应该对多元文化进行正确的解读，从多样的视角对不同文化予以尊重、学习与理解，不能毫无保留地全盘接受社会主流文化，对其他文化全盘否决，应该批判地看待不同文化。因此，教师在对多元文化的解读中，应该持有平等、公正、多元的理念。

2.以学生为中心的教学意识

在传统的大学英语教学模式中,教师在课堂上占据绝对的主体地位,他们是教学活动的掌控者、组织者,学生是被动的参与者。在这样的教学过程中,教师也不会意识到不同学生是存在差异的。即便教师注意到了这一点,大多数教师也会忽略。

实际上,在大学英语课堂中,所有的学生形成一个多元文化语境,他们来自不同的地区,具有不同的成长背景,这就使得他们有着不同的接受能力、不同的思维方式等。如果教师对所有学生都一视同仁,那么必然会削弱学生学习的积极性与主动性,也势必会导致教学效果不佳。

在跨文化教育背景下,教师应该"以学生为中心",教师自身的角色也应该发生改变,从原本课堂的控制者转变为学生英语学习的辅助者,同时对待每一位学生都应该持有平等、公平的姿态。教师要认识到不同学生的文化差异与多样性,对不同的学生采用不同的方法,使学生成为教学的主体,展现自身的个性,从而更好地在多元的环境中习得英语这门语言。

3.信息化时代下的信息素质

随着科技的日益进步,人们逐渐意识到:人才的高素质是一个国家、一个民族最大的竞争力。在所有素质中,信息素质是一个最不可忽视的方面。因此,各国教育界都特别注重对个人信息素质的培养,很多国家从中小学起就抓孩子的信息素质教育。然而,对于中国来说,信息素质教育的起步特别晚,并且一直以来仅对在校的大学学生开设文献课,直到教育信息化实施,才在一些条件相对较好的中小学开设信息教育课。对于在职的大学教师而言,信息素质教育根本就没得到应有的重视,甚至有的教师都不知道信息素质的含义。很多资料表明,我国大学教师的信息素质早已无法适应当今教育信息化对高等教育发展的需求,与发达国家相比,存在巨大差距。

第3节 大学英语教学专业发展的创新路径

一、提升专业能力

教师要想在跨文化教育背景下提升自身的跨文化意识,首先就需要提升自身的专业能力。具体来说,可以从如下几点着手。

(一)专业引领

当前,我国的大学英语教学在不断革新,先进的理念需要有骨干、研究者的带领,才能促进自身的专业发展。一般来说,教学专家、资深教师等都可以起到专业引领的作用。普通大学英语教师要向他们学习,接触先进的思想与经验,从而推动自身的专业化发展。

1.专业引领的要求

其一,要发挥专家与普通大学英语教师的能动性与积极性。不同的引领人员,所侧重的层面也必然不同。科研专家对教学理论非常注重,因此其在引领上更注重理论与实践的结合。骨干教师注重教学实践，因此其在引领上更注重具体操作。但是无论是哪一种引领，他们都需要较高的引领能力，既能够在理论上进行指导，还能够在具体操作中提供建议。对于普通的大学英语教师而言，他们应该配合专家与骨干教师，对他们给予的建议要认真听取，并择优采纳，从而分析与总结自身的教学问题，对自己的教学活动进行反思，提升自身的专业素质。

其二，大学英语教师要保证内容、目标等的正确，采用的方法要恰当。大学英语教师专业发展的总目标在于让他们能够对新知识、新信息予以把握，并且能够在这些新知识、新信息的基础上提升自身的专业素质。不同的大学英语教师存在着个体的差异，因此在专业发展、水平上也必然不同，因此在进行专业引领时，需要考虑不同教师的具体情况，为不同的教师制定与他们相符的方法，从而实现专业引领的合理性与有效性。

2.专业引领与大学英语教师专业能力发展

从上述分析可知，专业引领对于大学英语教师专业能力发展非常重要，具体而言可以从如下几个层面着眼。

其一，阐述教学理念。就很大程度而言，大学英语教师的教学行为往往会受到教学理念的影响，因此在专业引领中，专家、骨干教师等应该尽可能引导普通的大学英语教师熟悉与掌握教学理念，可以采用讲座或者报告等形式。

其二，共同拟定教学方案。当普通的大学英语教师掌握先进的理念之后，专家、骨干教师应该与普通的大学英语教师共同探讨先进的教学方案。在这一过程中，专家、骨干教师不仅是引领者，还需要对普通的大学英语教师的教学设计提出建议、给予指导，从而让普通的大学英语教师的教学设计更为完善。在专家、骨干教师等的引领下，普通的大学英语教师能够顺利地制定出与教学理念相符的教学方案，并将这一方案付诸实践。

其三，指导教学实践尝试。当制定完教学方案之后，就需要将其付诸实践，从而对教学方案进行验证。在验证时，专家、骨干教师应该参与其中，对教师的教学行为进行记录，从而与具体的方案进行对比，找出差距。在教师结束课堂之后，专家、骨干教师与普通的大学英语教师进行分析与探讨，对教学方案进行修订，从而使方案更完善、更切合实际。

（二）课堂观察

所谓课堂观察，是指通过有计划的观察，对课堂的运行情况及一些细节进行分析与记录，从而改进教师的课堂教学与学生的学习。

与一般的观察相比，课堂观察要求观察者有明确的目的，并借助观察表、录像设备等手段，直接或间接从课堂收集资料，并对收集的资料进行研究与分析。

1.课堂观察的步骤

课堂观察一般分为如下三个步骤。

在课堂观察之前，首先要对需要解决的问题予以明确，保证观察的针对性；其次，要根据相关问题对规划予以制定。一般来说，规划的内容包含时间、地点、方式、课次等。如果条件允许，可从具体的要求出发，对观察者进行专门的培训。

在课堂观察过程中，就要采用一定的观察技术手段，从课堂观察之前制定的观察要点与观察量表出发，选择恰当的观察角度与位置，进入观察状态，通过采用不同的记录手段，在技术层面将定性与定量方法相结合。在观察过程中，还需要对典型的行为进行记录，尤其是记录下实际情况与自己的思考。

课堂观察结束后，要对记录的资料、收集的材料进行分析与整理。课堂记录的资料分为两种：一种是定量性质的，一种是定性性质的。这两种资料所采用的分析手段不同，但是目的却是相同的，即通过系统的分析，对课堂行为间的关系进行了解与把握，解决课堂中存在的实际问题。通过分析与整理，所有参与者最终探讨相关的解决方案。

2. 课堂观察与大学英语教师专业能力发展

课堂观察对于大学英语教师的专业发展有着重要的意义，具体而言表现为如下几点。

（1）课堂观察有助于教师专业发展的实践反思。基于课堂观察的自我反思是教师在教学中做出的并能够产生结果的分析与审视。在反思的过程中，教师将自己视作有见解、有理想、有决策能力的人。这样，教师就会对教学行为、教学计划等进行分析与自评。反思能力的养成是确保教师继续学习的基本条件。在反思中，教师对自己的专业视野加以拓宽，将自己追求超越的动机激发出来。同时，这种观察不仅有助于对自己的教学实践与教学行为加以改进，还有助于不断提升自身的教学水平与教学质量，促进自身的成长。

课堂观察使得教师对课堂生活进行真正的认识，也有助于不断激发教师的自我发现、自我设计。通过自己与同事的观察，教师能够不断提升对自我的认识，不断增强自信心与责任感，由此促进教师批判地、系统地分析自己的教学行为与教学水平，发展自己的判断能力，使自己与其他同行之间相互反省与通力合作，解决教学中存在的现实问题，并通过课堂观察，对自己的教学不足加以改进，提升自身的教学水平与教学质量。

（2）课堂观察有助于加强教师对课堂的驾驭能力。教师对于教室内发生的教学管理、教学行为等，只有进行全面的、系统的观察，才能真正地将课堂中的各种行为记录在内心，保证课程能够顺利地开展，并获得口头的或者书面的评价资料等。因此，对于教师来说，课堂观察是理解与解释课堂事件背后的意义最为直接的方法，对于教师理解与把握课堂行为，有着极其重要的作用与较高的价值。

教师要想对自己课堂上的表现与行为有着清楚的认识，必须要进行课堂观察，通过课堂观察、课堂行为的分析，教师能够获得更为详细、更多的与自己与学生相关的反馈。在观察中，教师能够发现自己或者其他教师的问题，让自己清楚地认知自己的教学行为。

另外，在课堂观察之后，教师能够与其他教师进行交流与探讨，对自己的教学行为进行反思，对自己的教学行为加以改进，找寻恰当的教学策略，从而积极主动地改进教学中存在的问题。

总之，课堂观察有助于教师对自己的课堂行为、课堂观念有清楚的认识，进而对自己的教学进行自我评价，从而激发自身对专业发展的积极性与兴趣。

二、提高专业意识

所谓教师的专业发展意识，指的是教师按照教师专业化的要求，对自己专业发展过程、目前专业发展状态、未来专业发展规划的系统化、理论化的认识。教师的专业意识是在教师的自我意识、职业认同、动机的基础上产生与呈现的，其对于教师素质与能力的拓展起着重要的规划与导向作用。

要想提高大学英语教师的专业意识，首先就要掌握一定的方式、方法和策略，这是信息化教学能力培养的中观层面。在这一层面中，大学英语教师的职前培养、教学实践、在职培训、协作交流、自主学习等是最为主要的几个方面。

（一）进行职前和在职培养

大学英语教师信息化教学能力的发展是一个系统的过程，进行职前与在职培训是大学英语教师信息化教学能力发展的重要促进环节，两者是紧密结合的，通过职前培训，大学英语教师可以系统掌握信息化教学技术的知识和能力，为下一步大学英语教师在大学英语教学过程中运用信息技术打下了坚实的基础。通过在职培训，大学英语教师可以及时学习最新的信息化教学技术，并可以与更多的大学英语教师进行沟通交流，从而提高自己的信息化教学能力。

（二）传统方式与网络方式相结合

在当今大学英语教学中，利用信息化技术进行大学英语教学时，也不要忽略了传统的大学英语教学方式，要将传统的教学方式与网络方式结合起来进行，教师在教学过程中要与学生进行不断的面对面的交流，不断提高自己的信息化教学能力。随着信息技术的不断发展，人们获取信息资源的渠道逐渐多元化，无论是知识的获取，还是教学经验的分享等都可以通过网络来获取。因此，将传统方式和网络方式结合起来能极大地提高大学英语教师的教学能力，从而促进大学英语教学质量的提升。

（三）自主学习与合作交流相结合

在信息技术教学背景下，大学英语教师要想具备一定的信息化教学能力，就需要通过不断的学习和提高，以适应不断发展和变化着的学校教育。在平时的工作中，大学英语教师可以通过自主学习掌握基本的信息化技术手段，与其他的大学英语教师进行沟通与合作，多参加一些与信息化教学有关的研讨课等，逐步提升自己的信息化教学能力，在面对面协作交流的过程中，要注重提高虚拟的、跨时空的协作交流能力。这对于大学英语教师掌握信息化技术，提高大学英语教学水平具有非常大的帮助。

（四）技术知识与实践应用相结合

信息化技术知识与能力主要是大学英语教师通过职前培训得到的，但需要注意的是，光掌握信息化技术知识还远远不够，还要具备一定的技术知识与实践应用相结合的能力。通过信息技术的培训，大学英语教师可以在学习中体验和模仿，强化对信息技术知识的实践应用，只有将技术知识与实践应用充分结合起来才能实现既定的学习目标。

信息化教学的技术手段有很多，作为一名大学英语教师，一定要学习和掌握基本的教学技术软件，尤其是对于一些年龄较大，不易接受新鲜事物的大学英语教师而言。在平时的信息化教学中，PPT演示文稿、多媒体教学软件等都是最为常用的技术，大学英语教师还要利用计算机搜集和掌握一些教学素材，不断提高自己的多媒体技术能力，从而不断提高自己的信息化教学能力。

随着现代信息化技术的不断发展，网络上出现了各种培训课程，其中有关网络技术的培训课程也是相当多的，这一部分课程既有免费的也有付费的，通常都有着较强的专业性，作为一名大学英语教师，尤其是信息化技术教学水平较差的教师，可以多参加一些网络技术课程的学习，从而提升自己的信息化教学能力。

三、促进自主发展

（一）教学反思

教师的反思被认为是提高教师素养的核心因素，教师反思是立足于自我批判与自我观察基础上的，从而自己发现教学中的不足，改革自身教学的不良行为，同时，通过科学地、系统地分析和研究这些问题来提高教育品质、教学质量和自身素养。下面重点对教学反思的内容与形式来加以分析。

1.教学反思的内容

教学反思主要是对教学理念、教学角色、教学方法及教学效果进行反思。

（1）反思教学理念

理论是行为的先导，成熟理论指导下的教学活动有助于预期效果的达成。大学英语教师应该反思自己的教学理念，用先进的理论武装自己，根据多元社会的要求转变教育理念，从而从思想上为自己的角色转换排除障碍。

（2）反思教学角色

教师是教学活动的主导者，因此教师要做好课前、课中及课后的教学管理工作。大学英语教师应该突出学生的主体地位，培养学生的英语综合运用能力，同时培养学生的自主学习观念，这样才能帮助学生确立正确的目标，激发学生学习的动力，从而努力提高学生自身的自主学习水平。

（3）反思教学方法

有先进的教学理念作指导，如何在英语教学中展现出来，就需要教师对自己的教学方法进行反思。作为课程的设计者、课堂的管理者及学习的评估者，教师应该对教学方式进行反思和改进。

（4）反思教学效果

根据教学评价可知，教师的教学效果有好坏之分，如果教学效果好，教师应该对教学效果进行反思，从而总结成功的经验并分享给他人；如果教学效果不好，就更需要反思，主动找出问题的所在，在以后的教学中加以改进。对教学效果进行反思，教师主要可以从以下几个方面进行。

其一，积累丰富的经验，善于发现问题。

其二，对问题进行观察和分析，找出问题存在的根源。

其三，重新审视自己的教学方法和教学策略。

其四，通过实践进行检验，用实践来证明反思的效果。

2.教学反思的形式

教学反思的形式主要有如下三种：记录教学日志、调查与问卷、建立教学档案袋。

（1）记录教学日志

在教学结束之后，教师可以将自己对所教的内容、方法等的感受记录下来。教师记录教学日志的过程也是对自己教学思考的过程，同时教学日志可以作为教师日后进行教学反思的材料。具体而言，教师教学日志的记录可以从以下几个方面来展开。

其一，对教学过程中问题的质询和观察。其二，对教学过程中所发生事情的感受。其三，对教学活动的有意义方面所进行的描述。其四，需要思考的问题及解决问题的办法。

记录教学日志的间隔可以因人而异，如可以一天写一次，也可以一周写一次，也可以一个月写一次。但是，需要注意的是，教师应坚持记录日志，只有这样才能根据日志来发现自己的教学规律及组织教学的习惯与方法。

（2）调查与问卷

教师可以采取调查与问卷的形式来反思教学。教师的调查与问卷可以就教师自己或同事对教学的认识与看法及学生的学习兴趣、学习态度、学习方法等情况来展开。教师可以参考其他相关书籍中的调查问题或问卷，也可以自己设计一些调查问题或问卷。

（3）建立教学档案袋

教学档案袋是一种质性的评价方式，通过要求教师对一个主题下的相关教学资料进行收集整理和不断地分析、反思，从而达到展现教师能力和促进教师专业发展的目的。以下一些方面都可以作为教学档案袋的内容。

其一，教师自己的教学理念。

其二，教学的重点、难点与教学目标。

其三，教学日志。

其四，教学录像。

其五，教学观摩记录。

其六，课堂教学材料。

其七，学生作业样本。

其八，学生反馈。

建立教学档案袋可以帮助教师对自己的教学进行反思，从而促进自身的发展。

（二）行动研究

在大学英语教学中，教师教学能力的提升要求教师应该成为行动的研究者。大学英语教师要从一些实际的问题出发，改变自己的教学方法，在对问题解决的过程中进行自我评价与监控。通过评价，教师对问题的理解能够得到改进和修正。

实施"计划—行动—观察—反思"的行动研究过程，目的是对课程进行改善，对教学实践予以发展。在行动研究的过程中，教师承担的角色多种多样，如自我反省、自我研究、自我实践等。大学英语教师应在对教学活动侧重的基础上展开行动研究，实现"在教学中研究，在研究中教学"。

在大学英语教学实践的基础上进行行动研究，是有助于教学理论与原理形成的一种应用研究，是教学实践者从自己的课堂教学出发，对教学问题进行解决的一种研究。因此，其对于推进教学改革、提高教学效率而言有着十分重要的现实意义和理论意义，研究对象不同，其开展行动研究的步骤也必然存在差异。但是，通常来说，行动研究的步骤主要包含如下几点。

（1）对研究需要调查的问题和情境进行确定。一般来说，行动研究有"当我……时，可能会……"这些研究范式。

（2）对行动研究需要研究的问题加以解释。如果这些问题比较大，那么就可以将其逐渐缩小，采取特殊的收集资料的方法进行阐释。

（3）对于资料收集的背景方法进行阐释。为了能够对这些问题进行全面的了解，可以采用不同的形式进行收集。

（4）通过确证模式或发生的主题来分析资料。

（5）资料分析完成之后，开始实施行动策略，并在实践中灵活地运用这些策略，然后在研究的循环圈中考查这些策略是否有效，不断改进。需要注意的是，教师应对研究所取得成果的模糊性和不确定性做好心理准备。

（6）将研究成果公开发表，并将研究成果呈现给同事和学生。

通常，教学行动研究实施起来比较容易，有助于教师解决教学中的现实问题，提供有价值的实验过程，提高教学效率，使教师与学生享受课堂教学与学习带来的乐趣。

（三）教学日志

日志简单来说就是日记的一种，多指非个人的，一般是记载每天所做的工作。日志通常会对每天所遇到的事和所做的事进行记录，有的兼记对这些事情的感受，有时也可不做记录，直接抒发感情。如今，"日志"一词已被广泛运用到各个领域，如网络领域和教育领域等。在教育领域，日志是记录人记录一天学习、生活及专业发展的载体。

教学日志可以理解为教师积极主动地对自己的教学活动中具有反思和研究价值的经验进行的持续而真实的记录和描写，并在此基础上对其进行批判的理解和认识，从而不断更新观念、增长技能，促进自身专业发展的一种手段和方法。这一概念表达更加合理，它指出了教学日志撰写的主动性与连续性。教学日志不仅仅记录教师的日常教学活动，更是教师通过写教学日志给自己提出一些问题。教学日志的写作过程，就是教师反思自己教学的过程，通过写教学日志，教师可以审视自身工作中的不足，进而提出解决问题的方法。在这一过程中，教师的发展必须根植于自身的教学实践，从中获取丰富的材料，并对其进行加工整理，从而反思构建自己的教育生活。

1.教学日志的内容

大体来看，教学日志可以包括以下几个方面的内容。

（1）教学内容

对于教学内容，不同的教师有不同的理解，主要包括教师教什么，如何教，教学计划执行情况等问题。教师可将教学内容的设计，组织安排，教学中临时应变得当的措施，层次清楚、条理分明的板书，以及教学活动中出现的疏漏之处详细地记录下来，以供教学随时参考使用。

（2）教学理论与教学方法

教学理论是指为了使教学情景更加合理，以便达到教学目标所建立的一套具有处方功能的系统理论，包括某些教学思想方法的渗透与应用过程，教育学心理学中一些基本原理使用的感触等。在具体的教学中，教师教育者可将教学理论与自己的教学实践结合起来，从中发现自己教学中的问题。

教学方法则包括教师教育者对自己教学方法的反思，也包括对学习者学习方法的指导，如目前流行的教学方法适合哪种课型，自己的教法有何创新，哪种教学方法更有利于促进学习者的学习等。

（3）自我反思

自我反思是教师对自己优点与不足的认识，也是教学日志的重要内容。教师的教学活动中必然有成功之处，也有不足之处，教师在教学中要善于捕捉教学中的灵感闪光点。在具体的教学过程中，师生的思维发展及情感交流的融洽，往往会因为一些偶发事件而产生瞬间灵感，这些"智慧的火花"常常是突然而至的，若不及时利用课后反思去捕捉，便会很快消失。通过撰写日志，教师可以捕捉、记录在教学过程中产生的灵感、奇思妙想，这样不仅利于未来教学，同时能反思教学中的失败之处及其原因，进而想出补救方法，提出更加切实可行的教学方案。

（4）学习者情况

学习者的学习情况也是教学日志应包含的重要内容，具体包括以下几个方面：

学习者学到了什么；

学习者在课堂上的反应如何；

学习者对本次课堂内容的理解程度；学习者学习本课的积极性和主动性；学习者在课堂上的见解；

学习者课堂纪律情况；

学习者在教学过程中表现出的疑惑之处；学习者在教学过程中的突发事件。

此外，在学习过程中，学习者会有一些创新的想法和独到的见解，对此教师应给予充分肯定，这样不仅可以鼓励学习者进行自主思考与学习，也能帮助教师从中获得启发，进而反思自己的教学，提高教学水平。

（5）教学评价

教学评价是教学过程中的重要环节，理应成为教学日志的重要内容。具体来说，教学评价包括督导及学习者对课堂教学正面和反面的评价。教学评价为教师提供了一个科学了解自身教学状况的窗口，教师明了自己在教学中存在的不足和今后努力的方向，从而为教师自身的发展提供良好的途径。

2.教学日志对大学英语教师专业发展的积极影响

（1）教学日志能促进教师教育者专业的成长

教学日志能够促使教师养成思考的良好习惯，在思考的过程中，教师形成自我评价，通过自己与自己的对话更清晰地认识了自己及自己的职业，认识自己组织教学的特点，了解最适合自己的教学方式，帮助自己成长。教学日志的撰写过程也是自我反思的过程，没有反思的经验是狭隘的经验，如果教师教育者仅满足于经验，而不对经验进行反思，那么教学日志的撰写也就失去了其本身的意义。

（2）教学日志可帮助教师提高自身的教学研究水平

教师作为教学的重要组成要素，常年工作在教学的第一线，大多有着丰富的教学实践经验，这为他们撰写科研论文提供了最直接的灵感和素材。大学英语教师可以通过教学日志进行反思，对反思中的重要观念和教学策略进行归纳总结。这样经过长期的积累，就会催生科研成果。可见，教学日志本身就是培养教师教育者的反思能力、促进教师教育者专业发展的重要方法，更重要的是，教学日志也是一种研究，是对教师教育者及对教师教育者思维习惯、理论水平的研究。总之，教学日志的撰写，可有效提高教师教育者的研究水平，进而可以更好地服务于教学。

（3）教学日志可促进教师之间的交流与学习

教学日志具有公开性与共享性，如果教师本人愿意，自然也可以拿来和同事、专家共同分享。教学日志可以有广泛的读者，包括领导，专家、同事、家长与学习者等。通过领导和专家的反馈，教师可以了解自己教学中的优点并继续保持，同时可以得到领导或专家的中肯建议；通过与同事进行交流与分享，可以获得更加丰富的教学技巧，积累教学经验；通过家长的反馈，可以了解自身教学中的不足，努力改进；通过与学生交流，可以更好地了解学习者，在教学过程中做到因材施教。

参考文献

[1] 李红霞. 大学英语教学研究 [M]. 天津：天津科学技术出版社，2017.

[2] 宫玉娟. 大学英语教学模式改革创新研究 [M]. 长春：吉林出版集团股份有限公司，2018.

[3] 冯改. 大学英语教学模式问题与对策研究 [M]. 北京：中国商务出版社，2017.

[4] 闫洪勇. 大学英语教学与教师专业发展研究 [M]. 西安：西安交通大学出版社，2017.

[5] 钱满秋. 现阶段大学英语教学改革研究 [M]. 北京：北京理工大学出版社，2017.

[6] 孟坤，侯祥瑞，刘淑容. 大学英语教学与隐喻意识培养研究 [M]. 成都：电子科技大学出版社，2017.

[7] 任文林，张雪娜，郑伟红. 新时期高校大学英语教学研究 [M]. 成都：电子科技大学出版社，2017.

[8] 崇斌，田忠山. 新时期大学英语教学研究 [M]. 成都：电子科技大学出版社，2017.

[9] 郭剑晶. 专门用途英语教学研究 [M]. 北京：知识产权出版社，2012.

[10] 任彦卿. 基于移动学习系统的大学英语教学研究 [M]. 长春：吉林人民出版社，2019.

[11] 王磊. 大学英语教学转型发展研究 [M]. 长春：吉林人民出版社，2019.

[12] 卢昕，马春线，宋凯. 大学英语教学的基础理论与应用研究 [M]. 北京：九州出版社，2017.09.

[13] 田会轻. 当前大学英语教学模式反思 [M]. 青岛：中国海洋大学出版社，2017.

[14] 张铭. 当代大学英语教学理论与研究 [M]. 北京：九州出版社，2019.

[15] 王珊，马玉红. 大学英语教学的跨文化教育及教学模式研究 [M]. 武汉：武汉大学出版社，2018.

[16] 毕继万，胡文仲. 跨文化非语言交际 [M]. 新版. 北京：外语教学与研究出版社，1999.

[17] 陈品. 大学英语教学理论与实践 [M]. 天津：南开大学出版社，2013.

[18] 陈燕. 大学英语教师专业发展新视角 [M]. 北京：中国政法大学出版社，2014.

[19] 许丽云，刘枫，尚利明. 大学英语教学的跨文化交际视角研究与创新发展 [M]. 北京：中国商务出版社，2020.

[20] 何树勋. 跨文化交际下的大学英语教学改革模式研究 [M]. 成都：四川大学出版社，2019.

[21] 王为仕. 翻转课堂视域下大学英语教学模式创新研究 [J]. 作家天地，2020（9）.

[22] 周翔. 大学英语课程评价方法创新研究 [J]. 延边教育学院学报，2022（2）.

[23] 关续兰. "互联网+教育"视角下大学英语教学模式创新研究 [J]. 课程教育研究，2020

(40).

[24] 辛闻，李文斌."互联网+"时代大学英语教学模式创新研究 [J]. 现代职业教育，2020（10）.